박정희
새로보기

오늘에 되살릴 7가지 성공모델

박정희 새로 보기

오늘에 되살릴 7가지 성공모델

이영훈 | 김광동 | 남정욱 | 김용삼
전상인 | 이승수 | 황인희 | 윤주진

기파랑

차례

| 차례

서장
박정희 모델의 재평가와
그 개량적 복구의 필요성

이 영 훈*

1. 머리말

흔히들 '박정희 모델'이라 하면 정부주도형 개발정책을 떠올린다. 그런 가운데 박정희 모델은 더 이상 유효하지 않다는 주장이 널리 퍼져 있다. 한국이 후진국에서 중진국으로 도약하는 데에는 정부주도형 개발정책이 유효했을지 몰라도 이제 한국경제의 덩치가 엄청 커졌기 때문에 정부주도형은 더 이상 가능하지 않을 뿐더러 이론적으로나 역사적으로나 선진화의 길은 자유화와 자율화의 길밖에 없다는 것이다. 박정희 모델의 부작용이 적지 않았다는 비판도 빠

---

* 전 서울대학교 경제학부 교수

지지 않는다. 정경유착에 의한 재벌의 비대 성장, 중소기업의 위축, 소득분배의 악화, 도농 간의 격차, 국가경제의 대외 종속 등이 그 예로 즐겨 거론되어 왔다.

박정희 모델에 대한 비판은 1979년 10월 박정희 대통령이 사망하고 유신체제가 해체된 직후부터 제기된다. 대학의 경제학계는 물론 경제기획원이나 한국개발원과 같은 관료사회조차 박정희 대통령이 추구한 중화학공업화는 과잉투자에 따른 자원의 낭비와 배분의 왜곡을 초래했다고 비판에 나섰다. 그러나 노태우 대통령의 집권기(1988~1992)까지는 박정희 모델의 개발체제는 그런대로 유효하게 작동했다. 보다 정확히 말하면 자유화와 자율화의 방향으로 조금씩 개량되고 있었다.

박정희 모델이 전면 부정되는 것은 김영삼 대통령의 집권기(1993~1997)부터다. 김영삼 대통령은 1962년부터 시행되어 온 경제개발 5개년계획 체제를 해체했다. 그를 대신하여 '신경제'와 '세계화'를 추구하였지만 정책의 기조는 혼란을 면치 못했다. 그 결과 1997년 말에 이르러 외환위기가 발생한다. 그것은 그야말로 김영삼 정부의 무지와 오만이 초래한 엄청난 재앙이었다. 이를 계기로 1963년부터 개시된 고도성장의 경주는 종막을 고하게 된다. 1963~1997년 한국경제의 연간 성장률은 평균 9.1퍼센트에 달했다. 이후 지금까지 한국경제는 감속 저성장의 추세를 벗어나지 못하고 있다. 위기 이후 한국경제의 성장률은 1999~2000년의 10.1퍼센트를 고점으로 하여 2013~2014년의 3.1퍼센트로까지 지속적으로 감소했다. 투자증가율의 감소가 가장 큰 원인이었다. 투자증가율은 1994~1995년의

13.5퍼센트에서 2013~2014년의 3.2퍼센트로까지 낮아졌다.

그사이 김대중, 노무현, 이명박, 박근혜 정부는 '시장경제', '참여경제', '혁신경제', '경제민주화'와 같은 슬로건을 내걸고 경제의 활력을 되살리려고 노력했지만 감속 저성장의 추세를 되돌리지 못했다. 오히려 정부가 바뀔 때마다 달라지는 정책의 기조는 낭비와 혼란을 가중할 뿐이었다.

오늘날 한국경제를 괴롭히는 여러 가지 병폐들, 이를테면 수출 대기업과 내수 중소기업의 격차, 청년실업, 비정규직, 노인 빈곤, 소득 분배의 악화는 따지고 보면 거의 대부분 외환위기 이후 감속 저성장의 추세가 초래한 것이다. 이러한 병폐를 초래한 것이 바로 박정희 모델이라는 것이 흔히 듣는 비판인데, 이는 정당한 근거를 갖추지 못한 억지와 무지의 소산이다.

한국경제는 박정희 모델을 부정하고 해체한 이후 활력을 잃고 여러 가지 병폐를 앓기 시작했다. 정부 주도를 대신하여 민간 주도의 자유화와 자율화가 이루어지면 경제와 사회는 더 좋아져야 함이 마땅한데도 현실은 그렇지 않았다. 앞으로도 그러할 전망이 분명치 않다.

그렇다면 무엇이 문제였던가? 내가 이 글에서 주장하고 싶은 것은 박정희 모델에 대한 이해가 잘못되었다는 점이다. 박정희 모델을 단순하게 정부주도형으로 치부해서는 곤란하다. 나는 이 글에서 박정희 모델을 한국을 둘러싼 국제환경과 한국의 사회·문화의 전통에 조응하는 정부 – 기업 – 민간의 상호유인적 협력체제로 정의할 것이다.

박정희 대통령의 경제정책이 크게 성공한 것은 그 기본 원리가 당대의 국제환경과 우리 사회·문화의 전통과 잘 들어맞았기 때문이다. 자유화와 자율화가 선진화의 길임은 누구도 부정하지 않는다. 그것은 너무나 당연하기 때문에 해답이 될 수 없다. 문제는 그것을 실행하는 토대로서 체제이다. 경제체제는 여러 경제 주체의 역사적으로 형성된 행동원리가 상호 갈등하고 유인하고 보완하는 체계다. 역사적으로 형성된 것인 만큼 그것은 쉽게 바뀌지 않으며 과격한 개혁은 혼란만을 초래하기 십상이다. 박정희 모델을 용감하게 해체해 버린 한국의 정치와 지성은 이 점을 제대로 인식하지 못했다. 그래서 위기를 자초한 것이다. 지난 20년간 여러 정부의 경제정책이 소기의 효과를 거두지 못한 것도 그에 마땅한 체제를 확보하지 못했기 때문이다.

박정희 모델은 폐기될 것이 아니라 내외 환경의 변화에 따라 개량되었어야 했다. 그 점은 지금도 마찬가지다. 박정희 모델의 기본 원리는 여전히 유효하다. 내가 이 글을 쓰는 것은 그 점을 명확히 밝히고 강조하기 위해서다.

2. 대외지향정책을 통한 자립적 국가경제의 건설

박정희 모델의 제1의 원리는 대외지향정책을 추구하여 한국경제에 잠재한 비교우위를 더 넓은 세계시장에서 극대로 실현하고, 그를 통해 확보한 투자여력으로 자립적 국가경제를 과학적으로 건설한 것이다.

제2차 세계대전 이후 미국이 주도하는 세계경제는 자유무역을 통해 번영을 누렸다. 산업구조가 고도화한 선진국은 후진국으로부터 노동집약적인 공산품을 수입했다. 그 점에서 전후의 세계경제는 선진국이 후진국으로부터 농산물과 광산물 등 1차자원을 수입한 이전 제국주의시대의 그것과 달랐다. 이 같은 세계경제의 구조 변화는 그에 적극적으로 대응할 능력과 의지가 있는 후진국에게 성장의 기회를 제공했다. 한국은 대만과 더불어 그러한 기회를 활용한 최초의 후진국 대열을 이루었다.

1963년부터 한국경제는 노동집약적 공산품을 미국, 유럽, 동남아 시장에 수출함으로써 고도성장의 경주를 시작한다. 자본과 기술을 결여한 한국경제는 주요 원료, 자재, 부품, 기계를 주로 일본에서 수입했다. 1960년대 한국의 수출산업은 원료와 자재를 수입하여 조립, 가공하는 수준을 넘지 못했다. 국내의 풍부한 저임금노동이 한국경제가 보유한 국제경쟁력의 원천을 이루었다. 1950년대 후반 고도성장에 접어든 일본경제는 노동집약적 경공업을 더 이상 유지할 수 없었다. 한국은 그러한 국제적 비교우위의 동태에 기민하게 대응하여 그 부문을 자국의 수출산업으로 확보했다. 한국의 성공적 대응에는 일본이 인접국으로 위치하고 역사적으로 양국 간의 인적 교류가 긴밀하다는 지경학적 조건이 유리하게 작용했던 것이다.

조립·가공형의 초라한 출발이지만 수출은 한국경제에 엄청난 활력을 불어넣었다. 공장의 규모는 국제경쟁력을 발휘할 정도로 충분히 커야 했다. 생산에서 마케팅에 이르는 전 과정은 국제적 표준을 충족시켜야 했다. 격동하는 수출시장은 한국의 기업가들에게 그들이 살아남기 위해서는 최신의 시장 및 기술 정보에 충실해야 함을 일깨웠다.

수출주도형 공업화전략이 지닌 최대의 장점은 자립적 국가경제의 건설에 필요한 외환의 조달을 원활하게 했다는 점이다. 수출의 급증은 국제금융시장에 한국경제가 높은 수준의 상환능력을 보유하고 있다는 신호를 발함으로써 한국경제가 다량의 외환을 차입하는 데 도움이 되었다. 미국의 무상원조는 1960년대까지 이어졌다. 그에 더하여 한국정부는 자력으로 차입한 외환으로 자립적 구조의 국가경제를 건설하였다.

처음에는 정유, 비료, 시멘트와 같은 기초공업을 건설했고 뒤이어서는 석유화학공업을 일으켰다. 1972년 한국은 수에즈 운하 이동(以東) 지역에 있어서 일본 다음으로 석유화학콤비나트를 보유한 나라가 된다. 뒤이어 1973년에는 연산(年産) 제선(製銑)능력 100만 톤의 제철소를 준공한다. 때를 같이하여 철강, 비철금속, 기계공업, 조선, 전자, 화학의 6개 중공업을 일으키는 대규모 투자를 감행한다. 이들 중공업은 일정의 시행착오를 겪은 다음 1980년대 후반에 이르러 국제적 수준의 경쟁력을 확보하게 된다. 또한 이들 중공업은 때마침 솟아오르는 중국을 위시한 신흥 시장을 상대로 또 한 차례의 대규모 투자를 감행했다. 한국경제의 중화학공업화는 그 속도의 면에서 세계경제사에서 전례가 없는 것이었다.

제반 공업의 건설은 낮은 단계에서 높은 단계로 원료, 자재, 기계, 장치를 소추해 가는 단계성과 과학성을 구현했다. 제반 공업은 처음부터 국제경쟁력을 확보할 계획과 그에 상응하는 규모로 건설되었다. '자립적 국가경제의 건설'이란 슬로건이 걸려 있었지만 제반 공업의 건설은 내수의 충족을 넘어 수출의 촉진을 지향했다. 이렇게 국가경제가 수출의 촉진을 성장의 동력으로 내장한 구조로 건설된 점이야말로 박정희 모델의 가장 중요한 특질을 이루었다. 제반 공업의 단계적 건설에 따라 수출공업도 초기의 노동집약적 경공업에서 노동집약적 중화학공업으로, 나아가 자본·기술 집약적 중화학공업으로 고도화해 갔다.

대외지향적인 박정희 모델은 처음부터 야당과 비판적 정치세력의 심한 저항에 직면했다. 그들은 박정희 정부의 대외지향적 개발정책이 한국경제를 미국과 일본에 종속시킬 것이라고 주장했다. 그들이 보기에 한국의 기업은 영세하며 기술수준이 후진적이어서 국제경쟁을 도저히 이길 수 없었다. 그들은 개방체제는 결국 국제자본의 욕망을 충족시킬 뿐이라고 주장했다. 그들은 농업과 중소기업의 발전을 우선으로 추진하는 내부지향적 개발정책을 주장했다.

1971년 야당은 '대중경제론'이라는 대안의 개발정책을 들고 나온다. 대중경제론은 한국형 혼합경제 체제를 지향하는 것으로, 그것은 국민경제를 계획적으로 설계함에 있어 중화학공업의 영역에서는 국가자본주의를 확립하고, 그 밖의 영역에서는 민간자본의 자유로운 활동을 보장하는 체제였다. 이 체제는 대외적으로는 개방정책을 지양하고 상대적인 자급자족 체제를 추구했다. 외자는 필요악으로서 민족경제를 실현하는 방향으로 조심스럽게 도입되고 관리되어야 한다고 주장했다.

대중경제론에 대한 국민 대중의 지지는 적지 않았다. 국민 대중의 눈에 대규모 투자에 따른 외채의 누적은 감당할 수 없을 정도의 부담으로 비쳤다. 무역수지는 만성적인 적자를 면치 못했고 이는 외채의 팽창으로 이어졌다. 대중경제론은 '외채망국'의 슬로건을 걸고 박정희 모델을 공격했다. 1979년 박정희 대통령의 사망과 뒤이은 혼란과 위기의 시기에 한국경제는 외채의 부담으로 도산할 듯이 보였다. 전두환 정부는 긴급하게 미국과 일본에 도움을 요청했다. 외채망국의 선동은 그럴듯하게 사람들의 마음을 움직였다.

박정희 모델이 추구한 자립적 국가경제의 건설이 가시적인 성과를 거두는 것은 박정희 대통령의 사망 이후인 1980년대에 이르러서였다. 국가경제의 산업연관밀도를 대변하는 중간재투입계수는 1963년의 0.385에서 1980년의 0.603으로까지 지속적으로 높아졌다. 단순구조의 농업사회가 복잡구조의 산업사회로 바뀌었다. 그사이 수입중간재투입계수도 0.083에서 0.142로 높아졌다. 이는 수출공업을 포함하여 제반 기반공업을 건설하기 위한 대규모 투자가 지속적으로 이루어지는 가운데 원료, 부품, 기계, 장치의 점점 더 많은 부분이 외국에서 수입되었기 때문이다. 그에 따라 무역수지가 만성적인 적자인 가운데 한국경제는 대외 종속의 수렁에 빠진 듯이 보였다. 그러나 1980년대 후반에 들어 상황은 역전되었다. 무역수지가 드디어 흑자로 돌아선 것이다. 나아가 수입중간재투입계수가 1995년의 0.108로까지 지속적으로 감소하였다. 기술수준의 제고와 산업연관의 심화에 따라 한국경제가 드디어 제반 중간재를 자급하기 시작한 것이다.

1971년 박정희는 3선 대통령에 취임하면서 우리나라를 중진국 상위권에 올려놓겠다고 약속했다. 그 약속이 1980년대 후반이 되어서야 소기의 결실을 보게 된 것이다. 그와 동시에 대외 종속과 외채망국의 선동으로 짜인 대중경제론은 슬그머니 자취를 감추었다.

3. 대기업 우선의 적하滴下식 공업화

박정희 모델은 수출의 촉진을 성장의 동력으로 내장한 구조의 국가경제를 건설하였던 연유로 인해, 당연하게도 중소기업보다 대기업의 발전을 우선으로 추구했다. 세계시장에 상품을 팔기 위해서는 수출공업이 국제경쟁력을 지녀야 하며 그러기 위해 수출공업은 처음부터 국제적 수준의 규모와 기술로 설계되어야 했다. 1967년 박정희 정부가 석유화학공업단지를 건설할 때 연산 에틸렌 3만 톤으로 출발하라는 미국 컨설팅회사의 조언을 무시하고 10만 톤의 규모에 도전한 것은 그러한 이유에서였다. 포항제철이 연산 100만 톤의 규모로 설계된 것 역시 마찬가지 취지였다. 다시 말해 박정희 모델에서 제반 공업은 세계경영의 전략과 목적으로 건설되었던 것이다.

건설 초창기의 수출공업이 국제경쟁력을 확보하기란 쉬운 일이 아니었다. 정부는 공업단지를 건설하여 공장의 부지, 용수, 전기, 도로를 지원하거나 관세 및 금융 상의 혜택을 베풀었다. 경쟁관계에 있는 외국자본의 진입을 막거나 외국산 제품의 수입을 억제하여 국내시장에서 독점적 이윤을 누리게 했다. 연후에 어느 정도의 국제경쟁력을 갖추었다고 여겨지는 단계에 이르러 정부는 제반 보호장치를 풀면서 대기업에게 일정액의 수출을 달성하도록 요구한다. 화학섬유공업에서 관찰되는 이 같은 산업·기업 정책은 다른 모든 공업에서 거의 동일한 양상으로 관철되었다.

우리 사회와 문화의 전통에 비추어서도 박정희 모델이 대기업의 발전을 우선으로 추구한 것은 합리적인 선택이었다. 1950년대까지 기업의 전통은 그리 풍부하지 않았다. 17~19세기 조선시대는 폐쇄적인 소농사회였다. 농촌 공업의 발전 정도는 매우 낮은 수준이었다. 서유럽, 일본, 중국의 전통사회에서 관찰되는 프로토공업화는 조선과 거의 무관했다. 1907년에 이루어진 최초의 조사에서 근대적 형태의 조선인 공장은 전국적으로 고작 7개에 불과했다. 일정(日政)기에 걸쳐 조선인 공장이 늘어나지만 대부분 영세 규모였으며 그마저 해방 이후 분단과 전쟁의 혼란기에 파괴되었다. 전쟁 직후인 1953년 9월, 제조업 공장은 전국적으로 2,400여 개에 머물렀다. 이후 1960년까지 1만 5천여 개로 증가하지만, 역시 영세 규모에다 경영이 불안정한 포말형이 대부분이었다.

전술한 대로 1960년대 전반에 국제적 비교우위의 동태적 변화에 따라 한국경제에 기회가 찾아왔다. 그 점은 대만 경제도 마찬가지였다. 그에 대한 대만 경제의 대응 양상은 한국과 달랐다. 대만에서는 중소기업이 수출주도형 개발정책의 주력으로 역할을 했다. 그것은 대만에서는 일찍부터 중소기업이 발전해 있었기 때문이다. 일제의 식민지였던 기간에도 대만 경제의 중추는 현지인의 중소기업에 의해 장악되어 있었다. 해방 후 대만의 기업가들은 대규모 수출시장이

열리자 그에 기민하게 대응하면서 대만 경제의 고도성장을 견인한다. 대만 경제는 선진국과 직접 경쟁하는, 장기의 대규모 투자를 요하는, 중화학공업을 추구하지 않았다. 대만에서 중화학공업은 제한된 부문에서 공기업의 형태로 건설되었다. 대만 경제는 선진국의 공업과 시장이 요구하는 부품이나 상품을 공급하는 보완전략을 구사했다. 대만의 기업가들은 선진국의 수요 변화에 따라 새로운 부품과 상품을 공급하는 유연성을 발휘했다.

1960년대의 한국에는 대만과 같이 국제경제의 변화에 보완전략으로 대응할 수 있는 중소기업의 군(群)이 성립해 있지 않았다. 기회가 찾아오자 정부는 대기업을 육성하여 그에 대응할 수밖에 없었다. 한국은 선진경제와의 보완관계가 아니라 선진경제와 동일한 산업구조를 추구하는 대체전략을 추구하였다. 그 역시 보완전략을 유연하게 추구할 중소기업의 유산을 결여하였기 때문이다.

박정희 모델을 비판한 대중경제론은 자국의 농업과 자원에 바탕을 둔 중소기업의 육성을 주장했지만, 중소기업의 전통이 빈약한 자국의 경제사를 고려하지 못했다. 그러한 제약조건에서 정부가 제한된 자원으로 다수의 중소기업을 지원하였더라면 시장적, 기술적 제약으로 인해 자원의 낭비가 심한 가운데 소기의 성과를 거두지 못했을 것이다. 박정희 모델이 소수 대기업의 발전을 우선 지원한 것은 자국의 역사적 제약조건에 비추어 정당한 선택이었다.

박정희 모델의 대기업 우선 전략이 과연 성공할지는 1970년대까지도 가시적이지 않았다. 앞서 소개한 대로 1970년대까지 수입중간재투입계수는 증가 추세였다. 대기업의 투자재는 상당 부분 수입 중간재에 의존했다. 반면, 동기간 국내 대기업과 중소기업의 수급(受給) 관계는 오히려 하락했다. 예컨대 중소 제조업체 가운데 다른 기업과 수급관계를 맺은 업체의 비율은 1972년의 23.6퍼센트에서 1980년 의 18.2퍼센트로 낮아졌다. 동기간 대기업과 중소기업의 관계가 소원해지는 가운데 대기업과 외국기업과의 관계는 오히려 긴밀해졌다. 대중경제론의 비관적 전망대로 한국의 대기업은 점점 외국기업에 종속되는 듯이 보였다.

그러나 1980년대에 들어 사정은 변한다. 중화학공업이 국제경쟁력을 확보해 가는 가운데 기술수준의 제고로 인해 각종 중간재를 국내에서 자급하게 되었다. 그에 따라 국내 대기업과 중소기업과의 수급관계가 강화된다. 중소 제조업체 가운데 수급업체의 비율은 1980년의 18.2퍼센트에서 1990년의 70.1퍼센트로까지 급하게 상승했다. 1980년대에 들어 한국경제는 산업 간 및 기업 간 연관이 촘촘하게 발달한 자립적 국가경제로 그 모습을 일신하였다.

대기업의 발전을 우선으로 추구한 개발전략은 어느 적정한 단계에 이르러 그와 원료, 부품, 디자인, 포장, 마케팅 등에서 긴밀히 협력하는 중소기업의 군을 성립시켰다. 그 점에서 박정희 모델은 가족기업이 중소기업으로 발전하고 나아가 대기업이 출현한 선진국의 '아래로부터의 산업혁명'이 아니라, 국가의 도움으로 대기업의 발전이 선행하고 그 효과가 적하(滴下, trickle down)하여 중소기업의 출현을 촉구하는, 후진국의 '위로부터의 산업혁명'의 본보기를 이룬 것이다.

4. 정부 – 기업 – 종업원의 긴밀한 협력과 조정

　박정희 모델의 제3의 특질은 정부, 기업, 종업원 간에 성립한 긴밀한 협력과 조정의 체제에서 발견할 수 있다.

　앞서 설명한 대로 대외지향적이며 대기업 우선의 개발정책은 1980년대가 되어서야 가시적인 성과를 거두었다. 처음 20년간은 그 전도가 불투명했다. 소수의 대기업만 정부의 특혜적 지원을 받는 가운데 국가경제는 국제자본에 종속되어 가는 듯이 보였다. 야당과 재야 정치세력의 거센 비판은 소외감을 느끼는 국민으로부터 적지 않은 호응을 이끌어 냈다. 이러한 정치적 저항을 이기면서 개발정책을 일관되게 지속적으로 추진해 가기 위해서는 그에 상응하는 정치적 자원이 풍부하게 제공될 필요가 있었다. 많은 후진국이 실패한 것은 개발정책의 문제라기보다 그것으로 인해 불가피하게 야기되는 갈등을 해소할 정치적 자원의 부족 때문이었다.

　흔히들 한국의 개발정책이 성공적으로 추진되었던 데에는 박정희 대통령의 권위주의 정치가 큰 역할을 한 것으로 알고 있다. 그 점은 어느 정도 사실이다. 그렇지만 아무리 강력한 지도력일지라도 한 개인에게 그 역할을 모두 돌리는 것은 가능하지도 않을 뿐더러 실제의 역사와도 일치하지 않는다. 박정희 모델의 개발정책에는 다수의 자발적인 협력자가 있었다. 그들은 그것이 국가적으로 옳은 방향이며 나아가 그들의 개인적 이익에도 부합한다고 생각했다. 이들 자발적 협력자의 군(群)이 국민의 다중을 점하였다. 그들의 동의와 참여 위에 정부 – 기업 – 종업원 간에 긴밀한 협력과 조정의 체제가 성립했다. 이 점이야말로 박정희 모델이 구현한 가장 아름다운 미덕에 해당한다고 하겠다.

　이해관계를 달리하는 여러 경제주체를 긴밀한 협력과 조정의 체제로 통합하기 위해서는 고차의 정치적 이념이 필요하다. 주지하듯이 박정희 모델에 있어서 그것은 '조국근대화'였다. 박정희 대통령과 그를 옹위한 정치·관료 엘리트들이 개발정책을 수립, 추진, 점검, 조정함에 있어서 최선의 능력을 발휘한 것은 '조국근대화'를 위한 더없이 강력한 집념에 의해서였다. 기업가들은 그들의 기업활동을 산업보국(産業報國)의 일환으로 간주하였으며, 그러한 정치적 동기에서 모험적인 차입으로 공장을 짓고, 선진기술을 도입하여 자기류(流)로 개량하고, 세계 도처에서 수출시장을 개척했다. 종업원들이 장시간의 고된 노동을 견디고 숙련의 형성에 최선을 다한 것은 그들의 개인적 성취만을 위한 것이 아니었다. 그들 역시 산업의 전사로서 '조국근대화'의 한 대열을 감당한다는 정치적 동기를 공유했던 것이다.

　개발정책을 수립, 추진, 점검, 조정하는 정부 부처 간의 협력체제는 수출진흥확대회의나 월간경제동향보고와 같은 회의체의 운영을 통해 훌륭하게 작동했다. 두 회의체는 1965년부터 14년간 거의 매달 개최되었는데 그것은 같은 기간 세계 어느 나라에서도 찾아볼 수 없는 한국만의 특별한 현상이었다. 정부와 기업 간의 협력관계가 여러 후진국에서처럼 특권과 부패의 사슬로 이어지지 않은 것은 정부의 기업 지원이 객관적인 성과주의에 입각했기 때문이다. 정부는 지원의 전제조건을 공시하였고, 지원의 대상은 그것을 충족한 기업에 한정되었다. 나아가 정부는 성공한 기업에게 보다 큰 기회와 지원을 제공했다. 고도성장기 한국의 정부와 기업은 상호보상의 유인체계로 몰입했던 것이다.

정부 - 기업 - 종업원 간의 협력과 조정의 체제는 전 국민적 범위로 확산된다. 1968년 「국민교육헌장」이 선포되었다. 그것은, 흔히들 오해되고 있지만 박정희 대통령만의 작품이 아니다. 당대를 대표하는 지식인 70여 명이 헌장의 작성에 참여했다. 그들이 공유한 교육이념은 1949년에 공포된 교육법의 그것이었다. 교육법은 홍익인간(弘益人間)의 큰 지향을 제시한 다음 '신체건전, 애국애족, 민족문화, 과학정신, 자유시민, 예술정서, 근검노작'을 신생 대한민국의 교육이 추구할 덕목으로 제시했다. 「국민교육헌장」은 그 일곱 가지를 국민이 암송하고 실천할 덕목으로 문장화한 것이다. 동 헌장이 박정희 대통령의 권위주의 정치를 정당화하기 위한 의도에서 제정되었다는 비판은 헌장의 구절구절이 어디에 근거하는지를 신중하게 따지지 않은 소치에 불과하다.

헌장의 이념적 지향이 개인의 자유보다 민족과 국가의 발전을 중시하는 이른바 국가주의에 경도되었다는 비판은 어느 정도 사실이다. 그렇지만 비판자들이 간과하고 있는 점은, 국가주의는 한국의 정치, 사회, 문화에 깊숙이 배태해 있는 전통이라는 사실이다. 7세기 말에 정치적 통일을 본 한국은 19세기 말까지 세계의 다른 지역에서 유례를 찾기 힘들 정도의 강력한 중앙집권적 체제를 유지해 왔다. 그 점은 21세기 초 오늘날에도 마찬가지이다. 한국인이라면 어릴 적부터 좋은 대학을 나와 사회적으로 존경받는 직책에 오를 것을 그들의 가정전략 내지 생애전략으로 주입받는데, 그것은 거의 예외 없이 중앙집권적으로 설계된 관료제적 위계에서 보다 높은 자리를 지향하는 국가주의적 가치로 설계된 것이다. 한국의 전통사회를 자유, 독립, 개인의 정치철학적 범주가 성숙해 온 서유럽 사회와 동질로 간주하는 것은 커다란 착각이다.

한국이 선진사회로 진화하기 위해서 국가주의의 전통을 자유주의로 순치해야 함은 너무나 당연한 이야기라서 굳이 논변할 필요조차 없겠다. 그러나 1960~70년대의 현실은 그렇게 당위적이지만은 않았다. 야당과 비판적 정치세력의 냉소에도 불구하고 「국민교육헌장」은 큰 울림으로 교육과 사회의 현장으로 파고들었으며 다수의 국민을 '조국근대화'의 대열로 이끌어 냈다.

「국민교육헌장」의 반포에 이어 1971년 새마을운동의 추진이 선포된다. 동 운동이 제시한 근면, 자조, 협동의 인간상은 교육법 및 「국민교육헌장」이 추구한 그것과 동일하였다. 농촌 주민의 열성적인 참여로 새마을운동은 1979년까지 전국 3만 4천여 마을의 대부분을 선진적인 자립마을로 변모시켰다. 전국의 마을은 도로와 하천이 잘 정비된, 소득수준이 높은, 공동사업을 영위하는 법인체로 탈바꿈하였다. 그 운동에 열성적으로 참가한 한국인들은 그들 마을의 역사에서 주민들이 그렇게 헌신적으로 단결한 적은 이전에 없었다고 회고하고 있다.

5. 박정희 모델의 해체와 부작용

박정희 모델은 1980년대까지 그런대로 작동하다가 1990년대에 들어 해체된다.

1993년에 집권한 김영삼 대통령은 자기가 무엇을 하는지 알지도 못하는 가운데 고도성장을 견인해 온 박정희 모델의 원리를 하나씩 부정해 나갔다. 자립적 국가경제의 건설이란 큰 목표는 팽개쳐지고, 선진국 대열에 합류한다는 환상이 정부를 지배했다. 2020년까지 '창의와 활력이 넘치는 선진경제'를 조성하여 7대 경제대국에 진입한다는 장밋빛 청사진이 제시되었다. OECD에의 성급한 가입을 위해 지나치게 급속하게 추진된 자유화(국제화)는 금융시장의 파행을 불렀으며 이는 1997년 말의 외환위기라는 재앙으로 이어졌다. 한국경제의 지휘권을 장악한 IMF는 그때까지 잔존한 박정희 모델을 말끔하게 청소해 버렸다. 당대의 김대중 정부는 '시장경제와 민주주의의 병행 발전'의 구호 아래 IMF의 조치를 환영하고 협조를 아끼지 않았다.

이후 오늘날까지 20년간의 감속 저성장의 추세에도 불구하고 한국경제를 지탱한 것은 수출이었다. 전기제품, 자동차, 기계·컴퓨터, 석유·석탄, 광학기기, 선박 등 수출의 주력 상품은 1970~80년대의 박정희 모델이 육성한 중화학공업의 제품이었다. 그사이 한국의 몇몇 중화학 대기업은 일본의 선발주자를 가깝게 추격하거나 추월하는 데 성공했다. 오늘날 한국경제는 고도성장기의 유산으로 그럭저럭 먹고사는 처지다.

그사이 국가경제의 질적 구조는 오히려 악화되었다. 기업 간, 산업 간의 연관이 약화되는 가운데 국가경제의 대외의존성이 높아졌다. 그 점은 국가경제의 규모가 세계 14위이고 수출입무역의 규모가 세계 7위라는 겉치레에 가려 심각하게 인지되지 않고 있지만, 어김없는 사실이다.

기업 간 연관의 약화는 중소기업 중에서 수급업체의 비율이 1998~99년의 66퍼센트에서 2010~11년의 44퍼센트로 떨어진 데서 잘 드러난다. 산업 간 연관의 약화는 산업연관표에서 수입중간재투입계수가 1995년의 0.108에서 2013년의 0.159까지 높아진 데에서 잘 살필 수 있다. 2013년의 수입중간재투입계수는 1980년의 0.142보다 높은 수준이다. 한국의 수출무역은 여전히 주요 원자재, 부품, 기계, 장치를 해외에서 수입하는 조립·가공형을 탈피하지 못하고 있다.

수입중간재투입계수가 1995년까지 개선된 것은 수입중간재를 국산으로 대체하기 위한 정부의 적극적 정책 하에서 원자재와 부품의 개발을 위한 대기업 - 중소기업의 협력관계가 강화되었기 때문이다. 그렇지만 그 같은 정부의 산업정책은 외환위기 이후 무역자유화의 명분 아래 방기되고 말았다. OECD는 한국정부가 수입다변화정책을 통해 특정 국가로부터 다량의 중간재를 수입하는 것을 억제하는 정책에 제동을 걸었다. 자립적 국가경제의 건설이란 개발시대의 슬로건은 슬슬 잊혀 갔다. 자유화, 자율화, 선진화의 환상이 정치와 관료사회를 지배한 것이다.

기업 간 연관이 약화되자 중소기업의 국제경쟁력이 약화되었다.

이는 중소기업의 수출 비중이 1995~96년의 41퍼센트에서 2013년의 17퍼센트로 급하게 추락한 데에서 더없이 극명하게 드러난다. 오늘날 한국경제를 지탱하고 있는 수출은 80퍼센트 이상 소수의 중화학 대기업에 의해 이루어지고 있다. 중화학 대기업은 수출에 필요한 핵심 원자재와 부품을 가까운 일본에서 손쉽게 수입하고 있다. 그 결과 한국경제는 해마다 300억 달러 이상의 무역수지 흑자를 보지만, 대(對) 일본 수지만큼은 200억 달러 이상의 적자를 면치 못하고 있다.

국가경제의 자립도가 약화된 다른 한편의 원인은 기업에 대한 정부의 규제가 강화되어 온 데 있다. 정부는 독과점 업체의 불공정행위를 단속한다는 명분으로 기업 간 관계에 깊숙이 개입하고 통제했다. 그 결과 중소기업과의 수급관계는 대기업으로서는 쉽게 해소할 수 없는 부담으로 변질되었다. 대기업의 성장이 중소기업의 성장을 견인하는 박정희 모델의 적하 효과는 옛이야기가 되었다. 대기업은 산업정책의 결여와 무역자유화의 물결을 타고 차라리 외국기업과의 시장 베이스에 기초한 수급관계를 선호하였다. 외환위기 이후의 한국경제는 개발도상의 어느 나라가 편리하게도 자유무역의 물결에 몸을 맡기면 불현듯 종속의 굴레가 씌워진다는 세계경제사의 오랜 교훈을 재확인해 주었다.

외환위기 이후 경제민주화의 이름으로 행해진 정부의 기업 규제는 2000년의 6,912건에서 2013년의 1만 4,796건으로 급하게 증가했다. 2013년 OECD는 상품시장에 관한 규제에서 한국이 33개 회원국 가운데 4위의 강도를 보인다고 지적했다.

정부의 규제는 기업가가 자신의 기업을 대기업으로 성장시킬

유인을 소거하였다. 대기업은 오히려 쇠퇴의 추세를 보였다. 1993
~2012년 전 산업에 있어서 종업원 1천 명 이상의 사업체는 605개
에서 543개로 감소했고, 제조업에서의 감소 추세는 더욱 심각하여
1993년의 299개가 2012년의 121개로 줄어들었다. 제조업에서는 종
업원 300~999명의 구간도 924개에서 566개로 감소했다. 이처럼 대
기업이 급격하게 쇠퇴한 것은 동기간 다른 나라에서 유례를 찾기 힘
든 현상인데, 아무래도 정부의 강력한 기업 규제가 그 원인을 이루
었을 것이다. 정부와 기업이 상호보상의 유인체계로 몰입한 박정희
모델의 미덕은 언제 그런 적이 있었는지 의심할 정도로 흔적도 없
이 사라져 버린 것이다.

대기업이 쇠퇴하는 반면, 다른 한편에서는 영세 규모의 사업체가
부쩍 증가했다. 제조업의 경우 1993~2012년에 걸쳐 사업체 총수가
28만 1,590개에서 36만 394개로 증가했는데, 증가분의 대부분은 종
업원 50명 미만의 사업체에 속하였다.

오늘날 한국경제는 소수의 중화학 대기업이 수출을 통해 국가경
제를 지탱하고 있는 가운데, 국제경쟁력을 결여한 영세사업체가 전
산업에 걸쳐 팽배한 가운데 좁은 내수시장을 두고 출혈경쟁을 하는
양상을 보이고 있다. 이 같은 사업체 분포가 여러 가지 병폐를 양산
하게 됨은 구체적인 설명이 필요 없을 정도이다. 수출 대기업과 내
수 중소기업 간의 격차는 계층 간의 소득분배를 악화시켰다. 대기업
의 쇠퇴는 양질의 일자리를 줄여 청년실업을 가중시켰다. 교육정책
의 혼란으로 대학 진학률은 80퍼센트를 넘었다. 대학은 원래 범용의
고급 지식과 숙련을 전수함으로써 대기업에 적합한 인재를 공급하

는 교육과정이다. 한국 사회와 문화의 전통에서 대학교육은 중앙집권적 위계로 짜인 계층의 사닥다리에서 보다 높은 자리로 올라가기 위해 통과해야 하는 관문이다. 소득수준이 높아지자 점점 많은 수의 고교 졸업생이 대학에 진학하였다. 한국의 젊은이들에게 대기업에의 취업은 정부조직에 준하는 관료제적 위세로 선호되었다. 그러나 대기업이 쇠퇴하자 그 길은 닫히기 시작했다. 대안의 선택으로서 중소기업으로의 취업은 선호되지 않았다. 그것은 대학을 졸업한 젊은이로서는 감내하기 힘든 사회적 신분의 하락을 의미하는 것이었다. 그렇게 청년실업이 심화되는 한편, 다른 한편에서는 중소기업의 인력난이 가중되고 있음이 오늘날 한국 노동시장의 두드러진 특질이다. 소득의 양극화, 청년실업의 심화는 어느 단계에 이르러 이 나라의 정치적 통합을 심각하게 해칠 것으로 우려된다.

6. 맺음말

1990년대 이후 한국의 정치는 자유화와 민주화의 기치를 걸고 박정희 모델을 해체함에 주저하지 않았지만, 대안의 체제를 마련하는 것에는 실패했다. 자유, 자율, 민주, 공정, 개성, 창조 등의 가치가 소리 높이 외쳐졌지만, 그것들이 저절로 경제주체 간의 상이한 이해관계를 통합하고 상호유인의 체계로 몰입시키는 선진적 체제를 조성하지는 않는다. 오늘날의 한국정부는 부처 간에 잘 조정된 정책의 체계를 공유하고 있지 않다. 정부는 기업에 대해 억압적인 자세를 견지하고 있다. 기업은 투자와 개발에 소극적이며, 기업 간의 관계는 소원하며, 기업과 종업원의 관계는 비협조적이다. 국가경제를 선진화로 이끌 종합적 계획이나 국민의 참여와 협력을 유도할 정치적 이념은 실종 상태다.

1963년 이래 한 세대에 걸친 고도성장은 세계경제사에 유례가 없는, 평범한 상식적 선택으로는 결코 이룰 수 없는, 특별한 성취였다. 그것은 특별히 우수하게 작동한 국가적 혁신체제의 소산이었다. 이 글에서 나는 그 혁신체제를 가리켜 박정희 모델이라 하였다. 나는 박정희 모델의 핵심 원리를 1) 대외지향정책을 통한 자립적 국가경제의 건설, 2) 대기업 우선의 적하식 공업화, 3) 정부 – 기업 – 종업원의 긴밀한 협력과 조정의 세 가지로 요약하였다.

박정희 모델은 복구가 가능할까? 나는 가능하고 또 필요하다고 생각한다. 국가경제의 규모나 수준, 그를 둘러싼 국제환경에서 큰 차이가 있기 때문에 원형 그대로 복구하는 것은 가능하지도 않을 뿐더러 유익하지도 않다. 다만, 새로운 내외 환경에 적합하게 개량할 필요가 있다.

대외지향정책은 여전히 유효하다. 내부지향정책은 좁은 국내시장을 무대로 산업 간, 기업 간, 계층 간의 균형을 취하자는 취지인데, 대부분의 나라에서 심한 갈등만 유발하면서 실패했다. 박정희 모델에서 대외지향은 수출의 촉진을 의미했다. 그렇지만 국제사회에서 수출의 촉진에는 한계가 있기 마련이다. 수출하는 만큼 수입하지 않으면 마찰이 불가피하기 때문이다. 그리하여 무역수지가 흑자로 돌아선 언제부턴가 경제뿐 아니라 사회와 문화의 모든 영역을 개방하는 일대 개혁을 추진할 필요가 있었다. 영어를 공용화하고, 인구의 다수가 일본어와 중국어를 능숙하게 구사하고, 이민을 대폭 수용하고, 다수의 젊은이들이 해외에서 직장을 구하는, 넓게 열린 국제사회를 만들어 가야 했다. 일국 차원의 기술 개발도 과학 전통이나 인력자원의 제약으로 조만간의 한계가 불가피하다. 한국은 원천기술을 보유한 나라가 아니다. 내수시장의 협소함도 기술의 응용과 상업화의 제약조건이다. 이에 국내에서 개발할 능력이나 시장 유인이 없는 원자재, 부품, 기계에 대해서는 해당 외국기업을 유치하는 전략을 강구할 수 있다. 그 점에서 우리보다 기술수준이 높고 국제적 부가가치의 흐름의 상류에 위치한 일본과 시장 통합을 추진할 필요가 있었다. 중국과의 시장 통합은 우리가 상류에 위치하기 때문에 서둘 필요가 없다. 수출만으로도 우리가 누릴 비교우위는 현시적이기 때문이다.

그렇지만 지난 20여 년간 한국의 정치와 경제는 그 반대의 길을 걸었다. 일본과의 갈등은 의도적으로 증폭되었다. 선진국으로 나아가는 길은 이웃 나라와의 우호와 통합에 다름 아니다. 오늘날 세계의 20여개 선진국 가운데 이 길을 가지 않은 나라가 어디 있는가. 일국만의 선진화는 대륙국가가 아니고서는 기대하기 힘들다. 이 나라가 넓게 통합된 동아시아 내지 동북아시아 시장의 일부로 편입된다면, 이 나라를 괴롭히는 여러 가지 어려움은 인구와 자본의 활발한 이동을 통해 상당한 정도로 경감될 것이다. 요컨대 전면적인 국제화야말로 복구되어야 박정희 모델의 제1의 주안점이다.

넓게 통합된 국제시장에서의 주역은 대기업이다. 외국계 대기업을 유치하기 위해서는 기업에 대한 규제를 철폐하여 기업 하기에 더없이 좋은 환경을 조성할 필요가 있다. 각종 지원을 행하여 대기업을 육성하는 시대는 지났다. 정부는 국내외 기업을 막론하고 공정경쟁의 규칙을 엄격히 제정하여 집행할 뿐이며, 기업 간 관계는 기업의 자율로 맡겨도 충분하다. 일정 기간의 시행착오를 겪은 후 기업간 관계는 자기 문화에 걸맞은 형태로 균형을 찾을 것이다. 그렇게되면 대기업과의 수급관계로 중소기업이 따라서 성장하는 적하 효과가 다시 생겨날 것이다. 정부의 기업정책은 내수시장에서 활동하는 영세사업체를 대상으로 낭비적 투자나 출혈경쟁을 자제하고, 생산과 유통에서 협동하고, 나아가 국제경쟁력을 구비하여 세계시장에 진출하도록 지원함을 주요 과제로 삼을 필요가 있다. 요컨대 복구될 박정희 모델에서 제2의 주안점은 기업 규제의 전면적인 혁파와자유시장의 창출이라고 하겠다.

국가경제의 이 같은 개조는 1960년대의 정치가 박정희 모델을 창출한 것 이상으로 어려운 과제일지 모른다. 그에 상응하는 높은 수준의 정치적 자원이 공급되지 않고서는 기대하기 어려운 개혁이다. '조국근대화'의 시대는 이미 지나갔다. '경제민주화'의 시대도 마찬가지이다. 새로운 이념과 슬로건은 오늘날의 선진경제가 공유하는 '자유의 이념'과 '정의의 법' 이외의 다른 것일 수 없다. 한국인 모두가 자유, 평등, 독립의 개인으로 성립하고, 그 개인의 공정한 경쟁 과정으로서 자유시장경제가 발달하고, 그 개인의 신뢰와 협동이 고양되고, 경쟁과 협동의 범위가 동북아시아 국제사회로 확장되고, 사유재산권의 수호를 근간으로 하는 '정의의 법'이 국민적 교양으로 성숙한다면, 우리 한국은 선진화할 것이다. 박정희 모델의 복구에 있어서 가장 어려운 제3의 주안점은 이 같은 정치적 이념과 자원을 확보하는 일이라고 생각한다.

01
20년 만에 완전히
다른 나라가 된 대한민국

김 광 동*

1. 우리만 모르는 대한민국이라는 나라

한강 주변을 달려 보면 참으로 아름답다. 김포공항부터 워커힐호텔이나 하남 미사리까지 약 60킬로미터 거리를 올림픽대로나 강북강변로를 타고 달려 보면 낮과 밤을 가리지 않고 경치가 장관이다. 대륙국가가 아닌 반도국가임에도 강폭도 매우 넓고 수량(水量) 또한 예외적으로 많은 것이 한강이다. 한강과 강 주변의 경관도 아름답지만 한강을 끼고 펼쳐지는 엄청난 빌딩과 아파트 등의 파노라마를 보면 과연 이 모든 것이 진정 우리가 만들어 낸 것인가를 의심할 정도

---

* 나라정책연구원장

이다. 100년 혹은 200년 전에 한반도에 살았던 이전 세대나 선조들은 상상할 수도 없던 광경일 것이다. 불과 50년 정도 전부터 대한민국을 조금이나마 알고 있었거나 방문했던 경험을 가진 외국인이라면 도저히 이해하지 못할 것이 분명하다. 분명한 천지개벽(天地開闢)이다. 대한민국을 표현했던 '한강의 기적'과 '떠오르는 용'이란 말로도 다 담아 내지 못할 정도의 대변화였기 때문이다.

한강의 기적으로 상징되는 대한민국이 어떤 나라인지를 보다 구체적으로 볼 필요가 있다. 도대체 우리나라가 어디까지 와 있는지를 보는 데는 몇 가지 비교할 만한 사례를 통해 보는 것이 더욱 현실감이 있다. 예를 들면, 한국 국민이 국외로 나가기 위해 반드시 지참해야 하는 신분증인 여권(passport)의 위상이다. 국제사회에서 대한민국 여권 소지자는 분명 특별대우의 대상이다. 한국의 정부 발행 여권을 가지고 있다면 비자(visa)를 발급받지 않고도 자유롭게 방문할 수 있는 국가의 숫자는 무려 172개국이다. 이는 세계 최고 수준이며, 캐나다와 스위스, 룩셈부르크 등과 동급의 대우이다. 한국보다 높은 수준의 대우를 받는 독일, 스웨덴 여권 소지자가 무비자로 갈 수 있는 국가 176개국과도 큰 차이가 없다. 오히려 호주, 뉴질랜드 등의 여권 소지자들보다도 대우가 좋다. 대한민국 여권 소지자에 대한 국제사회의 대우는 곧 대한민국과 국민에 대한 평가와 대우의 수준이고 국제사회가 대한민국 국민에게 주는 신뢰의 상징인 것이다.

대한민국을 제대로 보기 위해 다른 측면을 볼 수 있는 사례 가운데 하나는 항공기를 이용한 이동 정도이다. 전 세계에 있는 임의의 특정 공항(A)과 또 다른 특정 공항(B) 간의 항공기를 이용한 여행객

이 가장 많은 곳을 보는 방법이다. 미국 뉴욕~로스앤젤레스 노선이나 유럽 런던~파리 노선 등을 떠올릴 지도 모르겠다. 하지만 놀랍게도 국제항공협회(ITA) 통계를 보면 대한민국 국내 노선인 김포~제주가 가장 많다. 지구상에서 가장 많은 사람들이 항공편으로 이동하는 두 지역이 바로 한국 김포공항~제주공항으로, 이 노선을 통해 연간 1천만 명 이상이 오고간다. 두 번째는 일본 도쿄~후쿠오카 노선으로 약 800만 명, 그 뒤의 세 번째가 호주의 시드니~멜버른 노선으로 700만 명 수준이다(표 1 참조).

국제사회가 대한민국 여권 소지자를 최고급으로 대우하는 것이나 항공을 통한 이동이 지구상 최대 많은 곳이 한국이라는 것은 한국의 위상이 남다르다는 것을 알 수 있게 한다. 한국은 우리가 알고 있는 것보다는 훨씬 높은 수준에 도달해 있는 것이다. 특히 매일 무려 1,700편, 일주일에 1만 편이 넘는 항공기가 오고가는 한국과 매일 1편, 일주일에 6편 정도 운항하는 북한과 비교하는 것은 의미조차도 없다.

표 1 항공여행객 이용 노선 순위(ITA, 2014)

순위	노선	이용 승객 수(백만 명)
1	서울~제주	10.5
2	도쿄~후쿠오카	8.3
3	시드니~멜버른	7.8
4	도쿄~삿포로	7.0
5	베이징~상하이	5.8

우리가 세계로 나가 보면 뿌듯함을 더 느끼게 만드는 것은 세계 어디에 가도 볼 수 있는 한국 기업의 브랜드마크이다. 전 세계인에게 삼성의 스마트폰을 소유하는 것은 선망이다. 전 세계 어느 공항, 어느 호텔을 가든 LG와 삼성(SAMSUNG) 상표를 단 텔레비전을 볼 수 있고, 한국 텔레비전을 설치해야 고급 호텔로 평가받는 정도이다. 한국이 만든 자동차도 마찬가지이다. 중국과 러시아, 인도와 인도네시아는 물론이고 미국이나 유럽 등 어디에서도 현대와 기아자동차를 볼 수 있다. 세계의 주요 고층건물들과 고난도의 원자력발전소들은 한국 기업들이 세우고 있고, 전 세계 바다를 운항하는 대형 선박들의 3분의 1이 한국이 만든 대형 선박들이다. 컴퓨터든 스마트폰이든 전 세계인들이 사용하는 각종 전자제품 내에 들어가 있는 반도체 중 거의 60퍼센트에 대한민국 삼성과 SK하이닉스가 만든 반도체가 내장되어 있다. 전 세계 주요 기업 중 한국의 삼성전자, 현대자동차, SK 기업들은 세계 100대 기업 내에 있고, 세계 500내 기입 내에는 포스코, LG전자와 현대중공업, 기아자동차 등 모두 17개 한국 기업들이 있다. 브랜드 가치의 기준에서도 삼성은 애플, 마이크로소프트에 이은 세계 3위에 있다.

우리가 어디까지 와 있는가를 가장 명확하게 볼 수 있는 방법은 역시 경제규모 순위이다. 대한민국 경제규모는 2015년 기준으로 전 세계 230개 국가 중에 11위에 있다(표 2). 전 세계 국가 중 상위 10퍼센트도 아니고, 약 12개 국가만이 누릴 수 있는 수준인 상위 5퍼센트 이내의 경제규모를 갖춘 나라다. 세계 11번째 경제규모의 국가이자 상위 5퍼센트 이내의 국가에 든다는 것은 명실상부하게 강대국에 해당한다. 한국은 러시아와 호주 등보다 더 큰 경제규모를 갖춘 나라이다. 경제규모에서 세계 2위 및 3위인 중국과 일본, 그리고 영토 크기에서 세계에서 최고인 러시아에 의해 둘러싸인 지정학적 위치 때문에 상대적으로 작은 나라처럼 보일 뿐이지, 실제로는 세계적 강국의 하나이다. 특히 한국은 자동차, 철강, 조선, 석유화학 등 전통적 제조업뿐 아니라 인터넷이나 반도체, 게임, 문화산업, 정보산업 등 다양한 창조적 분야에서도 세계 1위 전후에 있거나 세계 최고 수준을 유지하고 있다.

영토가 작음에도 세계 11위라는 경제규모를 갖고 있다는 것도 대단하지만, 한국의 무역규모를 보면 더욱 놀랍다. 대한민국은 세계

표 2 경제규모 세계 상위 15개국 순위(World Bank, 2015)

순위	국가	GDP(억 달러)
1	미국	17,946
2	중국	10,866
3	일본	4,123
4	독일	3,355
5	영국	2,848
6	프랑스	2,421
7	인도	2,073
8	이탈리아	1,814
9	브라질	1,774
10	캐나다	1,550
11	대한민국	1,377
12	호주	1,339
13	러시아	1,326
14	스페인	1,199
15	멕시코	1,144

6위의 무역대국이다. 보다 정확한 의미로 보면 지구상에서 가장 무역을 많이 하는 나라가 한국이다. 한국의 무역량으로도 프랑스와 이탈리아 등을 능가한다. 총무역량이 아닌 국민 1인당 무역량으로 치면 단연 세계 최고 수준이다. 물론 중계무역항을 통한 중계무역량이 절대적으로 많은 싱가포르, 홍콩과, 유럽의 중계무역의 중심 항구인 로테르담을 가진 네덜란드가 있지만, 이를 제외한다면 국민 1인당 무역량 세계 4위 전후는 단연코 대한민국 국민이 이룬 경이적 순위이다(표 3 참조).

다른 모든 지표도 마찬가지다. 예를 들면 평균수명을 보더라도 일본, 스위스, 캐나다 등과 함께 세계 최고 수준이며, 고등학교 졸업자의 80퍼센트가 대학을 가는 인류역사상 전무후무한 기록을 갈아치우는 나라이며, 인구당 해외유학생 비율이 가장 높은 나라라는 것

표 3 국가별 무역량 및 1인당 무역량 순위(상위 10위, 2014)

순위	국가	국가별 무역량 (백만 달러)	1인당 무역량 (달러)
1	중국	41,600	31
2	미국	38,480	121
3	독일	27,260	337
4	영국	15,957	249
5	일본	14,636	115
6	프랑스	12,384	187
7	대한민국	10,715	214
8	네덜란드	10,288	605
9	캐나다	9,297	265
10	이탈리아	9,098	151

Wikipedia, 'List of countries by exports/imports'

도 틀림없는 사실이다.

국가 역량은 각종 스포츠 경쟁력으로도 나타난다. 대한민국은 각종 스포츠는 물론 하계올림픽과 동계올림픽 모두에서 세계 7위 전후의 수준을 지난 30여 년간 꾸준히 유지해 온 스포츠 강국이다. 중국 베이징(2008), 영국 런던(2012), 브라질 리우(2016)로 이어진 지난 3차례의 하계올림픽에서 한국은 각각 7위, 5위, 10위를 했다. 세계 7위 전후에 있고 실제 지난 30년간 10위 밖을 벗어난 것은 단 한 번에 불과했다. 마찬가지로 동계올림픽에서도 이탈리아 토리노(2006), 캐나다 밴쿠버(2010), 러시아 소치(2014)로 이어진 대회에서 각 7위, 5위, 13위를 했다. 북유럽 및 북미의 겨울이 긴 고소득 국가들만이 주도하던 겨울올림픽에서 한국은 정말 예외적 국가이다. 2016년 남미에서 최초의 올림픽이 브라질 리우에서 개최되며 소란을 떨었지만 대한민국은 이미 1988년, 중국보다도 무려 20년 앞서 올림픽을 성공적으로 개최한 나라이다. 대한민국은 동계 및 하계 올림픽과 월드컵을 개최한 나라의 반열에 든 몇 안 되는 나라의 수준에 올라 있다.

대한민국은 철강, 기계, 조선, 반도체, 자동차, 석유화학, 전자 등 거의 모든 산업 영역에서 세계적인 산업국가의 반열에 올라 있다. 미국과 서유럽 국가 몇몇을 제외한다면 전 세계인이 부러워하는 나라이다. 한국은 산업 수준도 세계적이지만 연구개발(R&D) 중심국가의 하나로서도 세계적이다. 물론 전체 국가적 연구개발비의 총량이 미국, 일본, 독일, 중국 등에 비하면 작지만 그것은 총량을 본 것일 뿐, 실제 국가총생산액(GNP) 중 연구개발에 투자하는 비율이 가장 높은 나라는 대한민국이다. 한국은 전체 국가총생산액의 4.3퍼센트 수

표 4 총 경제규모 대비 연구개발(R&D) 투자 순위(OECD, 2014)

순위	국가	경제규모 대비 투자 비율(%)
1	한국	4.3
2	이스라엘	4.1
3	일본	3.5
4	핀란드	3.2
5	스웨덴	3.2

준을 연구개발에 투자하는 나라로서, 이스라엘(4.1%)이나 일본(3.5%), 핀란드(3.2%) 등에 앞서고 있다(표 4 참조). 물론 과학기술 수준이 더 높다는 것도 아니고, 절대량이 많지 않기에 곧 최선진국을 따라잡을 수 있다는 말은 분명 비약이지만, 주어진 조건에서 한국은 그 어떤 나라보다도 미래지향적인 나라에 와 있다.

2. 5천 년 역사의 물길을 바꾼 박정희 정부의 대전환
Great Transformation 드라마

'한강의 기적'으로 표현된 대한민국은 지난 몇십 년 동안 지구상에서 가장 역동적 변화가 지속적으로 전개되어 온 나라인 것은 명확한 사실이다. 그렇다면 대한민국에서 일어난 기적적 성공은 어떻게 설명되어야 하는가?

그런 기적적 성공을 우리 민족성으로 설명하기도 한다. 우리 민족이 원래 근면 성실하기 때문에 성공했다고 설명하는 것이 그것이다. 그러나 그러한 논리는 설득력이 없다. 민족성 때문이었다면 518

년이나 계속된 조선시대에 성공했어야 한다. 최소한 다른 국가들만큼은 번영이 유지되었어야 한다. 조선조 500년이나 대한민국 건국이후 70년은 모두 같은 민족인데, 조선은 실패했고 대한민국에서는 성공했다면 그것은 민족성이란 논리로 설명될 사안이 아니다. 마찬가지로 북한과 대한민국은 같은 민족이지만 북한은 참혹한 실패의 상징이 되어 있고, 대한민국은 기적이란 표현으로 상징되고 있다. 비록 같은 민족이지만 결과는 전혀 달랐다. 그렇다면 민족성으로 설명될 문제는 아니다. 대한민국이 만들어 낸 성공방식과 제도 혹은 리더십을 말하는 것이 맞다.

대한민국의 성공을 설명하며 그것은 우리 국민 모두가 열심히 땀 흘린 결과라고 평가하기도 한다. 물론 틀리지 않다. 한국사람은 지난 50년간 근무 시간이 상대적으로 많았고 실제 열심히 일했다는 것은 분명했기에 틀린 말은 아니지만, 근면했다는 것은 부분적으로 설명할 수는 있어도 대한민국 성공을 전체적으로 설득력 있게 설명할 수는 없다. 어느 나라나 열심히 일하고 땀 흘린다고 번영으로 가지는 않았기 때문이다. 더구나 한국인들만 땀 흘린 것도 아니기 때문이다. 땀 흘리는 것으로 말한다면 북한 사람들이 더 열심히 노동해왔다. 땀 흘린 것으로 말한다면 하루 14시간씩 일에 매달려야 하는 북한이 더 성공했어야 한다. 마찬가지로 중국, 베트남, 캄보디아 사람들이 한국사람보다 더 근면하지 않았다고 평가할 근거도 없다. 열심히 일하고 땀 흘린 것만 가지고는 성공을 설명할 수 없다. 필요조건이 될지는 모르지만 충분조건이 아닌 것은 분명하다.

심지어 미국의 원조와 지원으로 성공했다는 평가도 있다. 마찬가지로 틀린 말도 아니지만 그것으로 한국의 성장이 설명될 수는 없다. 미국이 지원한 나라는 한두 나라가 아니다. 미국으로부터 가장 많은 지원을 받은 나라들이라면 그것은 필리핀과 중남미 국가들이다. 그러나 필리핀과 중남미 국가 중 어느 나라가 성공했다는 평가를 들어 볼 수 없다. 한국이 6·25 전후와 1950년대 미국의 원조와 지원을 받은 것은 분명하지만 그것이 성공을 만든 것이 아니라는 것이다. 만약 미국 지원으로 성공했다면 1950년대에서 가장 비약적 성공이 있었어야 하지만, 오히려 미국 원조가 대폭적으로 줄어든 1960년대부터 성공이 나타난 것이 한국이다.

그런 측면에서 대한민국에서 펼쳐진 대전환(Great Transformation)의 계기를 보아야 한다. 흔히 말하는 '한강의 기적'이 언제부터 시작되었는가를 보면 좀 더 구체적으로 이해할 수 있다. 한국의 경제사회적 발전 모델의 성립에 가장 커다란 전환이 된 것은 1962년 전후로 보아야 한다(표 5 참조).

표 5 5년 단위별 경제성장률과 일인당 소득

	1인당 소득(달러)	성장률(연평균, %)	투자(%)	물가상승률(%)	실업률(%)
1956~60	77	4.8	10.8	-	-
1961~65	79	7.3	14.3	13.5	7.7
1966~70	187	11.8	24.4	12.3	5.5
1971~75	439	10.0	26.7	15.6	4.2
1976~80	1,344	8.6	33.0	17.4	4.0
1981~85	2,141	9.4	32.7	7.4	4.2
1986~90	4,617	10.5	35.4	5.4	2.9

Statistics Korea D/B (Retrived 25 April 2016)

표 5를 보면 알 수 있듯이 대한민국에 본격적 변화가 발생하기 시작한 것은 1960년대부터이다. 1950~1953년 6·25전쟁에 따른 혼란과 복구작업이 완료되던 1950년대 후반 4.8퍼센트의 경제성장을 하던 나라였지만, 1960년 전반에 들어서면서부터 7.3퍼센트 성장을 시작했고, 1960년대 후반에는 5년 평균 무려 11.8퍼센트의 경제성장을 기록하였다. 한민족 역사에 단 한 번도 없는 5년 평균성장률 11.8퍼센트란 비약이 이루어졌던 것이다. 한국은 박정희 정부 18년을 포함한 1961~80년까지 20년 동안 이뤄 낸 평균 9퍼센트 전후라는, 인류사에 거의 없는 성장률을 기록했다. 1960년대부터 시작된 20년의 기간을 거치며 대한민국은 완벽히 다른 나라로 가게 되었고 '한강의 기적'으로 불릴 만한 번영 모델을 갖추게 되었다. 전 세계 어느 나라도 20년 만에 국가가 변하는 것은 어려운데, 당시의 번영 모델은 충분히 그 후 전개된 대한민국의 번영 모델이 되었고, 계속된 산업혁명과 성숙사회의 토대가 되었다. 국민 1인당 소득도 100달러가 채 되지 않던 나라가 1980년에 가면 1,344달러로 비약했고, 2015년에 이르면 무려 2만 6천 달러에 달하는 나라가 된 것이다.

1950년대까지 한국은 전형적인 농업사회였다. 농촌마을이 전형적인 모습으로, 논과 밭을 가까이에 둔 농가 수십 호가 함께 살면서 가까운 산에 가서 나무를 구해 땔감을 만들어 난방과 취사를 했으며, 한 끼 한 끼를 걱정하고, 식량이 떨어지는 겨울을 웅크려 살며 버티고 다시 농산물을 생산할 수 있는 봄을 기다리던 그런 사회였다. 당시 대다수 국민은 보리밥과 밀가루로 만든 국수로 끼니를 때워야 했고, 쌀밥을 먹는다거나 계란 하나를 먹는다는 것이 극히 어렵던 시대였다. 보리밥 한 그릇을 가지고 형제간에 싸움이 많던 시절이 계속되었다. 애지중지 키운 쌀이나 콩 10킬로그램 정도, 기르던 암탉이 낳은 계란 10여 개를 모아 5일장에 들고 나가 팔아 고무신이나 빗, 양말과 같은 다른 생활용품으로 바꿔 오던 풍경이 일반적이던 사회였다. 마을에 텔레비전 가진 집도 하나 없는 마을이 대부분이었고, 특별히 집안이 살 만하거나 뛰어난 재능을 보이지 않으면 중학교나 고등학교 진학을 포기해야 했고, 여자들이 중학교를 간다는 것은 부잣집이 아니면 상상하기도 어렵던 사회였다.

그러나 표 6에 뚜렷하게 나타나듯, 1960년대부터 한국 사회는 급격하게 산업사회로 전환되기 시작하였다. 전통적 농업사회를 벗어나게 된 것이다. 1960년 농수산업 생산액의 비중이 국민총생산의 약 37퍼센트에 달했던 농업국가였지만, 불과 20년 뒤인 1980년에 가면 그 비중은 16퍼센트로 급속도로 축소되게 된다. 제조업 비중에서도 경공업과 중공업 비중이 각 77퍼센트와 23퍼센트로 경공업 비중이

표 6 산업구조의 변화

연도별 산업구조(명목GDP)*, 단위: %

연도	농림어업	광업·제조업	제조업	서비스업**	제조업 구조	
					경공업	중공업
1953	47.3	10.1	9.0	42.6	78.9	21.1
1960	36.8	15.9	13.8	47.3	76.6	23.4
1970	29.2	19.6	17.8	51.2	58.4	41.6
1980	16.2	26.4	24.4	57.5	42.5	57.5
1990	8.9	28.1	27.3	62.9	30.7	69.3

한국은행 경제통계시스템
*1960년 이전은 1975년 기준이고, 1970년 이후는 2000년 기준인 총부가가치액 기준
**서비스업은 전기·가스 수도사업, 건설업을 포함

절대우위를 점하고 있었지만, 1980년에 가면 20년 만에 완전 역전되어 경공업 비중이 43퍼센트, 중공업 비중이 58퍼센트로 뒤바뀌며 한국은 중공업 주도 산업국가의 반열로 올라서 된다.

산업 종사자의 인구 비중으로도 1961년에는 인구의 약 79퍼센트나 되는 절대다수가 농업에 종사했지만, 1983년에 들어서면 그 비중이 29퍼센트로 급격히 줄어든다. 반면에 1983년에 들어서면 공업 및 서비스업 종사자는 각 24퍼센트 및 47퍼센트로, 국민 전체의 71퍼센트가 제2차 및 제3차 산업에 종사하는 근대 산업사회가 되었다. 당시 3천만의 인구를 갖고 있던 한국 사회에 지구상에서 가장 커다란 변화가 이루어지고 있었던 것이다. 혁명적 대전환이었다. 농업 등 1차산업 생산이 전체의 절반에 달하고 인구 80퍼센트가 1차산업에 종사하고 2차, 3차산업이 불과 20퍼센트에 불과했던 전형적인 농업사회가 불과 22년 만에 거꾸로 농업은 20퍼센트 이내로 축소되고 제조업 및 서비스업이 70퍼센트가 넘는 사회가 되는 대전환이 이루어졌던 것이다.

세계 무대에 한국기업들이 등장하기 시작한 것도 그때부터다. 삼성, 현대, LG, SK 등도 모두 1960년대를 기점으로 비약적 성장기에 들어섰다. 또한 그전까지 한국 기업들은 대부분 합판, 가발, 신발, 방직 등 전통적 노동집약적 산업에 머물렀지만 1960년대를 기점으로 전자, 조선, 기계, 자동차, 석유화학 등과 무역 등으로 변화한다.

결과적으로 한국에서는 1960년대를 기점으로 대대적 변화가 시작되었고, 그것이 하나의 패턴이자 모델로 정착되어 그 후 몇 십 년에 걸쳐 계속된 결과가 오늘의 대한민국이라고 볼 수밖에 없다. 박정희 시대 18년은 '한강의 기적'을 대변하는 시대이자 한국현대사를 바꾼 변곡점에 해당한다.

물론 한국에 한강의 기적이 만들어진 것은 박정희 정부의 몫만은 결코 아니다. 국민 모두가 해 보겠다고 일어나 함께 참여하고 건설한 결과이면서, 개방적 자유무역체제를 기본으로 한 대한민국 건국 질서가 만들어져 있었기에 가능했던 것이다. 개인 소유권을 부정하고 국가에 의한 계획경제를 걸은 사회주의권이나, 개방과 자유무역을 부정하고 독자적 개발 모델을 만들고자 했던 개발도상국의 시도는 모두 실패로 끝났다. 그렇지만 건국 질서를 만든 이승만 정부가 당시 많은 사회주의권이나 개발도상국이 걷던 폐쇄적 방식을 따라가지 않고 자유에 기반한 개방과 무역을 통한 경제질서를 만들어 놓았다. 그것이야말로 박정희 정부가 계승하여 비약시킬 수 있는 토대였고, 그런 토대를 만들어 놓았기에 다음 단계로 갈 수 있었던 것이다.

3. 사농공상의 낡은 질서를 깬 국가리더십

대한민국이 1948년 근대독립국가로 출범한 이래 불과 70년 만에 번영국가로 도약한 것은 20세기 세계사에서 기적과도 같은 성공 모델이다. 대한민국이 만든 70년 역사는 17세기 이후 본격적 근대화를 시작했던 서유럽 국가들을 제외한 대부분의 나라들로부터 성공 모델로 평가받는다. 특히 제2차 세계대전이 종결된 1945년 이후의 세계문명사에 대한 연구 결과를 보면, 공통적으로 성공국가의 모델로 빠지지 않고 거론되는 거의 유일무이한 나라가 대한민국이다. 국제연합(유엔)과 세계은행(IBRD), 혹은 국제통화기금(IMF)은 물론이고 거의 모든 국제기구와 세계 지도자들이 지난 수십 년의 역사에서 한국을 가장 성공한 국가로 선택하는 데 주저하지 않는다.

국가가 성공하고 실패하는 원인을 규명했던 MIT의 아제모을루(Kamer Daron Acemoğlu) 교수와 하버드 대의 로빈슨(James A. Robinson) 교수는 전 세계에 펼쳐진 번영의 첫 번째 성공사례로 '38선의 경제학'이라는 주제 하에 대한민국을 선택한 바 있다. 그들은 한반도의 군사분계선 및 비무장지대(DMZ)를 경계로 분리되어 한반도의 남과 북에서 각각 전개된 변화와 남쪽에서의 이루어진 대한민국 번영을 20세기 문명사의 가장 대비되는 사례라고 지적한다.

세계의 각종 기구는 한국의 번영을 다른 국가의 모델로 삼으라고 권고한다. 세계은행은 1994년 한국의 경제제도와 정책을 모델로 삼아 펼쳐야 한다고 개발도상국들에게 권고한 바 있다. 무려 20여 년 전의 일이다. 세계적 석학과 지도자들도 마찬가지이다. 프랜시스 후쿠야마와 퍼거슨 등도 한국이 민족사적으로나 세계문명사적으로 놀랄 만한 역동성과 변화를 만들어 왔다고 평가한다. 미국의 오바마 전 대통령은 그의 각종 연설에서 한국이 선진국가도 본받고 배워야 할 분야가 많다는 것을 여러 차례 공식적으로 거론하며 찬사를 표했다. 트럼프 대통령도 역시 한국을 독일, 일본 등과 함께 거론하면서 한국은 선진국이고 역동적 국가라고 여러 차례 강조할 정도이고, 푸틴 러시아 대통령 혹은 중국의 덩샤오핑(등소평)과 말레이시아 마하티르 등 거의 모든 세계 지도자들이 대한민국은 세계적 성공 모델이라고 거론하며 그들도 한국이 걸어온 길을 따라 배워야 한다고 표명해 왔다.

그런 면에서 대한민국은 개발도상국, 공산체제의 길을 갔던 나라들과 신생독립국들이 모델국가로 따라 배우기를 해야 할 대상이 되어 왔다. 그런 평가가 결코 과장이 아닌 것은 한국이 원조받던 나라에서 원조하는 나라로 바뀐 유일한 국가로 평가받는 것으로도 알 수 있다. 1962년 대한민국은 세계 37위 전후의 경제 규모 국가였지만 불과 50년 만에 세계 11위 국가를 만든 것은 기적이기 때문이다. 과거 아시아에서 잘사는 나라로 평가되고 우리에게 원조까지 공여해 주던 태국, 필리핀 등을 불과 20여 년 만에 무색하게 만들었다. 1978년 한국은 아시안게임조차 개최하기 힘들어 개최권을 태국에게 반납했던 쓰라린 기억도 있고, 필리핀에게 기술을 도움받아 장충체육관을 지은 경험도 있다. 그랬던 한국이 어느덧 대규모 영토 국가들인 러시아나 호주 등을 제치고 더 큰 경제 규모를 가진 나라가 되었고, 중동 지역을 제외한 아프리카 전체 국가의 경제 규모를 합친 경제권보다도 더 큰 경제 규모를 가진 나라에 와 있는 것은 기적이란 표현 외에는 적절한 단어가 없는 것이다.

그런 한강의 기적과 대한민국 번영 모델이 가능했던 것은 무엇보다, 박정희 시대에 국민 인식에 대대적 변화가 일어났기 때문이다. 조선시대 이래 한국에서는 상공업의 비중도 낮았고 상공업과 상공업 종사자에 대한 사회적 평가도 극히 낮았다. 현재에도 그런 경향은 여전히 강하게 남아있다. 한국에서의 성공 문화, 즉 출세 문화는 예로부터 장원급제로 상징되는 과거시험 합격이라는 신화가 지배했었다. 성공(=출세)하려면 대부분 과거시험을 봐야 했고, 그래서 입신양명하는 출세 모델이 몇백 년간 한국 사회를 지배했다. 심지어 성춘향의 억울함조차도 과거에 합격한 이몽룡의 권력 획득으로 해결되는 것이 전형적 고전의 스토리텔링이었다. 정치권력이 문제를 해결한다는 식의 사회문제 해결 구조가 지배적 구조였던 것이다. 그래서 고등고시에 합격해서 검사나 판사가 되라거나 육사에 가서 장군이 되라는 것이었다. 그것도 아니면 학자와 교수가 되거나, 공무원시험을 거쳐 공무원, 변호사가 되거나, 의사와 약사가 되는 것 등이 성공적 삶의 모델이었다. 그런 잔재가 남아 한국 사회에서는 아직도 전체 취업준비생의 50퍼센트가 공무원시험을 준비하는 상황이다.

그러나 박정희 정부를 거치면서 인식의 대전환이 전개되었다. 사회 전반에 상공업이 육성되고, 세계적 기업들이 나오기 시작하고, 짧은 기간에 한국이 산업 및 무역 국가로 변신했다는 것은 커다란 사회변혁이 진행되었다는 것을 말한다. 대학 나와 기업에 취직하는 직업 패턴이 정착된 것도 1970년대 들어서면서다. 그전에는 공무원이 아니라면 취직할 기업 자체가 없었다. 왜냐하면 제조업을 천시하고, '장사꾼'과 공업에 종사하는 '장인'을 천시하던 시대였기 때문이다. 그러나 박정희 시대를 거치면서 몇십 년 만에 그런 인식과 롤모델이 뒤바뀌는 혁명적 변화가 진행되었다. 박정희 시대를 통해 사농공상(士農工商)의 시대, 소위 공무원과 선비 우위의 시대가 종결되고, 비로소 근대적 산업과 상업, 무역이 중시되며 물질적 풍요를 창

출할 물품과 일자리를 많이 만드는 사람과 기업이 우대받는 상공업
시대를 열었던 것이다. 더 이상 지배하는 사람이 아니라 남들에게
혜택을 주고 필요품을 제공할 능력을 갖춘 사람이 성공하는 사회구
조가 만들어진 것이다. 그 결과로 제조업 중심의 공업사회로 나아
갔고, 연이어 정보사회로의 변신까지를 약 50년 만에 다 이뤄 낸 사
회가 대한한국이다. 농업이 주도했고, 농사꾼으로 살아야 하던 사
회가 어느덧 최첨단 산업과 정보산업 국가로 변화한 것이다. 그것이
진정한 혁명이기도 하다.

수출주도적 산업구조는 글로벌 기준에 한국 사회가 맞춰지는 방
향으로 사회 전반의 변화가 시작된 것을 의미한다. 마을 공동체와 씨
족 공동체가 글로벌 공동체로 뒤바뀐 것이다. 표 7에서 너무도 명확
히 나타나듯, 수백 년간 '자체 생산, 자체 소비'에 머물던 극도의 폐
쇄국가에서 세계가 경악할 만한 수준의 수출국가로 변신한 것이다.

박정희 정부가 출범한 1961년 한국 수출량은 1.2억 달러로, 태국

표 7 한국과 신흥국 수출 성장 비교(1961~2010)

단위: 억 달러

구분	1961	1970	1980	1990	2000	2010	B/A(배)
한국	1.2	12	205	737	2,057	5,315	4,429
홍콩	11	36	256	1,004	2,423	5,005	455
태국	5	11	78	291	820	2,272	454
멕시코	12	28	208	489	1,799	3,137	261
브라질	11	30	213	379	643	2,330	212
필리핀	9	14	76	122	416	695	77
아르헨티나	11	18	39	146	309	800	73

김기환, 『한국의 경제기적 지난 50년 향후 50년』(기파랑, 2013), 27쪽

의 4분의 1, 필리핀의 7분의 1 수준에 못 미치는 아무도 알아주지 않는 나라였다. 그러나 불과 20년이 지난 1980년에 이르면 오히려 태국, 필리핀보다 약 2.5배나 수출을 더 많이 하는 전혀 다른 나라로 변신하였다. 브라질과 멕시코의 10분의 1 수준의 수출량밖에 없던 나라가 불과 20년 만에 브라질과 멕시코와 비슷한 수준의 수출을 하는 나라가 되더니, 다시 20년이 지난 2000년에 이르면 멕시코를 능가하고 브라질보다는 3배 이상이나 수출하는 나라로 성장했다. 세계적 수준의 산업국가이자 무역국가로 변신한 것이다.

세계시장에 수출을 하기 위해서는 생산 제품으로나 산업구조에서나, 혹은 기업 운영 방식을 글로벌 기준에 맞추어야 했다. 수출이란 국제기준에 맞추지 않으면 불가능한 것이다. 국제무대를 대상으로 수출입국을 해 가는 과정은 곧 대한민국 전체가 글로벌화하는 것을 의미했다. 1961년과 2010년, 50년의 결과를 비교한다면 대부분의 다른 나라보다 무려 열 배에서 몇십 배 이상으로 수출량이 확대된 나라가 된 것이고 그만큼 한국은 봉건국가, 식민국가, 폐쇄국가를 넘어 글로벌 국가로 변신한 것이다. 특히 아시아개발은행(ABRD), IMF와 세계은행 등도 다 한국의 역량을 비웃던 시대였다. 박정희시대는 우리 스스로부터가 무슨 철강산업을 한다는 것이며, 무슨 자동차를 만들어 수출하느냐의 비아냥을 감내해야 했을 뿐 아니라, 한국에 왜 고속도로가 필요하냐고 비웃고 반대하던 그런 시대를 넘어서야 했던 것이다.

특히 제조업을 중심으로 한 2차산업은 철강 경쟁력을 중심으로 한 기계, 건설, 자동차산업 등이 중심이 되는 상황에서 한국은 제조업 경쟁력을 결정하는 세계 최고 수준의 철강 경쟁력을 갖추어 나갔다. 1973년 포항제철(POSCO)이 건설되어 세계 최고의 철강 생산 경쟁력을 갖추게 되었다. 연이어 기계산업, 전자산업 등으로 비약적 산업 고도화가 이루어졌다. 나아가 1970년대 후반부터는 전자산업에서 비약적 경쟁력을 갖추어 나가기 시작했고, 전자산업의 기반은 연이어 1980년대 반도체산업에서 세계 최고 수준을 만드는 기반이 되었다. 반도체산업의 경쟁력은 통신, 전자, 컴퓨터, 스마트폰과 자동차전지 부문에 이르기까지 정보통신산업 전반의 경쟁력으로 이어질 수 있게 된 것이다.

비록 다른 근대국가에 비해 철도 시대는 늦게 시작되었지만 자동차가 중심이 된 고속도로망은 한국이 첨단을 걷고 있다. 경부고속도로의 완공(1971)을 포함해 국토 전체에 사회간접자본(SOC)이 확충되고 본격적 자동차 시대를 연 것은 1970년대이고, 연이어 1980년대 중후반에 이르면 모든 가구가 자동차를 소유하게 되는, 생각해 본 적도 없던 소위 '마이 카' 시대를 열게 된다.

또한 농업용으로만 사용되던 국토가 산업사회에 맞게 전환되었다. 구로공단(1967)이 만들어졌고 연이어 익산공산, 마산수출자유지역, 구미공단, 창원기계공단과 반월(안산)공단 등 전국은 공업단지로 변화하였고 부산, 인천 등은 세계적 무역항으로 거듭나기 시작했다. 수천 년간 농업사회에 머물던 한반도의 국토 자체가 대개조에 들어간 것이다.

산업국가로의 대전환과 함께 1960년대 이후 박정희 시대를 통해 정립된 가장 의미 있는 변화는, '할 수 있다'는 정신이 우리 민족에게 확고히 확립된 것이다. 조선시대를 물려받은 한국에서는 스스로를 비하하던 긴 세월이 있었다. 오랜 기간 내려오던 소위 '엽전' 의식이 그것이다. 조선사람이 뭘 하겠냐는 것이었다. 그렇지만 대한민국 건국 이래 만들어진 한강의 기적 이후부터는 '하면 된다'는 긍정적 자부심을 갖게 되었다. 자조(自嘲)와 비웃음을 넘어서서 성취와 업적의 시대를 만든 것이다. 한국적 역동성(dynamism)이 만들어진 것이다. 그것은 산업과 경제적 성취보다도 소중한 자산이다. 한국도 다른 선진국처럼 잘사는 나라를 만들어 보자는 민족주의적 '조국근대화'와 '민족중흥'에 대한 강한 과제의식과 실현 의지가 반영된 것이었다.

4. 기적을 한탄하는 신기한 나라 대한민국

대한민국이 이뤄 낸 빛나는 성공 모델에도 불구하고 우리 사회에는 대한민국을 비판적으로 보는 사람들도 여전히 많다. 소수의 사람들은 흙수저를 물고 태어난 사람에게는 힘들고 가혹한 사회라고 주장하고, 살기 힘들어 '헬(hell) 조선'이라고 자조하기도 한다. 그럼에도 그들은 다른 나라 어디에서 태어났다면 그런 '흙수저'와 '헬조선'을 면할 수 있었다는 것인지, 대한민국 모델을 제외한다면 다른 대안을 제시하지 못한다.

적어도 지난 100년간의 역사를 되짚어 본다면 대한민국을 제외한 다른 대안은 찾을 수 없다. 미국, 캐나다와 몇몇 서유럽 국가를 선택하겠지만, 그런 나라야말로 오랜 기간 그 나라를 건설하고 성숙시켜 온 그 나라 사람들의 성취 결과로 만들어진 나라들이다. 차이가 있다면 그것은 몇백 년 전부터 일찍 산업화를 이뤄낸 조상을 가진 나라라는 것이다. 적어도 200년 전부터 일찍부터 잘살던 나라들 외의 대안이란 대한민국밖에 없다. 그렇다면 그런 나라들에 태어나지 못했는가를 한탄하기보다는, 우리 스스로 만들고 성취한 것에 대한 자부심을 가져야 한다. 누구보다도 많은 것을 갖고 태어나 시작할 수 있는 나라가 한국이다. 그런데도 몇백 년 전부터 먼저 근대화에 나선 서유럽과 북미를 거론하며 그런 나라에 태어나지 못한 것을 한탄한다면, 그건 대한민국을 만든 역사에 대한 모독이다. 한국은 수백 년간 근대 개방 체제로 가지 못했고 늦게 시작한 결과로 부족한 것일 뿐이지, 지난 70년만 보면 대한민국은 가장 최고의 나라를 만들어 왔다.

오늘의 한국의 부족함을 문제시한다면, 그것은 물려받은 것이 없었던 결과이기도 하다. 폐쇄 체제를 계속 유지하며 실질적 생산활동인 산업과 상업을 비하하며 근대화에 나서지 않았던 조선시대를 비판해야 맞다. '헬 조선시대'나 '헬 북조선'이 정확한 것이다. 분명한 것은 지난 70년간 지구상에서 가장 빠른 속도로 몇몇 선진국의 위상에 가장 가깝게 접근해 온 유일한 나라는 대한민국이기 때문이다.

대한민국은 이미 강대국의 반열에 올라 있다. 전 세계 230여 개국가 중 2만 달러 이상의 국민소득을 유지하고 5천만 이상의 인구를 가진 나라는 오직 7개 나라이다. 미국, 일본, 독일, 영국, 프랑스, 이탈리아와 함께 한국이 그 반열에 있다. 인구와 경제 규모도 큰 나라이지만 국민소득도 높은 수준에 있는 나라인 것이다. 러시아나 중국은 규모는 커도 국민소득 수준이 낮고, 스위스, 덴마크, 캐나다 등은 소득수준은 높지만 경제 규모는 한국에 비해 작은 나라들이다. 높은 복지수준을 유지하는 나라는 대부분 몇백만 수준의 작은 국가들이고, 적어도 2천 만 명 이상의 국가 중에서 복지수준이 높은 나라는 많지 않다. 도시국가나 소국가를 제외하고 중규모 이상의 국가로만 본다면 한국은 세계 7위 전후의 국력과 국민소득 수준을 함께 갖춘 나라에 해당된다.

더구나 한국의 성장과 번영은 극도의 고립을 뚫고 만든 것이다. 대한민국은 중국대륙의 연장선에 있는 반도국가이지만 실질적으로 고립된 섬과 같은 나라이다. 대륙으로 가는 방향이 폐쇄 체제인 북한에 의해 철저히 단절되어 있기 때문이다. 더구나 1948년부터 1992년까지 40년 이상 폐쇄적 공산독재의 길을 걷던 중국과 러시아와는 국교 수립도 없는 적대국가로 대치 상황에 있었다. 그런 면에서 대한민국 역사는 극도의 고립된 섬과 같은 위치에 존재하면서 공산주의 국가들과 대치하면서 이뤄 낸 번영이자 성공국가 만들기였던 것이다.

2차대전 이후 다른 대부분의 나라들은 냉전(Cold War) 시대를 겪었지만, 한국은 달랐다. 한국은 항상적인 대치와 도발을 막아 내며 6·25전쟁과 같은 대규모 전쟁을 수행하며 나라를 지켜야 했다는 점에서 냉전 체제와는 완전히 다른 열전(Hot War) 시대를 살아야 했다. 냉전이 아닌 명실상부한 열전을 겪고 희생을 감수하며 극복해 내야 했던 나라가 대한민국이다. 그랬기에 우리 사회는 다른 나라와 달리 '반공(反共)'이 우선되어야 했고, 공산주의를 이긴다는 의미에서 '승공(勝共)'하지 않으면 안 되었으며, 모든 남자들은 3년 전후의 군대생활과 또 7년 전후의 예비군훈련까지 감수하며 말 그대로 '싸우면서 건설하자'는 시대였던 것이다.

물론 '한강의 기적'을 넘어서서 가야 할 길도 멀다. 일부는 아직 서유럽 국가 수준의 복지사회에 와 있지 못하다고 부족함을 말하기도 한다. 그러나 중요한 것은 우리가 성취해 내고, 가고 있는 변화의 방향이다. 사회복지의 발전 속도조차도 한국을 따라잡는 나라는 없다. 덴마크, 스위스 등의 최선진국 수준에 도달해 있지 못하지만 결코 부러워할 사안이 아니다. 비록 늦게 출발했지만 사회복지의 성장 속도는 가장 빠르게 진행되고 있기 때문이다.

한국은 이미 20년 전인 1997년, 당시 세계 29개국에 불과한 선진국 클럽이라 할 수 있는 경제협력개발기구(OECD)에 들어갔다. 또한 유엔은 벌써 몇 년 전부터 현재 한국에서 태어나는 사람은 세계에서 12위 전후의 행복한 삶을 살아갈 수 있는 나라라는 평가를 반복해서 내놓고 있다. 전 국민이 대학교육을 받고, 세계에서 가장 오래 사는 나라 중 하나라는 것도 그런 평가를 가능하게 하는 일부이다. 한국이 복지체제가 보다 성숙되어 가는 토대가 마련된 것도 산업화의 성공이 있었기에 가능하고 그것은 앞으로도 마찬가지이다.

모든 나라의 발전과정을 보면 경제적 토대 위에서 정치와 사회적 발전으로 나아갔다. 세계의 대부분의 성공적 길을 걸은 나라도 산업경제적 토대 위에 민주국가도 만들었고 복지국가도 만들었다. 그것은 국가발전 과정의 일반적 형태이다. 현재의 중국이나 러시아, 베트남 등 다른 나라도 마찬가지일 것이다. 필리핀이든 캄보디아든 경제·산업적 성공 없이 민주주의 성숙으로 갈 수 있을 것이라고 예상하는 학자들은 없다. 정치학자 립셋(Lipset)은 산업화가 어느 정도 달성되고 국민의 1인당 연 소득수준이 3천 달러가 넘어서기 시작하면서 그 나라에서 민주주의에 대한 요구가 확대되기 시작한다고 했다. 또 미래학자 앨빈 토플러도 "민주화는 산업화가 끝난 후에나 가능하다"며, 산업화를 이룬 지도자들에게 민주주의까지 성숙시키지 못했냐고 말하는 것은 언어도단(言語道斷)임을 밝혔다.

1987년 전후를 기점으로 한국이 민주주의적으로도 더 성숙하게 된 것도 '한강의 기적'이 만든 토대가 있었기 때문이다. 1987년 전후 들어 한국 사회는 민주주의 성숙으로 갈 모든 조건을 만들어 냈다. 경제성장률은 연평균 11퍼센트 전후가 계속되었고, 1인당 국민소득은 드디어 3천 달러를 넘어섰다. 가난한 나라에 성숙된 민주주의는 불가능하다는 실증 근거로 정치학자들이 말하는 소위 '민주주의 성숙'으로 갈 수 있는 경제수준에 도달한 것이 바로 그때였다. 무역수지는 건국 이래 처음으로 1986년부터 47억 달러 흑자를 이루더니 급기야 1987년 당시엔 상상하기 힘든 무려 101억 달러 흑자를 이뤄 냈다. 그 몇 년 전까지만 해도 수출목표가 100억 달러였는데 수출총액이 아니라 흑자액수가 100억 달러를 넘어선 것이다.

마지막으로, 확고한 대북 우위를 확보했다. 경제력, 군사력, 민주주의 및 산업경제력이나 무역 등 전 부문에서 더 이상 북한은 대한민국의 상대가 되지 않았고, 체제 위협을 느껴야 할 이유도 없었다.

5. 대한민국의 문명사적 변신과 의미

'한강의 기적'으로 표현되듯, 세계사에 지난 70년의 기간에 문명사적으로 대한민국만큼 대격변이 일어난 나라는 없다. 박정희 시대는 그런 대격변의 가장 동적인 시대였고, 가장 드라마 같은 역사였다. 박정희 시대를 기점으로 대한민국은 한강의 기적과 떠오르는 용을 만들었다.

그러나 축복의 시대에 태어났다는 것이 미래를 축복의 시대로 만들 수 있는 것은 아니다. 우리 스스로 만들지 않으면 누구도 미래를 보장해 주지 않는다. 미래는 전적으로 우리의 몫이다. 더 나은 나라를 만들어 가는 가치와 즐거움을 포기하고 좌절하고 스스로 비하한다면 될 수 있는 일은 없다. 우리가 스스로 만들어 온 기적에 대해 자부심을 가질 필요가 있다. 또한 그 자부심을 근거로 초일류 국가를 만들어 나가는 노력을 함께 해야 할 것이다.

대한민국은 미래 전망에서도 긍정적이다. 세계적 투자회사 골드만 삭스는 2009년 미래를 전망한 『세계경제보고서』에서 대한민국이 2050년에는 독일이나 일본을 따돌리고 미국에 이은 세계 제2위의 1인당 국민소득을 가진 세계 7위의 경제규모를 갖는 초일류 국가가 될 것이라고 예측한 바도 있다.

한강의 기적은 계속되어야 한다. 초일류 국민만이 초일류 국가를 만들며 세계적 모델을 만들고 유지할 수 있다. 1990년대 이후 성장률이 지속적으로 하락해 온 것은 사실이지만 우리는 아직 잠재력을 갖추고 있다. 교육투자에 따른 인적 자원의 우수성과 함께 연구개발

투자가 전 세계에서 가장 높은 나라라는 점에서 가능성은 여전하다.

과거 수십 년간의 냉전시대에 우리는 중국, 러시아와 국교 수립도 없이 나머지 세계와 함께 눈부신 업적을 만들었는데, 현재는 전통적인 미국, 일본은 물론이고 새롭게 중국과 동남아시아가 고도성장을 보이는 상황이다. 상대적으로 세계적 역동성의 중심에 있는 한국은 매우 유리한 위치에 있다.

'한강의 기적'이 만들어졌던 나라이자, '떠오르는 용'으로 불리던 나라에 사는 우리는 축복을 받은 세대가 분명하지만, 그 축복이 우리 세대에서 끝날 수는 없다. 그런 면에서 박정희 시대를 다시 보는 이유는 미래를 만드는 데 교훈을 얻고, 계승할 것을 창조적으로 계승하기 위한 것이며, 우리도 더 빛나는 시대를 만들기 위한 것이다.

02
박정희가 만들고 싶었던 세상

『우리 민족의 나갈 길』과 『국가와 혁명과 나』

남 정 욱*

1. 들어가면서

명랑하고 강력한 사회. 총 277쪽에 이르는 『우리 민족의 나갈 길』(1962)을 관통하는 주제다. 명랑하고 강력한 사회라. 야심찬 혁명가가 거사 이듬해 더 야심차게 펴낸 책의 주제치고는 가벼워 보일 수 있겠다. 그러나 한민족 5천 년의 역사는 단 한 번도 명랑해 보지 못했고 내내 박력이 부족했다. 해서 이 주제 자체가 어쩌면 더더욱 지극히 혁명적이다.

생전에 박정희 대통령(이하 박정희)은 네 권의 저작과 두 개의 작은

---

* 대한민국문화예술인 공동대표

팸플릿을 펴냈다. 네 권의 저작을 다 소개하는 것은 글의 분량 상 가능하지도 않고 딱히 그래야 할 이유도 없다. 해서 첫 번째 저작인 『우리 민족의 나갈 길』과 그다음 해의 『국가와 혁명과 나』(1963) 등 두 권의 초기 저작을 통해 그가 꿈꿨던 나라, 그가 바라본 우리 역사를 살펴보고 왜 혁명이 필요했는지, 왜 기꺼이 스스로 그 길에 나섰는지 짐작해 보는 것을 이 글의 목적으로 삼는다. 텍스트로는 박정희 탄생 100주년을 맞아 원본을 영인 발간한 『우리 민족의 나갈 길』(박정희 전집 2)과 『국가와 혁명과 나』(박정희 전집 3. 이상 기파랑, 2017)를 골랐다. 참고로 '명랑하고 강력한 사회'는 필자가 멋대로 지어 붙인 문안이 아니라 저서에 나와 있는 문구(『우리 민족의 나갈 길』, 263쪽)를 그대로 옮긴 것이다.

1. 지도地圖

길은 지도다. 탐험가에게 지도는 생사를 가르는 생명의 지도이고 작가에게 지도는 지적 여정이 출발하고 멈추는 것을 통제하는 커다란 틀이다. 정치가나 혁명가에게도 지도는 필요하다. 그 지도는 개인의 삶이 아니라 공동체의 생존과 매우 밀접한 까닭에 탐험가나 작가의 그것보다도 훨씬 신중하고 진지할 수밖에 없다.

『우리 민족의 나갈 길』은 박정희가 학계와 언론계 최고급 두뇌들로 구성된 참모 그룹인 '근대화 연구회' 멤버들과 같이 쓴 책이다. 박정희는 치밀하고 특히 숫자 머리가 발달한 사람이다. 『우리 민족의 나갈 길』의 내적 구조가 정교할 수밖에 없다. 민족이 처한 상황을 안팎으로 살펴보고 그렇다면 당장 우리는 무엇을 해야 할 것인가를 모색하는 것으로 문을 연 뒤, 잠시 시계를 뒤로 돌려 조선의 끔찍한 역사를 돌아보고, 구한말에서 일제로 이어지는 서글펐던 시절을 되짚는다. 그 해결의 실마리로 5·16을 제시한 후 다시 세계사적인 관점에서 민족의 수난을 조명한다. 그리고 다시 돌아와 혁명의 주요한 정책들을 사회 여러 방면을 통해 설명하는 것으로 끝을 맺는다. '주장 → 근거 제시(배경) 1 → 근거 제시 2 → 주장'의 흐름인데, 혁명의 목표와 목적을 이야기한 후 역사를 통해 당위성을 확보하고 다시 그 목표를 부각시켜 구체적으로 설명하는 방식이다. 쪼개서 꼼꼼히 살펴보자.

머리말은 '불면의 밤'에서 시작한다.

고달픈 몸이 한밤중 눈을 감고 우리 민족이 걸어온 다난한 역정을 생각해 본다. 우리가 짊어진 유산들은 몹시 무겁고 우리의 앞길을 가로막는 것과 같이 느껴진다. 더욱이 8·15해방 후 민족수난사는 뼈아픈 바가 있다. 과거 17년사는 두 정권의 부패, 부정으로 '빈곤의 악순환'에 허덕이는 오늘의 위국(危局)을 결과하고야 말았다.

그렇다면 우리 민족에게는 갱생의 길이 없을까. 이지러진 민족성을 고치고 건전한 복지민주국가를 세우는 길은 없을까. […]

이 길이 어디 있을까. 꼭 있을 것이다. 이 민족의 걸어온 길과 걸어 나갈 길을 생각하며 잠 못 이루는 밤에 내키는 대로 몇 줄씩 메모하여 정리한 것이 이 책으로 되어 나왔다. 서술은 무디고 서투르나 내가 말하고자 하는 뜻은 단편적이나마 나타났다고 생각한다.

(『우리 민족의 나갈 길』, 박정희 전집 2, 1-2쪽)

잠을 이루지 못한다고 한 것은 은유가 아니라 직유다. 혁명 직후 박정희는 나중에 외무장관이 되는 이동원(당시 대통령권한대행비서실장)을 붙잡고 이런 푸념을 했다.

"이 실장, 아무래도 내가 쿠데타를 잘못 한 것 같소."

정권을 잡고 보니 그제야 나라가 '도둑맞은 초가집 꼴'이라는 사실을 알았다는 얘기다. 해야 할 일은 산더미 같은데 정작 할 수 있는 일은 하나도 없었던 박정희의 고민을 짐작할 수 있는 대목이다. 박정희는 이렇게 말을 잇는다.

"유명하다는 우리나라 경제학자들에게 죄다 물어봤거든. 어떻게 해야 우리도 잘살 수 있냐고. 그런데 그들이 그럽디다. 우리나라는 기본적으로 농업국가라고. 자원도, 기술도 없는. 결국 경제발전의 조건을 하나도 갖추지 못했다는 거였소. 정말 우리나라는 가망이 없는 것이오?"

박정희, 말은 이렇게 했지만 슬슬 오기가 발동하는 중이다. 그리고 당장 어디서부터 문제를 풀어 나가야 할지는 알 수 없었지만 어디로 가야 하는지는 머릿속에 대략적으로나마 들어 있었다.

『우리 민족의 나갈 길』은 그 목표지점에 관한 이야기로, 제1장의 제목은 '인간 개조의 민족적 과제'다. 개조라는 말에 미리부터 기겁할 필요는 없다. 크메르 루주 식 캄보디아나 멀리는 프랑스대혁명 당시의 로베스피에르 식으로 개조하겠다는 끔찍한 이야기가 아니다. 평생 자조(自助)를 입에 달고 살았던 박정희. 개조(改造) 역시 개조당할 사람이 스스로 알아서 개조하라는 얘기였다. 박정희가 생각하는 당장의 민족적 위기는 해방에서 6·25로 이어지고 공산주의와 반공을 빙자한 정권의 탄압, 그리고 공산주의에 동조하는 4·19 이후의 이른바 '중도'라는 움직임이다.

> 내부의 혼란과 무질서는 공산주의의 도전과 합류하여 민족의 위기는 마침내 영구히 구제될 수 없는 파멸의 일보직전에까지 다다랐던 것이니, 민족의 앞날을 조금이라도 근심하는 자 어떻게 좌시할 수 있었겠는가. 5·16 군사혁명은 파멸 직전에서 민족을 구출한 역사적 거사였던 것이다. (16쪽)

박정희가 생각하는 민족 위기의 원인은 무엇보다 민족애의 결핍이었다. 살아도 같이 살고 죽어도 같이 죽는 게 아니라 '살아도 나 혼자 살고 죽으려면 너나 죽어라' 따위의 의식이 나라를 위기로 몰아넣었다는 얘기다. 자기 이익을 위해서라면 발 벗고 나서면서도 나라가 망가질 때는 나 몰라라 했다는 얘기다. 박정희가 지적한 이런 문제적 개인은 문제적 집단으로 이어진다. 이른바 종친회, 문중회, 향우회, 군민회, 학회 등이 박정희가 나열한 '나만 살고 보자'의 전형들이다. 이 최고의 파당으로 박정희는 자유당을 꼽는다. 자기 당파만의 수지타산을 제일로 치는 정당의 본보기라는 설명이다. 그러면서 민주당 역시 하나 나을 게 없다는 통박을 준다. 이렇게 파당위기론으로 나갔다가 박정희는 다시 개인으로 돌아온다. "겨레의 운명을 같이하는 공동체라 할지라도 그것 역시 한 사람, 한 사람 개인에서 비롯되고 있다"는 지적이다. 개인의 중요성을 강조하면서 박정희는, 제도가 아무리 좋아도 개인이 예전과 다를 바 없다면 말짱 헛일이라고 잘라 말한다.

이 병든 의식의 뿌리를 박정희는 조선왕조에서 찾는다. 사대주의, 계급의식, 사색당쟁이 그것들이다. 박정희가 보기에 지배계급이 그러하였다면 민중들의 생각 역시 병들어 있기는 마찬가지였다. 남에게 기대려는 마음이나 다스리는 자를 장님처럼 따라가던 근성이 조선 500년의 고질적인 병폐였다.

그렇다면 개인은 대체 어떻게 치유되고 개선되어야 할까. 여기서 박정희는 '참된 자기를 이룩한다'라는 명제를 들고 나온다. 조금 헷갈린다. 갑자기 현실의 문제가 철학의 문제, 종교의 문제로 넘어가는 느낌이다. 그러나 이어지는 설명을 들으면 납득이 간다. '참된 자기'는 '안다'의 문제다. 자기를 알고 나면 남을 알게 되고 겨레를 알게 된다는 설명이다. 참다운 자기를 이룩한다는 말은 한편 스스로 채찍질한다는 뜻이기도 하다. 자기를 알고 자신이 어떤 존재여야 하는지 깨달았다면 그 완성을 위해 마음을 다잡는 일이 필요하다는 의미일 것이다.

이어지는 글도 개인과 공동체(겨레)에 관한 이야기다. 개인의 이익과 공동체의 이익은 충돌하기 십상이다. 무작정 공동체를 따라가자니 전체주의 냄새가 나고, 개인을 지나치게 앞세우면 나쁜 의미에서의 개인주의적 세상이 된다. 이 조화에 대해 박정희는 이렇게 말한다.

그러나 개인과 전체의 이익은 조화되기보다 오히려 상반되기 쉽다. 이러한 상반과 대립을 적절하게 조절하는 데서 '형평의 원리' 즉 사회의 정의가 회복되는 것이다. 전체의 이익과 개인의 이익이 상반 대립할 때는 개인의 희생과 통제로써 합치점을 발견하지 않으면 안 될 것이다. (29쪽)

자칫 겨레를 위해 끝없이 희생하라는 의미로 들릴 수 있는 문장이다. 다행히도 '하나로 될 수 있는 점'을 여지로 남겨 두었다. 이게 없었더라면 일방적 강요라는 비난을 피하기 힘들었을 것이다.

경제적 평등을 말하면서 박정희는 '차별'이 '봉건'의 다른 말임을 명확히 한다. 흔히 쓰이는 '사람 위에 사람 없고 사람 밑에 사람 없다'라는 표어는 현실에서 숱하게 상처받는다. 너무나 당연한 이 말이 이렇게 자주 쓰이는 이유는 실제가 그렇지 않다는 반증이다. 그러나 자유민주주의에서 인간 평등의 정신을 빼 버린다면 남는 것은 아무것도 없다는 사실을 박정희는 지적한다. 그러면서 공허한 평등이 아니라 '실속 있는 평등권'을 주장한다. 투표권이 있으므로 평등한 것이 아니라, 선거에 나갈 수 있는 피선거권이 보장되고, 그것이 경제적인 이유로 제한을 받지 않아야 진정으로 평등한 것이라고 역설한다. 정치에 참여할 수 있는 이런 평등 외에도 박정희가 예로 든 것은 법적 구제 등 자기 권리의 확보다. 법적 수속의 복잡함과 그에 수반되는 경제적인 비용 등이 평등을 가로막았다는 얘기다.

평등이라는 단어는 개조처럼 위험해지기 십상이다. 어떤 평등이냐에 따라 우리가 살아가야 할 세상의 모양이 달라지기 때문이다. 거기에 대한 박정희의 대답은 이렇다.

그러므로 평등이라 하면 아무래도 '경제적 평등'이라는 말을 먼저 생각하게 된다. 경제적 평등이란 재산의 공유나 공평한 분배를 의미하는 것이 아니라 최저의 생계권의 확보에 있어서 평등해야 한다는 의미다. 직업의 기회를 평등하게 부여하며, 개인소득을 최저선에까지 평등하게 끌어올려 국민의 최저생활이 평등하게 보장될 수 있어야 한다는 뜻이다. […] 앞으로의 우리 사회는 직업이 평등하게 보장되고 의식주의 균형이 보장된 복지사회라야 할 것이다. 빈곤, 기아, 저소득은 우리 민족이 표방하는 근대 자유민주주의에 대한 가장 위험한 도전이 될 것이다. 공산주의가 노리는 것도 자유사회의 이러한 허점이다. (31-32쪽)

굳이 부언할 필요 없는 설명이다. 모든 재산을 나라가 차지하겠다는 발상은 사회주의, 전체주의의 사고다. 고르게 나누어 가진다는 것 역시 마찬가지다. 박정희가 말한 최저생활의 보장은 결국 복지를 의미한다. 국가는 최저생활을 보장함으로써 한 인간이 최소한의 존엄을 지킬 수 있는 권리를 보호해 주어야 한다는 뜻이겠다. 박정희에게, 어디서부터 문제를 풀어 나가야 할지는 알 수 없었지만 어디로 가야 하는지는 머릿속에 이미 들어 있었다고 설명한 바 있다. 『우리 민족의 나갈 길』은 바로 여기에 대한 지도(地圖)다. 가난이 일상이고 일상이 가난이었던 1962년, 박정희는 복지라는 문제까지 미리 셈을 하고 있었다. 그리고 그의 최종적인 목표가 복지국가라는 사실도 어렴풋하게나마 짐작할 수 있다. 그 고민이 현실적인 위기로부터 스스로를 방어하는 최소한의 전략이라는 사실은 더 설명할 필요가 없겠다.

2. 의도意圖

이 지점에서 잠시 멈춰 『우리 민족의 나갈 길』은 도대체 무엇을 말하려는 저작인가를 생각해 보자. 무엇 무엇을 할 테니 짖지 말고 예쁘게 따라오라는 이야기가 아니다. 세목 세목을 꼼꼼히 설명한다. 우리는 박정희가 교사였다는 사실을 잊어서는 안 된다. 조갑제 기자는 박정희를 가리켜 '교사, 군인, 혁명가, 경영자'라는 표현을 썼는데 아주 정확한 분석이다. 군인 앞에 교사가 있었다. 그리고 혁명가 뒤에 정치가가 아닌 경영자가 있었다. 그는 가르치는 것으로 지도(指導)의 기본을 삼았고, 혁명을 한 뒤에는 국가를 정치가 아닌 경영의 대상으로 파악했다. 가르치지 않으면 무시하게 되고, 무시하기 시작하면 때리게 된다. 왜 못 알아듣느냐 때리는 것이 아니라 "자, 다시 설명해 줄게 잘 들어 봐"가 박정희 스타일인 것이다. 한편 혁명가가 정치가가 되면 현실이 더욱 혼탁해진다. 그러나 박정희는 정치 대신에 경영을 택했다. 이 부분은 나중에 다시 살펴보기로 하고 일단 '교사'라는 지점을 더 들여다보자.

대구사범을 졸업한 박정희는 3년여 교사 생활을 했다. 한 번이라도 가르치는 일을 해 본 사람은 다 안다. 이때 가장 중요한 것은 '지식의 전달'이 아니라 먼저 '학생들을 사랑하는 것'이다. 사랑이 빠지면 '사랑의 매'에서 '매＞사랑'이 된다. '사랑＞매'가 교사의 자세다. 당시 그에게 배웠던 학생들의 증언을 보면 이 부분은 아주 명확해진다. 학생들은 박정희가 자신들을 대하는 태도나 자세를 기억하고 있지, 지적인 전달자로서의 모습에는 희미하다.

박정희에게 교사는 거의 '고질병'이었다. 5·16의 새벽, 한강다리를 건넌 박정희는 남산 KBS에 도착한다(당시에는 KBS가 여의도가 아닌 남산에 있었다). 혁명 방송을 하기 위해서였다. 공수부대원들은 방송기술자들을 찾아다니고 있었고, 당직이었던 박종세 아나운서(당시 최고의 아나운서였다. 지금으로 치면 뉴스 앵커)는 보도계실로 피했다가 다시 텔레타이프(타이프라이터에 문자를 치면 자동적으로 전기부호로 번역되어 보내지고, 수신 측에서는 그것과 역으로 완전히 기계적인 문자로 번역되어 나오는 장치. 설명이 더 어렵다)실에 웅크리고 있었다. 방송국 내부 구조를 미리 파악해 둔 김종필이 박종세를 찾아 끌고 나왔다. 박정희는 손을 내밀어 이름을 밝히고는 혁명공약 전단을 보여 주며 군사혁명의 필요성에 대해 간단한 설명을 했다. "읽으라면 닥치고 그냥 읽어"가 아니었다. 어떤 내용인지 알고 읽어야 제대로 뜻을 전달할 수 있기 때문이라는 이유만으로는 이 에피소드가 설명이 다 안 된다. 그는 가르치고 설명하고 상대방이 이해해야 만족하는 인물이었다. 그 바쁜 새벽에도 그는 교사였다.

이런 병을 잘 알고 있었던 육영수와의 에피소드도 재미있다. 1961년 5월 15일, 그러니까 혁명 거사 전날이다. 남편이 하려는 일이 보통 일이 아님을 짐작한 육영수는 집안일을 도와주던 아주머니에게 돈까지 줘서 고향에 가서 며칠 쉬다가 오라고 한다. 어떤 후폭풍이 몰아칠지 모르는 상황에서 일단 주변에 피해를 줄 만한 일은 다 정리할 생각이었던 것 같다. 아주머니를 보내고 육영수는 집안 구석구석을 뒤져 헌 옷가지를 찾아 빨래를 한다(지금처럼 세탁기가 아니라 나무로 된 빨래판에 놓고 하는 손빨래다). 빨래는 대단히 상징적인 행위다. 다시는 빨래 같은 걸 할 수 없는 처지가 될지도 모른다. 세상에 자신의 모든 것을 노출시켜야 할 수도 있다. 그래서 주변을 깨끗이 하고 마음을 비우는 행동이 빨래다. 밤 10시경, 육영수는 동료들과 방에서 출동 준비를 하던 박정희를 불러낸다. 그래 놓고 하는 말이 "근혜 숙제 좀 봐주시고 나가세요"였다. 육영수는 생각이 깊은 사람이다. 총 들고 나가는 사내에게 아이들 얼굴 한 번 더 보라고 남편을 부른 것이다. 박정희의 대답은 더 걸작이다. 보통은 째려보거나 무시하거나 아무리 친절하더라도 "다녀와서 봐줄게" 같은 대꾸로 끝내야 맞다. 박정희는 너무 태연하게 "어, 그러지" 하고는 국민학교 5학년인 딸아이의 책상 앞에 앉았다. 잠시 후 박정희가 나오자 밖에서 기다리던 장태화가 물었다. "무슨 숙제입니까?" 이 대사도 보통은 아니다. 이 상황에서는 대체 뭐하는 겁니까 하는 불만의 눈빛이 나와야 정상이다. 그런데 무슨 숙제냐니. 박정희는 "뭐 그림 그리는 거야" 대수롭지 않게 대답하고 권총을 허리춤에 찼다. 육영수는 박정희의 그런 병을 알고 있었고 그걸 핑계 삼아 아이들과 아빠를 인사시켰던 것이다.

개인의 경제적 자유와 정치적 자유를 말한 박정희는 이번에는 인권과 자유에 대해 의견을 피력한다. 생각하고 말할 수 있는 권리는 인간과 금수를 나누는 기준이다. 박정희는 "자유로운 생각과 발표, 그리고 터놓고 비판할 수 있어야 하는 것은 오늘날 자유민주주의의 가장 중심이 되는 요소"라며 "앞으로 어떠한 일이 있더라도 이러한 권리가 법으로 잘 보장되어야 하며 그것이 실제의 효력을 가져오도록 해야 하겠다"며 지지 의사를 명확히 한다. 그러나 한계는 명확히 했다.

그러나 아무리 언론과 사상의 자유라 하더라도 무제한한 것은 아니다. 양식에서 벗어난 방종적 사상과 언론, 민족을 분열시키고 해롭게 하는 사상과 언론은 도덕적으로나 법적으로도 용인될 수 없을 것이다. '양식의 기준'에서 벗어나거나, 민족 전체의 이익을 해치는 발언은 그것이 사회의 발전보다 오히려 불행을 가져오며, 나아가서는 민족 전체를 위기로 몰아넣을 것이다. 그리고 그것이 결국은 민족뿐만 아니라, 자기 자신까지도 파멸로 이끌 것이다. 오늘 공산제국주의가 민주주의를 가장하고, 언론과 사상 자유의 권리를 이용하여 선전과 선동을 한다면 얼마나 위험하겠는가 생각해 보라. (37쪽)

권리의 주장에 앞서 지켜야 할 자기 의무의 충실한 이행이 있어야 한다는 얘기다. 자기 의무의 충실한 이행이란 새로운 공화국에서의 국민의 자세다. 대한민국 헌법 제1조 1항은 "대한민국은 민주공화국이다"이고 2항은 "대한민국의 주권은 국민에게 있고, 모든 권력은 국민으로부터 나온다"이다. 1항과 2항은 동어반복이다. 2항은 공화국에 대한 설명에 불과하다. 권리의 주장과 자기 의무의 충실한 이행은 1항에 해당한다.

2017년 현재 대한민국은 제1조 1항의 해석에서 길을 잃고 있다. 정확히는 둘로 갈리고 있다. '민주 대 공화'다. 민주를 주장하는 사람들은 머릿수가 많으면 공화를 넘어도 좋다고 생각하는 듯하다. 그러나 대한민국은 '민주' 공화국이다. 민주는 수식어이며 뒤의 공화국이 알갱이란 얘기다. 공화국인데 민주적인 방식으로 운영된다는 얘기다. 공화란 '두 사람 이상이 공동으로 함께 화합하여 정무를 하는 것'을 말한다. 그래서 공화국이란 공화제를 실시하는 국가이며, 국가의 주권이 국민에게 있고, 국민이 선출한 대표자가 국가를 통치하는 구조를 말한다. 그렇다면 공화가치라는 것도 명확해진다. 조금 거칠게 말하자면 공동체의 이익과 안녕을 위하여 자기희생을 하는 구조를 공화가치의 추구라고 할 수 있다. 공화가치와 민주가 충돌하면? 이때는 민주가 공화가치에게 자리를 양보해야 한다. 민주주의는 말하고 생각하는 것의 자유다. 그러나 그 자유는 일정부분에서 공화가치에게 스스로를 양보해야 하는 제한된 자유다. 공화를 전제로 한 민주, 박정희의 자유 개념은 이 부분에 놓여 있는 것으로 보인다. 그래서 이렇게 말했다.

"자유는 자유 자체를 다스린다"(42쪽).

이렇게 놓고 보면, 그럴 바엔 대체 자유를 무엇 때문에 주장했는지 의심이 들 수밖에 없다. 마치 중국집에서 데리고 가서 사장이 "마음껏 시켜 먹어" 한 뒤에 "나는 짜장면" 하는 식이다. 그러나 『우리 민족의 나갈 길』은 이 자유에 대하여 부연설명을 함으로써 박정희가 기본적으로 자유주의자임을 명확히 한다. "자유는 사람의 본능"이며 "사람은 자유의 주체", 3·1운동 등 "여러 민족운동은 '민족적 자유'를 위한 운동이었지, '개인의 자유'를 위한 운동은 아니었다", "진정한 자유는 먼저 개인의 자유에서 출발하지 않으면 안 될 것"(39-40쪽) 등의 말이 그렇다. 항상 자유가 우선이고 먼저다. 『우리 민족의 나갈 길』은 그 프로세스의 작동을 이렇게 쓰고 있다.

인생이란 자유의 실현 과정이라고도 할 수 있다. 자유의 실현 과정에 개인의 행복과 번영이 있다. 개인으로서의 자유를 실현하면 그것이 곧 민족 자유를 실현하는 것이 되며, 개인의 번영과 행복을 실현하게 되면 곧 그것이 민족의 번영과 행복의 실현으로 직결될 것이다. 우리는 자유에서 개인을 찾고 민족을 찾아야 할 것이다. (41쪽)

그러면서 5·16이 왜 자유의 혁명인지를 덧붙인다.

우리 민족은 아마 역사상 자유를 누려 보지 못한 많은 민족 가운데 하나일 것이다. [조선 500년, 일제강점기, 미군정과 자유당 시기를 조목조목 살펴본 후] 4·19가 정부의 권력남용에서 국민의 자유를 다시 찾았다면, 5·16혁명은 사회의 혼란과 무질서에서 짓밟히던 자유를 도로 찾은 것이라고도 볼 수 있다. (39-41쪽)

박정희의 자유 개념은 이후 좀 더 확장된다. 지방자치제까지 자유의 개념을 확대하고 있는 것이다. 살펴보자.

자치는 자율이다. 자기가 자기를 다스린다는 것은 자기가 자기를 통제하고 억제하고 나아가서는 자기를 희생한다는 뜻이 된다. 자치란 자유의 한계를 지켜 자기의 자유를 실현한다는 것에 불과하다. 그러므로 자유는 자치에서만 실현된다. 자치능력이 없는 개인, 자치능력이 없는 단체에는 진정한 자유도 없다. 민족의 자유는 이러한 개인의 자유의 집약에 불과하다.

이러한 자치정신이 정치형태로 표현된 것이 지방자치제다. 그러나 개인이 자유를 자치하지 못한다면 한 지방의 자치도 불가능하다. 그러므로 자치제도는 먼저 개인의 자치에서 출발한다. 지방자치제는 중앙집권제를 지방자치제로 지향하려는 민주주의 자치제도의 하나다. 중앙집권제이며 획일적인 행정권력을 지양하고 지방의 이익을 위하고 지방의 번영을 최대한으로 도모하기 위하여 자치제도가 탄생된 것이다. 그러나 문제는 그러한 제도 자체의 의의가 아니라 그러한 제도를 잘 운영해 나갈 수 있는 능력이 문제인 것이다. 우리는 우선 개인으로서 자기가 자기를 다스릴 수 있는 능력을 기르고, 거기서 일보 더 나아가 <u>자기가 살고 있는 지방의 자치능력도 길러야 할 것이다</u>. 지방자치제의 건전한 발전 없이 건전한 자유민주주의의 발전은 없을 것이다. (42-43쪽, 밑줄·돋움 인용자)

인용이 좀 길다. 이유가 있다. 살펴볼 게 많아서 그렇다. 밑줄 친 두 문장은 어법 때문에 그렇다. '불과하다'는 부정의 서술인데, 예전 문법에서는 좀 다르게 혹은 혼용하여 쓴 모양이다. 그래서 이 문장은 "~을 말한다"에 가깝다고 보여진다. 돋움 표시한 부분은 서구 민주주의에 대한 무작정의 수용을 경계하는 의미다. 이에 대한 설명은 『우리 민족의 나갈 길』 제5장인 '후진 민주주의 국가의 위기와 한국혁명의 성격과 과제'를 다루면서 다시 분석할 예정이다. 밑줄에 더해 **짙게** 표시한 부분은 (개인적인 판단으로) 작은 단위의 새마을 운동을 암시한 것이 아닌가 싶다. 자기가 살고 있는 지방(동네)의 자치 능력을 기르지 못한다면 자유민주주의의 발전은 가망이 없다는 뜻으로 읽힌다.

계속해서 이어지는 것은 자유에 대한 부연설명이자 자유의 의무

를 말하는 내용이다. 가장 중요한 덕목으로 꼽은 것이 '봉사정신'의
함양이다.

> 자유는 봉사정신을 요구한다. 자유의 한계를 깨닫고, 그것을 지키려고
> 노력하면 할수록 자유는 봉사정신을 요구한다. 차라리 자유는 봉사정신
> 에 뿌리를 박고 있다고 해도 과언이 아니다. 더욱이 자유에서 민족의식을
> 깨닫고, 민족공동체를 발견하면 할수록 민족에 대한 봉사의식이 요구되
> 는 것이다. (43쪽)

구구절절 옳은 말이다. 이래 놓고 바로 카운터펀치를 날린다.

> 아마 우리 민족만큼 봉사정신에 부족한 민족도 드물 것이다. (44쪽)

자조(自助)에서 자조(自嘲)로 바뀐 것이 아니라, 자조(自照)를 위한 포
석이다. 바로 이어지는 문장이 "민족 전체를 생각하고 민족의 공동
운명을 의식한다면 어떻게 사리(私利)와 자파(自派)의 이익에만 혈안이
될 수 있겠는가"(44쪽)이다. 박정희는 이런 자기 욕심과 자기 무리만
의 이익 추구를 '자기제일주의'라고 이름 붙인다. 그리고 "남을 위하
는 봉사정신이 없고 그런 싹이 돋아날 수도 없는 형편이고 보니 더
욱더 자기 욕심만을 앞세우게 되었다"고 설명한다. 나도 잘살려고
노력하지만 남을 위한 봉사정신도 함께 가는 사회가 박정희가 생각
했던, 개인과 공동체의 교집합을 모색한 조화점이었다.
『우리 민족의 나갈 길』 제1장은 이렇게 마무리된다.

봉사정신은 민족에 대한 뜨거운 열정이 없고서는 불가능하다. [⋯] 봉사
정신만이 민족을 구제할 수 있고, 자유와 민주주의를 실현시킬 수 있으며
민족의 번영과 행복을 달성할 수 있을 것이다. (45쪽)

제1장의 소주제인 동시에, 사실상 『우리 민족의 나갈 길』의 큰 주
제다.

3. 결여와 결핍을 넘어

제2장 '우리 민족의 과거를 반성한다'는 역사서다. 조선 500년의
적폐, 사회구조가 가진 병리, 심각한 문제였던 전제적 토지제와 양
반경제, 조선 당쟁사의 반민주적 폐습, 조선 사회의 그릇된 유산들
을 맹렬하게 공격한다. 특히 그릇된 유산에서는 항목들이 하나같이
날카로워 가슴에 날아와 박히는데, 이 이야기들은 현재 2017년의 대
한민국에 대입해도 별로 틀리지 않게 말이 된다.

결여(缺如)와 결핍(缺乏)은 부족하고 뭔가 빠져 있는 미완성, 함량 미
달 상태를 가리킨다. 하나씩 보자.

먼저 '사대주의적 자주정신의 결여'다. 이것은 아직도 고질병이
다. 국회의원 몇은 사드(THAAD) 배치 문제를 놓고 해법을 구한답시
고 중국에 갔다. 배치를 하겠다는 쪽이 아니라 반대하는 쪽에 가서
들을 말이 대체 반대의 논리 말고 뭐가 있을까. 참 신기한 발상을 하
는 분들이다.

두 번째로 꼽은 것은 '게으름과 불로소득 관념'이다. 노력하지 않고 이익만 챙기는 자들에 대해 매섭게 질타하고 있으며, 그런 사회적 분위기에 편승하는 사람들에 대해 꼬집는 것도 잊지 않는다.

지금도 농민이 아들을 공부시킬 때에는 자기와 같이 손에 흙 묻히고 일하지 않고 공짜로 먹는 벼슬(법학, 정치학 등)을 하게 하려고 한다. (89쪽)

유서 깊고 뿌리 깊고 끈질기게 민족 DNA에 박혀 있는 사농공상(士農工商)의 세계관을 정면으로 비판하고 있다. 비판은 직업의식 결여로 이어진다. 유럽 사람들의 이름이나 성은 죄다 직업과 관련이 있어 이를테면 '스미스(Smith)'는 대장장이를 나타내며 그 사실이 당사자에게 그 어떠한 구애나 장애가 되지 않는다, 반대로 우리네 성은 김, 이, 박, 정 등등이어서 어떤 직업인지도 전혀 나타내고 있지 않다, 라는 논지인데, 유럽 식 봉건제와 우리 식의 관료 농업사회의 차이를 무시하는 감은 있지만 어쨌거나 재미있다.

세 번째는 개척정신의 결여다. 우리 민족을 한(恨)의 민족이라고 부르는 것이나 슬픔, 애잔함, 비극을 좋아하는 민족으로 보는 것과 그것을 우리 스스로 기꺼이 수용하는 자세에 대한 비판이다. 박정희가 본 유럽인들의 비극적인 모습은 운명적인 것에 힘차고 억세게 대항하다가 장엄하게 쓰러지는 것이다. 반면 우리 민족의 비극에 대한 이해는 비극이 아니라 가엾음이요 체념하는 새김질이라는 이야기다.

이 부분에서 박정희는 할말이 많았는지 예시를 몇 개나 들어 가며 강조한다. 개인적으로 가장 재미있게 읽은 부분이기도 하다. 박정희가 처음 든 예는 〈아리랑〉이다. 한국인의 마음을 대표하는 가락임을 부정할 수는 없으나 찬찬히 가사를 들여다보면 "나를 버리고 가시는 님"을 어디 가냐며 막아서는 것이 아니라 혹시 십 리쯤 가서 요행히 발병이라도 나서 돌아와 주었으면 하고 바라는 애처로움이라는 것이다. 대부분 발병을 저주로 해석하는데 다소 특이한 풀이다. 박정희가 든 또 다른 〈아리랑〉은 〈밀양 아리랑〉이다. "정든 님 오시는데 인사를 못 해 / 행주치마 입에 물고 입만 빵긋"한다며 그 소극적이고 표정 없는 일면을 질타한다(89-90쪽). 가장 재미있었던 것은 이런 의식의 기원을 신라까지 거슬러 올라가 「처용가」에서 찾는 것이다. 그대로 옮긴다.

그러나 우리 민족의 소극적 체념은 벌써 신라의 향가 속에 깃들었다고 할 것이다. 「처용가」를 보면 그 끝에 "본시 내 해였건만 아사날 어찌할꼬"라고 했다. 즉 처용이 잠깐 어디 나갔다가 돌아와서 자리를 보니 아내 옆에 딴 녀석이 들어 있어 그것을 보고 본시는 내 것이었는데 도적맞았으니 "어찌할꼬"—할 수 없다고 체념해 버리는 민족성의 일단을 엿보게 한다. (90쪽)

그래 놓고 하는 말이 "과연 이 경우에 서양인의 사나이었다면 권총을 들어 둘 다 사살했을 것이 아닌가? 그렇다면 우리 선조들은 이처럼 못나도록 착했단 말인가?" 탄식을 한다. 웃기는데 웃을 수만은 없는 이야기다.

박정희의 결론은 이러한 체념이 소극적인 현실 도피로 나타난다는 쪽으로 이어진다.

> 우리나라 노래가 슬프고 눈물을 자아내는 일면 탄식이 있고 좀 힘들면 "못살겠다" "죽겠다"라는 말이 항용 튀어나온다. 이조 전제 하에 향리들의 등쌀에 괴롭힌 민생의 일단을 말해 주는 동시에 안이하게 삶을 포기하려는 나약한 인생 태도, 현실도피를 무슨 고상한 일로 착각하는 패배의식이 깊이 뿌리박혀 있다. (91쪽)

과연 '하면 된다'의 사나이다운 발언이고 발상이다. 나약한 게 싫은 거다. 그 자신은 일제시대라는 최악의 상황에서 어떻게든 살아보겠다고 발버둥을 친 인물이다. 군관학교 가겠다고 혈서까지 쓴 인물이다. 어떤 사람들은 이 혈서 사건을 비하하지 못해 안달이지만 그런 강렬한 의사표시와 의지도 없이 세상을 살아가는 것을 혐오하는 사람이라면 충분히 동의힐 만한 행동이다.

네 번째는 기업의식의 부족이다. 박정희는 이 역시 조선의 관가 눈치 살피기 전통에서 찾는다. 스스로 일을 만들어 내는 마음이 모자라는 것이라며 그 부족을 탓한다.

다섯 번째는 악성적 이기주의다. 하나로 뭉치는 대신 짝패를 결성해서 당파싸움을 하고, 이는 종법(宗法) 제도로 귀결되며, 이 종법제도에서는 집안 어른에게 절대 복종하는 것만 허용될 뿐 건전한 민주주의가 생겨나는 것을 원초적으로 차단하고 있다는 비판이다.

명예관념의 결여는 여섯 번째 항목인데, 서양과 비교하는 부분이 재미있다.

서양 말에는 '명예를 걸고'라는 말을 우리는 '필사적'으로 혹은 '멸사적(滅私的)'을 '필사코'라고 한다. 내가 죽으면 명예도 아무것도 없고 책임을 지지 않는다. 결국 쉽게 자기 목숨을 끊어 책임을 면하겠다는 것이지 명예를 걸고 책임을 지키기 위해 죽는 것이 아니다. 거짓말을 하고 간사하며 남의 돈을 사기하는 것은 모두 명예감의 결여와 관계가 깊다.

그러므로 우리 법률상의 '명예훼손죄'란 서구인들의 생활의식의 산물이므로 우리에게 실감이 나지 않는다. (94쪽)

'한사코'와 '필사적으로'에 이런 뜻이 담겨 있다는 지적은 신선하다. 하긴 말(언어)에 생각이 담겨 있고 생각은 결국 말을 통해서 전달된다. 한 가지 주목할 것은, 박정희가 명예라는 단어에 상당히 집착하고 있다는 사실이다. 이는 그의 향후 행보를 해석하는 데 중요한 키워드가 된다.

우리 민족에게 명예관념이 박약하고 따라서 책임관념이 희박하다. 그것은 확고한 자아의식이 형성되지 못하고 다만 '막연한 종족의식' '가벌(家閥)의식'이 있을 따름이다.

그 일례로는 서양인들은 '나'를 크게 내세워 'I'라고 혹은 'Ich'라고 강조하는 데 대해 우리는 '나'가 소생(小生)이요, 그 소생의 자체(字體)도 작다.

그리고 '나'는 대개 대화 속에서 '우리'라는 막연한 종파 속에 해소시키는 경향이 있다. […]

대개 우리말에서는 '나'라는 주어, 자아주어를 생략하는 것이 오히려 자연스럽다. "혁명이 일어났다고 하기에 뛰어 나갔다. 아무것도 보이지 않는다. 그래서 집에 들어왔더니 라디오가 혁명을 알려주었다"—이 문장에서 '나'라는 주어가 네 번 빠졌어도 문장에는 전혀 지장이 없다. '나'가 책임적 자아가 형성되지 못했으니 건전한 인격도 도의의 확립도 기대키 곤란하다. (94-95쪽)

요즘 시대에 칼럼으로 써도 낡거나 부족하지 않은 지적이다. 문장속 '나'의 실종은 세상에서의 실종으로 이어진다. 참된 실존의 문제에서 '나'는 항상 빠져 있다. 예를 든 문장이 "혁명이 일어났다고 하기에 뛰어 나갔다"이다. 머릿속에 온통 혁명뿐이었던 것 같다.

마지막 일곱 번째가 '건전한 비판정신의 결여'다. 이렇게 시작한다.

비판은 현실을 극복하려는 적극적인 자세에서 생기는 것이지 이조사회와 같은 강권적 전제 하에서는 체념이나 도피만이 있게 된다. […]

공자의 말이면 무조건 옳다고 해서 "자왈(子曰)…"이면 그만인 것이다. 이조사회의 문화 역시 주자학 이외의 자유로운 학문의 연구를 불허했고 이를 '사문난적(斯文亂賊)'이라고 억압했다. […]

한편 이조인들은 비교적 시문(詩文)에는 능했으나 논증을 통한 이성적 사고가 결여되어 있었다. 감수성이나 감각에는 민감해서 언어에서도 감각적인 형용사는 발달시켰으나 논리적 사고에서 나오는 이성에는 민감하지 못하여 중국 문헌을 그대로 옮겨 놓는 데 그쳤다. (95-96쪽)

박정희의 언어감각이 뛰어났다는 사실은 여러 사람들이 주목한바 있다. 대체로 글을 잘 못 쓰고 의사표현력이 약한 사람들이 형용사와 부사를 남발한다. 자기는 그것이 화장(化粧)인 줄 알지만 그것은 꾸미는 것이 아니라 글을 잡아 끌어내려 물속으로 잠기게 하는 납덩이다. 박정희의 언어감각은 거의 카피라이터 수준이었다. '올해는 일하는 해'라는 표어가 있었다. 그 이듬해 표어는 '올해는 더 일하는 해'였다. 단순히 글자 수 하나 추가된 게 아니다. '더'라는 한 글자 때문에 문장이 살고 힘이 생긴다. 적당한 비유인지는 모르겠지만 '우리 강산 푸르게 푸르게'라는 카피가 있었다. '우리 강산 푸르게'는 그냥 문장이다. 그러나 푸르게를 반복하는 순간 그 문장은 카피이자 표어가 된다. 이것은 언어에 남다른 감각이 있는 사람이 아니면 불가능하다. 혹자는 이렇게 주장할지 모르겠다. "그걸 박정희 자신이 썼겠어요?" 그러나 그거야말로 뭘 모르는 얘기다. 그 감각이 없으면 아무리 밑에서 그런 표어가 만들어져 올라와도 결코 채택되지 않는다.

박정희가 내내 민족의 한심한 부분만 찾아내어 질타한 것은 아니다(물론 전前 정권과 전 체제를 비판하는 것은 혁명의 기본이기는 하다). 박정희는 '전승해야 할 유산들'을 통해 버려야 할 것과 이어받아야 할 것의 구별을 명확히 하고 있다. 이어받아야 할 것 첫 번째가 지방자치의 실제 모델로서의 향약(鄕約)이다. 또 계(契)에 대해서도 좋은 유산으로 평가를 내리고 있다. 국난 극복을 위한 애국 전통과 실학사상에 대해서도 우호적이다. 실은 셋은 같은 말이다. 국난 극복을 위한 실용적인 노선과 농촌 계몽과 발전의 새마을운동이 이 셋에 다 들어 있다. 박정희가 전승의 이유로 꼽은 이유는 너무나 당연하기 때문에 생략한다.

이어지는 '이조 망국사의 반성'은 말 그대로 망국의 역사다. 다들 아는 이야기이고 특별할 것도 없어 역시 생략한다(분량은 많다).

'한국의 근대화를 위하여'는 1959년 발표된 「콜론 보고서」의 인용에서 시작한다. 보고서에 의하면 "한국에는 민주주의 껍질만 남은 것도 기적이다. 한국에는 민주주의가 부적당한 것 같다. 차라리 인자한 전제정치가 타당할지도 모른다"가 한국이라는 나라다. 한국에서 민주주의를 바라는 것은 쓰레기통에서 장미꽃이 피는 것을 기다리는 것이 나을 듯하다는 악담은 여기에 한참 못 미친다.

그렇다면 그런 나라에서 근대화를 이루기 위해서는 대체 무엇을 해야 한다는 말인가. '한국의 근대화를 위하여'는 이에 대한 박정희의 답변이다.

> 한국 근대화의 과제는 첫째로 반봉건적 반식민지적 잔재로부터 민족을 해방시켜야 한다. […]
>
> 둘째로 빈곤으로부터 민족을 해방시켜 경제자립을 이룩하는 길이다. […]
>
> 셋째로 건전한 민주주의의 재건이다. 우리는 과거 17년간 민주주의 수입사를 반성해 볼 때 그 실패는 주로 외래 민주주의를 그대로 '직수입'하기만 하고 자기 민족사의 반성 위에 우리 생활 속에 뿌리를 내리게 하지 못했다는 점이다. […]
>
> 민주주의의 형태는 수입하더라도 그 뿌리까지 수입할 수는 없다. 이제 늦게나마 '민주주의의 한국화'라는 과제를 자각케 된 것이다. (128-30쪽)

이때까지만 해도 '한국적 민주주의'라는 단어는 아직 박정희의 머릿속에 정착되지 않은 것 같다. 그래서 '민주주의의 한국화'라는, '한국적 민주주의'의 전 단계가 제시되고 있다. 둘은 다른가. 미묘하게 다르다. 민주주의의 한국화는 민주주의에서 출발해서 한국으로 온다. 한국적 민주주의는 우리나라에서 시작해 민주주의로 간다. 그게 그거 아니냐고? 출발이 다른데 어떻게 같을 수가 있는가. 민주주의에 대한 이해를 먼저 하는 것과 우리 자신을 자조(自助)한 후 민주주의의 접합 여부를 꼼꼼히 들여다보는 것은 완전히 다른 문제다. 민주주의가 옳기는 옳은데 그 무비판적인 적용에는 문제가 좀 있다는 박정희의 의문은 나중에 천천히 다듬어진다.

제3장은 '한민족의 수난의 역정'으로 다시 한민족의 수난사를 다루고 있다. 민족 수난의 역사를 연대기 순으로 훑어 내면서 특히 국제 정세의 분석과, 주변 강대국 사이에서 우리는 어떻게 주눅이 들었고 어떻게 골병이 들었나를 중점적으로 살핀다. 주변의 강대국이란 서쪽의 중국, 북쪽의 소련(과 만주), 그리고 동쪽의 일본이다. 이세 나라와 우리의 별로 달갑지 않은 역사를 세세히 다루고 있는데 역시 대부분 우리가 알고 있는 내용이어서 생략한다.

이렇게 국제정치의 영역에서 수난사를 다룬 후 다시 박정희의 시선은 국내로 돌아온다.

4. 치료가 아닌 수술로

제4장은 '제2공화국의 카오스'다. 박정희의 문제 제기는 '민주당이 본질적으로 자유당과 무엇이 다르단 말인가'에서 출발한다. 박정희가 보는 민주당은 "이승만 노인라는 가부장에게서 차별대우 받는 '의붓자식'이라는 처지가 달랐을 뿐 그 성격이나 이념에 있어서는 꼭 같았던" 종자일 뿐이었다.

> 마침내 '못살겠다 갈아 보자'고 하는 그 어조에 있어서도 자신 없는 '갈아나 보자'는 투의 제의는 자유당에 의해서 '갈아 봤자 별수 없다'라는 구호로 대꾸되었는데 불행히도 그것이 어떻게 그렇게 적중하였는지 신기할 정도이다.
>
> 학생들의 숭고한 정신과 고귀한 피의 대가로 이룩한 사월혁명은 민주당의 분당(分黨) 소동과 장[장면] 정권의 무능, 부패로 인해 마침내 '유산(流産) 혁명'으로 끝나고 말았다. 4·19 때 학생들의 염원은 곧 전 국민의 염원이었고 우리 민족사의 쓰라린 절규이기도 했다. 그러나 건전한 민주주의의 재건, 빈곤 추방, 복지사회 건설의 염원은 오랫동안 굶주린 민주당 일파의 '감투 분배' '정권 쟁탈' '중석(重石) 사건' 등으로 여지없이 배신당하고 말았다. (192쪽)

한국 정치사에 등장했던 슬로건 중 '못살겠다 갈아 보자'보다 재미있는 건 많지 않다. 박정희의 말마따나 그러나 그 뉘앙스는 '갈자'라는 의지보다 '갈아나 보자(안 되면 말고)'에 가깝다. 그에 대항하는

'갈아 봤자 별수 없다, 구관이 명관이다'는 더욱 코믹하다. 갈아 보자는 너희나 우리나 피장파장이라는 얘기다. 서로 진실을 주고받은 셈이다. '중석사건', 일명 중석불(重石弗) 사건은 장면 정권 노장파와 소장파 사이에서 벌어진 싸움 끝에 불거진 것으로, 소장파 리더인 이철승이 중심이 된 '신풍회' 소속 함종빈 의원이 사건을 공개적으로 폭로하고 나선 것을 말한다. 중석(텅스텐) 수출계약을 위한 입찰에 부정이 있었(다는 것이)고 이 입찰 부정에 100만 달러 상당의 '커미션'이 있었다는 것이 주된 내용이다. '갈아 봤자 별수 없다'는 자유당의 예언은 1년이 채 못 되어 현실로 나타났던 것이다. 이에 대한 박정희의 반응은 상당히 냉소적이다. 민주당 정권기는 "단군 이래 최대의 자유"가 있었던 시절이라며 이렇게 적고 있다.

> 구 정치인들의 녹슨 사고방식에 의하면 자유란 '감투를 쓰는 자유' '밀수의 자유' '폭행의 자유' '부정축재의 자유'가 아니고 무엇이었는가!
>
> 민주당 세력은 신·구파를 막론하고 자유당 치하에 이미 썩었고 혹자는 여당에 한몫 끼이지 못하는 분풀이로 야당에 떨어진 구 자유당계가 상당히 많았다. 썩을 대로 썩은 기성 정치인들로서 야당이라고 해서 별로 다를 바 없었고 다른 점이 있다면 오랜 동안의 배고픈 야당 생활에 굶주려 보다 강력한 '식욕'이 부정행위에 과감케 했다는 점일 것이다. (194쪽)

'갈아 봤자 별수 없다'가 아니라 '갈아 보니 더 나빠졌다'는 설명이다. 이어지는 표현은 매우 입체적이다. '오랫동안 배가 고프다 보니 억센 식욕으로 그릇된 일에 용감해' 박정희가 보는 민주당 1년은 돈으로 시작해서 돈으로 끝나는 시대, 그리고 민원의 절정 시대였다. 그리고 그것을 어쩔 수 없이 끝내야만 했던 것이 5·16이었다.

4·19 때 군은 신속히 계엄령을 해제하고 민간인에게 정권을 이양했던 것은 사실이다. […]

'데모로 세운 나라 데모로 무너진다'는 예감 속에서 우리 군은 드디어 정권의 칼을 뽑아 분연히 궐기한 것이다. 이 민족을 위해 목숨을 바쳐 싸웠기에 대한민국의 번영과 자유를 진정으로 염원하기에 우리 혁명군은 수도 서울로 진군한 것이다. […]

뜸질이나 약물 치료로 완치하기에는 이미 때가 늦은 우리 조국을 잠식하는 병균에 수술칼을 대고야 만 것이다. (196-97쪽)

이어지는 '병태아(病胎兒)인 제2공화국'은 민주당 병폐 백서다. 박정희는 민주당의 계보와 성격을 논하면서 "한민당의 쌍생아 자유·민주 양당"이라는 표현을 쓴다. 매우 정확한 지적이다. 이어 자유라는 미명 하에 사상적인 자세마저 흔들려 용공적 색채까지 띠게 되었다고 적시한다. 박정희가 바라본 제1, 2공화국의 맨얼굴은 이렇다.

제1공화국의 구부러진 권력의지와 무사주의, 안일주의적인 국민정신은 전혀 혁신되지 못하고 무책임한 방종과 황금만능 사상이 나라를 좀먹어 갔다.

제2공화국은 약체 내각과 더불어 허약체질이었으므로 전 정권의 만성 병균뿐만 아니라 새 병균이 침입했다. 그 하나는 용공 망국병이요 반국가적 기회주의이다. 둘째로는 과잉한 정치적 자유는 오가잡탕의 정당 난립을 가져왔고 신문들은 언론 자유를 역이용해서 언론의 횡포, 무책임한 망언으로 그 폐해는 실로 컸다. 셋째로 무비판적인 외래문화에 대한 감수성이다. 장 정권의 '일본 선풍'은 이 나라 민족적 이성을 마비시키고 […] (214쪽)

제4장의 마지막에 이르면서는 "군인은 조국의 방패요 국민의 아들이기 때문에 전선(前線)을 지키던 눈을 수도로 돌렸을 때 우리의 마음은 몹시 쓰라렸다"(216쪽)고 했다. 그 쓰라린 마음으로 어떻게 새로운 공화국을 세우려고 했는지에 대한 의견과 각오는 다음 장인 제5장 '후진 민주주의와 한국혁명의 성격과 과제'로 이어진다. 앞서 말한 대로 '주장 → 근거 제시 1 → 근거 제시 2 → 주장'에서 두 번째 주장이자 결론을 확인하는 장이다.

5. 제 몸에 맞는 민주주의를 세우다

제2차 세계대전 이후 수많은 나라들이 독립을 이뤘다(정확히는 부여받았다, 혹은 선물받았다). 늦게 출발했다 하여 이른바 후진국이었던 이들은 일단 나라의 정체성을 골라야 했고 선택지는 둘이었다. 자유주의와 사회주의(전체주의). 사회주의를 선택한 나라들은 초기 살짝 빛을 발하면서 효과를 보는 듯하더니 나락으로 떨어졌다. 자유주의도 사정은 별반 다를 게 없었다. 자유민주주의와 시장경제는 역사의 산물이지 사고(思考)의 발명이 아니다. 당연히 이식할 수도 없고 그대로 실현하기도 불가능하다. 다만 흉내 내기는 가능했는데, 그러다 보니 민주와 시장이라는 진짜는 다 놓치고 민주의 부작용과 시장의 병폐적 요소만 경험하다가 망가진 것이 대부분 후진국 자유주의의 성적표다. 악질적으로 말하자면 '거지들의 패션쇼'인데, 박정희의 고민도 바로 이 지점에서 출발한다.

지난날의 우리들은 말로만 민주주의를 한다고 떠들어 댔다. 그러나 실속은 진정한 민주정치나 대의정치를 하였던 것이 아니라 다른 사람이 하는 것을 빌려온 것으로서 민주정치를 그 외양만 모방했었는 데 불과했다.

물론 해방 후 십수 년 동안 제도적인 면에 있어서 한국의 민주화를 달성하기 위한 노력을 계속해 왔다는 것은 사실이나 실은 그 결실을 거두지 못하였고 또한 그 실효를 거두지 못하였던 근본적인 요인을 따지고 보면 다른 나라가 수십 년 또는 수백 년이나 걸려서 그 열매를 맺을 수 있었던 민주주의가 우리나라에서 그 풍요한 결실을 맺을 수 있는 주체적인 조건을 우리 스스로가 지니지 못하였던 것에 기인한 것이라 볼 수 있다.

민주주의가 성공할 수 있는 여러 가지 주체적인 조건이 성숙되지 못하였다는 것은 서구적인 민주주의 즉 서구적인 대의정치의 제도적인 외양만을 모방하였다고 해서 상투를 꽂고 있던 우리네들의 모습이 일조일석에 달라질 리 만무하다. 역사적인 배경이나 문화적인 전통이나 경제적인 제 여건이 서구적인 것과는 본질적으로 다른 한국과 같은 신흥국가에서 대의제도가 지니는 그 본래의 효과가 그대로 나타나리라고 기대한다는 것은 하나의 지나친 속단일는지 모른다. (219-20쪽)

쉽게 말해서 바랄 것을 바라고 될 것을 따라 하자는 얘기겠다. 문맹이 득실대고 산업화는 문턱에도 가 보지 못했으며 그나마 깨끗하다는 사람들까지 감투를 노리는 상황에서 제도뿐인 허깨비 민주주의는 공산화로 가는 지름길이라는 경고겠다.

그럼 대체 왜 이런 상황이 발생하는 것일까. 이에 대한 박정희의 대답은 "정부의 수단 즉 재정력(財政力)과 국민 대중의 요구와의 사이는 거의 극복할 수 없는 거리가 가로막고" 있기 때문이다. 그러다 보니 "국가의 재정력으로써는 도저히 충족시킬 수 없는" "이러한 문제를 해결하는 데는 국민 대중의 동의에 의하여 행할 것인가 그렇잖으면 강제에 의하여 행할 것인가 하는 것을 판단할 것이 절박한 문제로서 등장"하는 것이고 이는 "오늘날의 아시아의 후진 민주국가의 내정의 중요 과제일 뿐만 아니라 가까운 장래의 아시아의 정치적 발전을 크게 좌우하게 될 것"이라는 데로 모아진다(223쪽). 뚜렷한 답이나 성공사례도 없다. 그러다 보니 닭이 먼저냐 달걀이 먼저냐 하는 문제로 날이 밝고 새고 세월이 간다. 박정희는 1962년의 현실에서 그 문제의 심각성을 본다.

금후의 아시아의 정치적 발전은, 경제외적 조건이 붙지 않는 외국 원조를 받아서 자유민주주의의 길을 걸을 것인가 그렇잖으면 국민 대중을 엄중한 규율 하에 놓는 전체주의의 길을 걸을 것인가에 대한 논쟁과 선택이 있기 때문에 자유민주주의는 처음부터 대단히 불리한 조건 가운데 출발한다는 것을 솔직히 인정하지 않을 수 없다. 우리는 어디까지나 우리가 지향하는 자유민주주의 체제의 확립을 위하여 현존 아시아 사회에 내재하고 있는 고유의 반민주적인 요소를 인정하는 데도 누구보다도 솔직해야 된다는 것을 나는 믿는다.

지난날 아시아에 있어서 민중의 동의에 의하여 정부가 성립된 바는 거의 없고 또한 정부의 정책이나 방침도 역시 관대했다는 아무런 증거가 없다. (223-24쪽)

그렇다. 후진국의 현실은 잔인하다. 그 잔인함을 인정하고 받아들이는 것이 살아남기 위한 첫 번째 과제라면, 그것을 넘어서는 의지와 정책을 입안하고 이를 실행에 옮기는 것이 두 번째 과제가 될 것이다. 거개가 후발인 아시아에서의 민주주의, 그리고 한국에서의 민주주의에 대해 박정희는 정확한 통찰을 하고 있다.

여기서부터는 호불호가 갈릴 수 있겠다. 박정희는 아시아에서 효과를 내기 위해서는 비민주적인 비상한 수단을 쓰지 않으면 곤란하다며 혁명군이 나갈 방향을 제시하고 있기 때문이다. 이 문제가 난제인 것은, 어느 하나를 시행하면 하나는 영원히 시행해 보지 않은 미지의 영역으로 남아, 어느 것이 올바른 것이었는지 판별이 불가능하다는 것이다. '했더라면'이라는 비판으로 이미 한 것을 재단할 때 이를 반박하는 것이 어렵다는 것이 오늘날 대한민국과 박정희를 둘러싼 논란의 핵심이다. 박정희는 이 부분을 조목조목 지적하며 설득한다. 신성하다는 선거권도 굶주림에 허덕이는 사람들에게는 실제로는 아무런 의미가 없으며, 아시아인들에게는 무엇보다도 먼저 경제적 평등, 다시 말해 고르게 잘사는 길을 마련한 이후에야 정치적 평등이 주어지는 것이 올바른 순서라는 이야기다.

이 주장에 동의할 것인가 반대할 것인가는 개인의 몫이다. 그러나 확실한 것은 이 부분이 박정희 시대 독재 논쟁의 핵심이며 그 본질은 '민주 대 번영'의 문제라는 사실이다. 정서적으로는 민주가 승리할 수밖에 없다. 토양도 그렇다. 아무리 때를 벗었다고 하지만 우리는 아직 성리학적, 주자적 세계관에서 완벽하게 탈출하지 못하고 있다. 성리학적 세계관이란 무엇인가. 세상의 모든 일에 대한 가치 판단이 옳고 그름으로 갈린다는 것이다. 그러나 공리적인 세계에서는 다르다. 여기서는 옳고 그름 대신에 좋다와 나쁘다 둘로 세상일을 해석한다. 나에게 좋았으면 옳은 것이고 좋은 것이다. 독재는 했지만 경제발전은 좋았다, 혹은 경제발전은 인정하지만 독재는 인정할 수 없다 같은 말들은 취사선택의 상황에서 둘 다 취하겠다는 욕심과 무지의 발상이다. 둘 다 가질 수는 없다. 그래서 선택의 문제가 남는 것이다. 민주인가 번영인가. 박정희의 선택은 당연히 번영이다.

이 번영을 위한 기초체력으로 박정희가 일차적으로 꼽은 것은 행정적 민주주의다.

나는 혁명 기간에 우리가 지향하는 민주주의는 서구적인 민주주의가 아닌 즉 우리의 사회적 현실에 알맞은 민주주의를 해 나가야만 된다고 생각한다. 바로 이러한 민주주의가 다름 아닌, 행정적 민주주의(administrative democracy)라고 할 수 있다. […]

우리들이 기왕 부패를 일소하고 국민들의 자치능력을 강화하여 사회정의를 구현하는 것이 당면 목표라면 그 방법으로서 민주주의를 정치적으로 당장 달성할 것이 아니라 어디까지나 과도기적인 단계에 있어서는 행정적으로 구현해야 될 것이요 […] 그러기 때문에 과도기적 혁명 단계에 있어서 우리들이 당면 목표로 하고 있는 행정적 민주주의는 정부가 하는 일에 대하여 국민의 정당한 비판과 건의를 봉쇄하는 것이 아니라 오히려 이것을 환영하며 […] (229-30쪽)

이때의 '행정적인 민주주의'는 "아시아에서 효과를 내기 위해서는 비민주적인 비상한 수단을 쓰지 않으면 곤란"할 경우에 대한 보완이다. 무작정의 독재로 치닫는 것을 '아래로부터의 민주주의'를 통해 행정적으로 차단하자는 얘기다.

이어지는 것이 행정개혁이다.

부정부패에 대한 수술은 일벌백계주의와 중점주의를 원칙으로 하여 가능한 한 혁명 기간중에 있어서도 단시일 내에 이를 완료토록 할 것이다. 단 이러한 처치가 민심의 동요나 국민생활의 위축을 초래하는 데 그 목적이 있는 것이 아니라 명랑하고도 건전한 민주적인 협동사회를 이룩할 수 있는 기틀을 만드는 데 그 근본 목적이 있기 때문에 […] (232쪽)

박정희는 이를 위해 관존민비(官尊民卑) 사고방식의 혁파와 과도한 중앙집권주의 개선을 주장한다. 그는 이것을 '행정적 민주통제'라고 부르는데 내용은 이렇다.

행정 자체가 국민을 위하고 행정의 당사자 가운데에서도 아래에 있는 사람들의 입장을 생각해 주고 또는 행정조직 내에 관계되는 모든 사람이 인격과 능력을 인정받을 수 있고 부당한 고급관리의 월권행위를 부하 관리나 또는 일반 국민이 견제할 수 있는 행정의 민주적 통제를 중요시하지 않을 수 없다. (235쪽)

박정희의 설명은 이전에는 이러한 민주적 통제가 없었기 때문에 공직이 사유화됐고 거기서 부패가 발생했다는 것이다. 지금은 너무나 당연한 것을 이렇게 진지하게 주장하는 것을 보면 1962년의 대한민국은 어지간히 심란했던 모양이다. 행정개혁에 대한 박정희의 설명은 혁명 기간을 국민정신 재교육 기간, 깨우침의 기간, 봉사의 정신을 기르는 기간으로 삼자는 것으로 마무리된다.

마지막 장인 제6장은 '사회 재건(국가)의 이념과 철학'이다. 박정희가 구상했던 혁명 이후 대한민국의 미래상은 어떤 모습일까. 크게 셋이다. 모든 백성이 국가에 책임을 지고 자유로운 가운데 마음껏 생활을 즐기며 자기에게 놓여 있는 사회생활을 다른 사람과 더불어 다 같이 정치적, 문화적으로 도우며 꾸려 나가는 사회다. 특히 교육에 있어서 특권이 없는 사회를 강조했는데(2017년 대한민국에 특히 절실하고 예민한), 분명 비속어였을 '빽'이라는 단어가 등장하는 것이 신선하다.

비록 돈이 없고, 빽이 없고, 가문이 나쁘더라도, 산골짝의 외로운 과부의 자제일망정 재능 있고 성적만 좋다면 누구라도 입학할 수 있고 진학할 수 있는 사회를 이룩해야 할 것이다. (243쪽)

국가 재건의 이념으로 박정희는 '최대의 자유와 최소의 계획'을 꼽았고 '소득의 균등과 경제의 공익화'를 주장했으며(경제 민주화와는 전혀 다르다), '영세농업 탈피와 농촌 부흥'을 제시한다. 이어 '협동적인 복지사회'의 질서를 세워야 한다고 강조하는데 바로 이 부분에서 '명랑하고 강력한 사회'(265쪽)라는 구절이 등장한다.

제6장의 마지막은 '민주적 이념과 문화와 교육의 새로운 질서'다. 좋은 말은 다 나오지만 특별히 옮길 필요는 없겠다.

『우리 민족의 나갈 길』의 마지막은 이렇게 끝난다.

> 끝으로 강조하고자 하는 것은 학자, 교육자, 과학자, 예술인 및 문인들은 우리 사회에서 존대받을 수 있도록 되어야 하고 조국 재건에 선봉이 되어 앞장설 수 있어야 된다는 것이다. (277쪽)

왠지 "이상!"을 붙여야 할 것 같은 다소 어색한 분위기로 끝나긴 했지만 전체적으로 교사로서의 박정희, 혁명가로서의 박정희, 경영자로서의 박정희의 생각과 모습을 충분히 읽을 수 있다. 그의 청사진은 대부분 현실이 되었고 지금 우린 박정희가 그렸던 세상에 살고 있다.

6. 누구를 앞세워 갈 것인가

『우리 민족의 나갈 길』은 이렇게 마무리되지만 남은 것이 있다.

이 길을 '누구'와 가야 할 것인가, 그리고 그 길에 누가 가장 앞에 서야 하는가 문제다. 박정희는 우리말에 '나'라는 주어가 없다고 지적했지만 엄밀하게 말해『우리 민족의 나갈 길』에도 '우리'만 있지 명확한 '나'는 없다. 그래서 반드시『우리 민족의 나갈 길』과 함께 읽어야 하는 것이 1963년에 나온『국가와 혁명과 나』이다. 지면 배정도 야박하게 하면서 서문에『국가와 혁명과 나』를 언급한 이유다.

『국가와 혁명과 나』의 집필 역시 자유당 의원을 거쳐 후에 청와대 대변인을 지낸 박상길 씨와 문학가 한 분이 관여한 것으로 알려져 있다. 아주 초(超) 간략하게 책의 구조를 살펴보자.

먼저 혁명은 왜 필요하였는가를 이야기한다. 국내 정세를 다루는데, 산업에 있어서, 경제에 있어서 구체적인 수치가 등장하는 것이『우리 민족의 나갈 길』과의 큰 차이점이다. 이어 혁명 2년간을 보고하고 있으며 중간결산에 더해 자기비판과 반성을 첨부한다.

스스로의 심경을 밝히는 부분은 초반에 한 번 그리고 제일 마지막에 한 번 더 나온다.

초반의 심경은 '혁명의 책임자인 자신이 차기 선거에 참여할 것인가'에 대한 고민이다. 자기는 원래 '넘버 쓰리'였는데 대통령이 그만두는 바람에 갑자기 넘버 투가 되었다는 설명이다. 넘버 원에 가까워졌다는 말이 아니다. 그만큼 책임에 더 가깝게 물려 들어갔다는 얘기다. 박정희, 슬슬 진짜 고민을 토로하기 시작한다. "이 혁명은 어디까지나 본인의 책임에 달려 있"으며(『국가와 혁명과 나』, 143쪽), "후진국의 부패한 정치풍토 위에서 청신(淸新)한 혁명을 완수하기란 얼마나 힘겨운 것인가를 뼈저리게" 실감하고 있다는 고백이다(148쪽).

아마 이쯤에서 마음을 정한 것 같은데, 바로 결론으로 가지 않고 우회해서 살짝 돌아간다. '세계사에 부각된 혁명의 여러 모습'이란 챕터를 통해 중국의 근대화와 손일선(孫逸孫文) 혁명, 메이지유신과 일본의 근대화, 케말 파샤와 터키혁명, 그리고 나세르와 이집트혁명을 고찰한다. 혁명의 내용에 이어 혁명을 끌고 가는 리더를 주목하는 것이다. 그러면서 결론에 대신하여 이렇게 운을 띄운다. 『국가와 혁명과 나』의 마지막인 '나의 갈 길'이다.

> 경상북도 선산군, 이곳이 본인이 태어난 곳이다.
>
> 20여 년간의 군대 생활, 그리고 소년 시절에도 본인은 자립에 가까운 생활을 배워 왔다.
>
> 그만큼 가난하였기 때문이다. 그것은 본인에 큰 도움이 되었다.
>
> 그 환경이 본인으로 하여금 깨우쳐 준 바 많았고, 결의를 굳게 하여 주기도 하였다.
>
> 이같이 '가난'은 본인의 스승이자 은인이다.
>
> 그러기 때문에 본인의 24시간은, 이 스승, 이 은인과 관련 있는 일에서 떠날 수가 없는 것이다.
>
> '소박하고, 근면하고, 정직하고, 성실한 서민사회가 바탕이 된, 자주독립된 한국의 창건' 그것이 본인의 소망의 전부다.
>
> 동시에 이것은 본인의 생리인 것이다.
>
> 본인이 특권 계층, 파벌적 계보를 부정하고 군림(君臨) 사회를 증오하는 소이(所以)도 여기에 있을 것이라 생각된다.

본인은, 한마디로 말해서 서민 속에서 나고, 자라고, 일하고, 그리하여 그 서민의 인정 속에서 생이 끝나기를 염원한다.

진정, 꾸밈없이 말해서 그렇다.

주지육림의 부패 특권 사회를 보고 참을 수 없어서 거사한 5·16혁명은 그러한 본인의 소원이 성취된 것에 불과하다.

그러나, 본인은 이 소원의 전부를 이룩하지 못한 채 민정으로 넘기게 되었다.

그러나, 본인과 같은, '가난'이라는 스승 밑에서 배운 수백만의 동문이 건재하고 있는 이상, 결코 쉴 수도 없고, 후퇴할 수도 없는 '염원'인 것이다.

국가와 민족과 혁명과, 많은 가난한 사람들 편에 서서 일하여 온 본인으로서 갈 길은 있을 것이다.

그러나, 그 길은 국민 여러분께서 지시하는 길이어야 할 것은 물론이다.

왜냐하면, 군정을 끝내고 본인으로서는 그것이 마지막으로 남은 의무이기 때문이다. (『국가와 혁명과 나』, 박정희 전집 3. 291-93쪽. 밑줄·돋움 인용자)

밑줄은 현실에 대한 인정이다. 애초부터 민정 이양을 약속하고 거행한 혁명이다. 그러나 청사진만 그려 주고 방향만 제시하고 끝날 문제가 아니라는 사실을 박정희는 비로소 인정한다. 미묘한 인식 변화다. 그러나 입장을 바꾼 것이 아니라 현실 속에서 생각을 바꾼 것이다. 그러니까 두 권의 저서 『우리 민족의 나갈 길』과 『국가와 혁명과 나』는 그 문제에 대한 박정희의 고뇌의 기록이다. 욕심의 기록 아니냐고 해도 상관없다. 둘은 같은 말이기 때문이다. 혁명은 박정희의 염원이자 소망이자 욕심이었다. 그 욕심의 문제에서 의식적으로 배제하였던 자기 자신을 결국 인정한 것이다. 그래서 이 짧은 문장에 '본인'은 무려 15번이나 나온다. 마지막 줄을 돋워 표시한 이유는 그 일을 박정희는 '의무'로 이해하고 있기 때문이다.

그 '의무'는 나중에 "내 무덤에 침을 뱉어라"라는 발언으로 이어진다. 후진국 지도자의 딜레마는 나아갈 때와 물러날 때를 명확히 하기 어렵다는 것이다. 어디까지 해야 할까, 언제 멈추어야 할까라는 문제를 놓고 고민하던 한 인간의 모습은 "고달픈 몸이 한밤중 눈을 감고…"라는 『우리 민족의 나갈 길』 첫 문장 속에 이미 온전하게 들어 있다.

나가면서

『우리 민족의 나갈 길』과 『국가와 혁명과 나』는 박정희의 근대화 혁명 로드맵과 철학을 보여 주는 역사적 문헌으로서의 가치와 함께, 개인적인 욕망을 숨기지 않고 있는 매우 흥미로운 저작들이다. 필자가 붙인 이 글의 소제목만 떼어서 연결하면 "지도(地圖)와 의도(意圖) 그리고 결여와 결핍을 넘어 치료가 아닌 수술로 제 몸에 맞는 민주주의를 세우다―누구를 앞세워 갈 것인가"가 된다. 『우리 민족의 나갈 길』과 『국가와 혁명과 나』에 대한 개인적인 소감이다.

박정희는 한 번도 민주주의를 부정한 적이 없다. 항상 민주주의를 입에 달고 살았다. 덕분에 민주화세력 혹은 좌익 운동권은 통상적으로 사람들이 이해하는 민주주의와 박정희 민주주의의 갭을 지적하는 것으로 매번 그 공격의 방향을 찾았다. 그러니까 민주주의는 박정희에게 양날의 칼이었던 셈이다. 박정희의 민주주의에 대한 관점(그는 이용하려 했다)과 서구식 민주주의가 아닌 당시 동아시아 현실에 걸맞은 민주주의를 구상한 사고의 전개 과정을 알고 싶다면 반드시 읽어야 하는 책 두 권이다.

03
박정희 대 김일성,
인생 대차대조표로 본 남북의 현재[*]

김 용 삼**

앞 잔소리

가난한 나라가 가난한 것은 권력을 가진 자들이 빈곤을 조장하는 선택을 하기 때문이다. 지도자가 실수와 무지 때문에 잘못된 선택을 하는 것이 아니라, 의도적인 결과이다.

대런 애스모글루(Daron Acemoglu) 교수와 제임스 A. 로빈슨(James A. Robinson) 교수가 함께 쓴 『국가는 왜 실패하는가』에 등장하는 문구다.

---

* 이 글에 언급되는 중국의 지명(성省 이하)과 인명은, 당시 우리나라와 현재 북한의 표기 관행에 따라 '한어병음 한글표기' 대신 한국 한자 독음으로 적도록 한다. 단, 널리 알려진 인명·지명일 경우 '병음 한글(한국 독음)'을 적절히 부기하도록 한다.
** 『박정희정신』 편집장

조선은 결국 가난했기 때문에 망했다. 가난했기에 나라를 지킬 군대를 제대로 양성 유지하지 못했고, 정부는 허약했으며, 산업 발전에 필수적인 인프라 건설에 실패했다. 조선은 개국 초부터 사대교린(事大交隣) 정책에 의해 국제무역을 상당 부분 통제했다. 또 외부의 침략에 대비한다는 명분으로 섬에 사람을 살지 못하게 하는 공도(空島) 정책, 바다로 나가지 못하도록 하는 해금(海禁) 정책을 펼쳐 바다를 향한 도전과 패기의 기상을 잃었고, 개방과 교류라는 해양문명의 핵심 유전자마저 쇠퇴하게 되었다.

독일의 역사가 오토 힌체(Otto Hintze)는 "모든 국가조직은 원래 전쟁을 위한 조직이었다"고 말한다. 국가가 전쟁을 만들어 냈지만, 전쟁이 오늘과 같은 근대국가(modern state)를 탄생시켰다는 것이다.

그런데 전쟁을 위해 군사력을 육성하려면 막대한 재정이 투입되어야 한다. 양반 관료 중심의 지주와 일반 백성의 소작 관계로 이루어진 조선에서는 백성들이 워낙 가난해 담세능력이 현저히 부족했다. 상비군을 유지하려면 지주인 세도가를 위시한 양반들이 세금을 많이 부담해야 가능한 구조였다. 조선의 사대부들은 자신들의 부담을 늘려 가면서까지 군대를 육성해야 할 필요성을 느끼지 못했다. 안보는 사대의 종주국인 중국에 의지하면 충분하다고 믿었기 때문이다.

덕분에 조선시대부터 현재까지 우리 사회는 문·무(文武)의 균형이라는 보편국가의 위상이 깨지고 문존무비(文尊武卑)의 가치관이 고착되어 왔다. 조선은 또 사농공상(士農工商)의 신분질서가 고착화되어 유교 경전의 공부를 통해 양반 관료(선비)가 되는 것을 최고의 가치로 추앙했다.

조선은 농업을 국가경제의 기본으로 삼는 농본(農本)주의였고, 인구의 절대다수는 농민이었다. 그러나 '농자천하지대본(農者天下之大本)'이라는 슬로건과는 달리 생산의 주체세력인 농민은 양반 지주들의 전횡과 착취의 대상이었기에 농업생산성이 높아질 수가 없었다.

백성들은 또 납세와 군역, 노역(勞役) 등 과중한 부담에 시달렸다. 3퍼센트의 소수 양반 지배층이 97퍼센트의 백성들을 수탈하는 구조 하에서는 백성들 자신이 가지고 있는 잠재력을 발휘할 수 없었고, 교육을 통한 신분상승의 기회도 주어지지 않았다.

조선은 나라가 워낙 가난하여 독자적인 군사력을 보유하지 못한 탓에 근대국가 형성 경험을 갖지 못했다. 게다가 농업을 비롯한 다른 산업의 발전이 없었으니 경제력을 바탕으로 한 신흥 시민계급이 형성되지도 못했다. 근대국가 경험이 없으니 신흥 시민계급인 부르주아 계급도, 국가의 주인인 국민도 만들어지지 않았고, 국민의 대표기관인 의회도 구성해 보지 못했으며, 국민의 권리와 자유도 보장받지 못했다. 나아가 권력분립의 민주적 정치제도도 만들지 못한 채 임금과 백성의 주종관계로 500년을 이어 온 것이다.

게다가 500여 년을 붓을 잡은 선비들이 칼을 쥔 사람들을 찍어 누르고 통치하는 문민통치[文治]로 일관해 왔다. 조선의 양반 관료들은 『춘추(春秋)』의 필법을 구사하여 대의명분(이데올로기)을 논하는 것에는 능하나, 실용적인 학문에는 관심을 가지지 않았고, 육체를 사용하는 무예나 노동을 천시했다.

일본의 정치학자 다나카 메이(田中明)는 조선의 양반들이 풍기는 대인(大人)의 풍모에는 동양인의 정신적인 고장을 연상케 하는 그 무엇이 있지만, 부국강병(富國強兵)이라는 과제를 수행해야 하는 근대국가 경영자로서는 바람직스럽지 못했다고 지적한다. 덕분에 조선시대 말기, 일부 지사들이 근대화를 이룩해야 한다고 깨닫기 시작했을 때는 이미 망국의 길로 굴러 떨어졌다.

1945년 일본의 패망 후 해방된 이 나라에 의미심장한 변화가 일어나기 시작했다. 38선과 휴전선으로 분단이 된 남북에서 군인 출신 지도자 그룹이 등장하여 그 이전의 역사와는 완연히 다른, 무인통치[武治]의 패러다임을 이 땅에 뿌리내렸다. 그것은 1270년 고려시대에 무인정권의 몰락 이래 700여 년 만에 다시 무치 시대가 개막된 일대 사건이었다.

북한 지도자가 된 김일성(김성주)이 정식 군사교육을 받은 것은 소련에서 88특별정찰여단에 소속된 5년 정도다. 중국 공산당 산하의 빨치산부대인 동북항일연군에서의 활동은 정규군 활동으로 보기에는 민망할 정도다. 대부분의 활동이 약탈, 살상, 민간인 납치 행위로 얼룩져 있기 때문이다. 어쨌든 김일성을 비롯하여 소련군 산하에서 군사교육을 받은 자들이 북한을 영도하는 집단을 이루었으니 조선시대와는 완연히 다른 무인통치의 새로운 패러다임에 직면한다.

남한의 지도자가 된 이승만은 미국식 개방, 통상, 무역을 중시하고 자유민주주의의 신봉자로서 해양화의 선구자가 되었고, 이어 등장한 박정희는 만주군관학교, 일본 육군사관학교, 조선경비사관학교(대한민국 육군사관학교의 전신) 등 세 곳의 사관학교를 나와 육군 소장까지 오른 전형적인 무인이다.

박정희가 1961년 5·16쿠데타로 권력을 장악한 후 남한에도 의미심장한 무치 시대가 개막되었다. 군인으로서의 경험은 두 사람이 집권 시기 동안 남과 북에서 전통적 한국 사회의 특성과는 크게 다른, 역사상 가장 강력하고 철저한 상무(尙武)주의와 상무정신에 투철한 사회와 국가를 만들도록 영향을 끼쳤다. 한국에서 거시적인 군사주의의 등장과 강화는 이들의 군인 경력과 깊은 관련이 있다.

흥미로운 점은, 같은 군 출신 지도자가 나라를 이끌었음에도 불구하고 남북 간에는 천국과 지옥만큼의 근본적인 차이가 발생했다. 통계청이 2015년 12월 15일 발표한 「2015년 북한의 주요통계지표」에 의하면 북한의 명목 GNI(국민총소득, 2014년 기준)는 34조 2,360억 원으로 남한(1,496조 6천억 원)의 44분의 1 수준, 1인당 GNI는 남한이 2,968만 원, 북한은 139만 원에 불과해 21배 차이가 난다. 이 밖에 다른 종목의 남북한 격차는 다음과 같다.

▲ 무역총액: 북한 76억 달러로, 남한(1조 982억 달러)의 144분의 1

▲ 시멘트 생산량: 북한 667만 5천 톤으로, 남한(4,704만 8천 톤)의 7분의 1

▲ 발전설비용량: 북한 725만 3천kW로, 남한(9,321만 6천kW)의 13분의 1

▲ 쌀 생산량: 북한 215만 6천 톤으로, 남한(424만 1천톤)의 절반 정도

▲ 도로 총연장: 북한 2만 6,164km로, 남한(10만 5,673km)의 4분의 1

▲ 선박 보유톤수: 북한 71만 톤으로, 남한 1,392만 톤의 19분의 1

대체 그 무엇이, 어떤 요인이 남과 북의 이처럼 극명한 차이를 가

져온 것일까? 우리는 그것이 알고 싶다.

1. 군인이 되기 위해 태어난 사나이 박정희

1917년 11월 14일 오전 11시 경북 선산군 구미면 상모리. 금오산 끝자락에 위치한 허름한 초가집 문에 붉은 고추와 숯을 끼운 새끼줄이 내걸렸다. 박정희의 탄생이다.

박정희가 세상 구경을 하기 일주일 전, 러시아에서는 레닌이 볼셰비키혁명에 성공하여 공산주의의 붉은 물결이 전 세계로 밀려가기 시작했다.

박정희의 초등학교 학력은 1926년 4월 1일 구미공립보통학교 입학, 1932년 3월 1일 졸업이다. 몸집은 작았으나 체구에 비해 담력이 세고 머리가 비상하여 1, 2학년과 5, 6학년 때 우등상을 받았다. 별명이 '악바리', '대추방망이'였던 소년 박정희의 꿈은 군인이었다. 그의 생애에 가장 큰 영향을 끼친 책은 『나폴레옹 전기』였다. 대구사범 동기생들은 박정희가 들고 있던 책은 번번이 『나폴레옹 전기』였다고 증언한다.

두 번째 교육은 1932년 4월 8일 입학한 대구사범학교였다. 당시 사범학교는 체육과 예능, 군대식 교육에 많은 시간을 배당하는 전인교육과 기숙사 제도를 시행하는 사실상 준(準) 사관학교였다. 대구사범에서 박정희는 고학년으로 올라갈수록 하위권으로 추락한다. 박정희가 열중한 것은 검도와 권투, 기계체조였고, 교련에 뛰어난 자질을 보였다. 군사훈련을 받을 때는 박정희가 자주 조교로 뽑혔는데 특히 총검술은 직업군인을 능가할 정도로 우수했다. 그는 또 나팔의 제1인자였다. 학업은 하위권 수준, 그리고 검도와 권투, 교련에 뛰어났던 현상에 대한 조갑제의 분석은 이렇다. 박정희는 황민화(皇民化)를 목적으로 한 학과교육을 충실히 하여 모범생이 되는 길은 포기하되 국가주의를 추구하는 군사교육을 제대로 받겠다는 뜻이었다. 다시 말하면 '일본인들에게 민족혼을 팔지는 않겠다. 대신 군사문화의 실질은 적극적으로 배우겠다'는 계산에 의한 '이유 있는 꼴찌'라는 것이다. 당시 대구사범에는 아리카와 게이이치(有川圭一) 중좌가 교련 주임으로 부임해 있었다. 아리카와는 일본 육군사관학교 출신의 엘리트 장교였는데, 그는 군사적 재능이 뛰어난 박정희를 총애했다. 그리고 후에 박정희가 군인의 길로 들어서도록 도움을 준다. 박정희가 대구사범 교정에서 각성한 것은 '실력을 비축한 다음 행동한다'는 명제였다. 그는 말을 앞세우는 것을 싫어했고, 상대를 제압할 수 있는 실력을 준비하기 전에는 어떤 수모도 참아야 한다는 깨달음을 얻었다.

군인의 길

대구사범을 졸업한 1937년 그는 문경의 한 소학교 교사로 부임하여 3년간 재직하다가 안정된 교사의 길을 접고 만주로 향한다. 1939년 9월의 일이다. 어린 시절부터의 꿈이었던 군인이 되기 위한 모험을 시작한 것이다. 김종신 공보비서가 박정희에게 교사직을 그만두고 만주군관학교로 간 이유를 묻자 이렇게 답했다.

"긴 칼 차고 싶어서 갔지."

그러나 긴 칼을 차기에, 특히 장교가 되기에는 연령이 초과된 상태였다. 박정희는 나이를 줄이기 위해 호적을 고쳤고, 그것도 안심이 안 되어 고민하고 있는 박정희에게 문경의 동료 교사 유증선은 "박 선생, 손가락을 잘라서 혈서(血書)를 쓰면 어떨까" 하는 제안을 한다.

귀가 번쩍 뜨인 박정희는 즉시 바로 옆에 있는 학생 시험용지를 펴더니 면도칼로 새끼손가락을 그었다. 그리고 핏방울로 시험지에다 '진충보국, 멸사봉공(盡忠報國, 滅私奉公)'이라고 써서 만주군관학교로 보냈다. 보름쯤 지난 후 박정희의 혈서 사연이 만주에서 발행되는 한 신문에 보도된 것으로 알려졌다. 연령 초과 상태인 박정희의 신경(新京) 군관학교 입학 과정에 대구사범 교련 스승이었던 아리카와의 도움이 있었다. 아리카와가 관동군 대좌로 만주에 근무하고 있었기 때문에 가능했던 일이다.

청년 박정희가 대구사범학교에 입학하던 해에 만주국이 탄생했고, 중·일전쟁이 발발하던 해에 교사 생활을 시작했으며, 태평양전쟁이 발발하던 해 신경군관학교에 입교한다. 23세 되던 1940년 4월 소학교 교사를 사직한 박정희는 신경 육군군관학교 제2기 생도가 된다. 그해 합격자 250명 중 박정희의 입학 성적은 15등. 동기생 중 한국인은 이한림(1군사령관, 건설부장관), 김묵(육군 소장) 등 11명이었다. 1기 선배 중 한국인은 이주일, 김동하, 윤태일, 박임항, 방원철 등 5명이었다. 군관학교 입학으로 박정희는 훗날 5·16의 동지를 얻고, 대한민국의 산업화를 이끄는 핵심 인맥을 형성하게 된다. 나라 잃고 식민지 백성이 된 박정희는 '박정희'가 아닌, '다카키 마사오(高木正雄)'였다. 창씨개명한 이름은 고령 박씨에서 '고목(高木)'이란 성을 취한 뒤 작명을 한 것으로, 셋째 형 박상희가 지어 준 것이다.

1942년 3월 23일, 박정희를 비롯한 2기생은 신경군관학교 예과를 졸업했다. 이날 군관학교 연병장에서 열린 졸업식에 만주국 황제 푸이(부의溥儀) 대신 국방부장관에 해당하는 치안부대신과 시종무관이 참석했다. 시종무관이 전달한 수상자 명단에 다카키 마사오(박정희)의 이름이 발견된다. 박정희는 만주·조선계 생도 240명 중 수석의 자리에 올랐다.

졸업 후 박정희는 5개월 동안 만주 주둔 관동군 일선부대에 배속되어 사병과 하사관 생활을 체험하는 '다이즈키(隊付) 교육'을 받았다. 그리고 군관학교 2기 예과 졸업생들 중 일본계 전부와 만주계 생도들 중 성적우수자 70여 명이 도쿄 근방 가나가와현의 자마(座間)에 위치한 일본 육군사관학교에 3학년으로 편입학했다. 군관학교 동기 중 이한림, 이섭준, 김재풍이 함께 유학생으로 선발됐다.

1944년, 박정희가 일본 육사 졸업반 시절 태평양전쟁의 전세는 일본에게는 암흑 그 자체였다. 육사에서의 교육은 비장했다. 박정희의 육사 재학 시절 육사 교장은 우시지마 미쓰루(牛島滿) 중장이었다. 그는 1945년 4월 오키나와 주둔군 사령관으로서 방어전을 지휘했는데, 오키나와에 상륙한 미군 13만 명을 맞아 3개월간 처절하게 싸우다 6월 23일 동굴지휘소에서 참모장과 함께 할복했다.

박정희는 만주에서는 만주군 인맥, 일본 육사에서는 이종찬(육군참모총장), 이형근(육군참모총장)으로 대표되는 일본 육사 인맥을 형성한다.

만주군관학교가 결속력, 친화력, 행동력을 갖춘 정치 지향의 성향이라면 일본 육사는 단정하고 사색적이며 엘리트 의식이 강하고 정치에 중립적 성향이란 특징을 보인다.

박정희와 일본 육사 동기생 간베 하지무의 증언에 의하면, 졸업하기 전에 모의전투라고 하여 남군과 북군으로 반을 나누어 접전을 하는 훈련이 있었는데 간베는 남군 총사령관, 박정희는 참모장이었다. 이때 간베는 박정희 생도가 부대 통솔을 잘하고 머리가 뛰어난 사람이라는 인상을 받았다고 한다.

당시 일본 육사 생도들도 마찬가지였지만 박정희도 매일 훈도시(팬티)를 갈아입고 훈련에 임했다. 이유는 "지저분한 모습으로 훈련을 받다가 죽으면 보기가 좋지 않기 때문에 죽어도 깨끗한 모습을 보여주기 위해서"였다.

1944년 4월 20일 가나가와현 자마 교정에서 육사 본과 57기 졸업식이 열렸다. 히로히토(裕仁) 일본 천황을 비롯하여 도조 히데키(東條英機) 육군상, 스기야마 하지메(杉山元) 원수 등 군 수뇌부가 참석했다. 박정희의 졸업 성적은 유학생대 생도 중 3등. 만주로 돌아온 박정희는 만주 관동군 635부대에서 두 달 동안 견습사관 생활을 했다.

만주군 장교가 되다

박정희는 견습사관을 마치고 신경의 군관학교에서 2주간 훈련을 받은 후 1944년 7월 1일 육군 소위로 임관하여 만주군 제5관구 예하의 보병 제8단(단은 연대 규모의 부대)에 배치됐다. 관동군 소속의 이 부대는 약 8천 명 규모였고, 중국 화북지방의 당시 열하(熱河)성 흥륭(興隆)현 반벽산(半壁山)에 주둔하면서 중국 국민혁명군 제8로군 제17군단의 토벌에 나서게 된다. 이곳은 만리장성의 바로 북쪽 산악지대였고, 상대하는 부대는 마오쩌둥(모택동)의 팔로군이었다.

박정희 소위는 8단의 지휘관인 중국인 당제영(唐際榮) 상교(대령)의 부관 겸 기수로 임명됐다. 이곳에서 만난 한국인이 만주군관학교 1기 출신인 방원철과 이주일, 그리고 초대 해병대사령관이 된 신현준이었다.

1945년 7월 1일 박정희는 중위로 진급했고, 8월 9일 반벽산 8단 본부에서 소련군의 참전을 가장 먼저 알게 되었다. 만주군 8단은 만리장성 북쪽에 흩어져 배치돼 있었는데, 전 병력을 흥륭에 집결시켰다가 내몽골의 다륜(多倫)으로 북진하여 소련군의 남진을 막으라는 명령을 받았다.

8월 15일 일본 천황이 항복했고, 박정희 등 조선인 장교 4명은 일본인 장교 13명과 함께 장제스(장개석)를 따르는 중국군에게 소총과 군도(軍刀)를 빼앗기고 무장해제를 당했다. 조국에서 멀리 떨어진 만리장성 너머의 산중에서 광복을 맞은 것이다. 8단의 당제영 상교는 박정희 등 조선인 장교들을 직위해제한 후 8단에 남아 있도록 배려해 주었다. 8단은 부대를 정비한 뒤 밀운(密雲)이라는 도시까지 이동했다. 박정희와 조선인 장교들은 밀운까지 8단과 동행한 다음 기차편으로 베이징으로 향했다.

상하이 임시정부는 최용덕 중국군 소장을 동북판사처장에 임명하여 만주와 중국 전선에서 광복을 맞은 조선인 장병들을 광복군 산하에 편입시켰다. 박정희와 신현준, 이주일은 이 광복군 소속이 되었다. 베이징 시내 북신교(北新橋)에 위치한 제지공장 건물과 마당이 광복군의 병영이 되었는데, 이들은 대한민국임시정부 산하의 광복군 제3지대 주 평진(駐平津) 대대로 명명됐다(평진은 베이징[당시 베이핑北쑤]과 톈진[천진]에서 따온 말이다). 이 대대의 대대장은 신현준(만주군 상위), 제1중대장은 이주일(만주군 중위), 제2중대장 박정희, 제3중대장은 윤영구(일본 관동군 소위)가 맡았다. 부대를 관리한 사람은 장제스 군대의 소장 출신 최용덕이었고, 최 소장과의 연락 책임자로 이성가 중국군 중위가 평진대대에 주재했다.

이 부대는 당초 10만 명 규모의 광복군을 편성하여 단체로 귀국한다는 상하이 임시정부의 구상에 의해 출범했다. 그러나 미군정은 임시정부 요인들까지 개인 자격으로 입국을 강요했다. 따라서 평진대대는 말이 광복군이었을 뿐 그에 걸맞은 이념이나 그 무엇이 있을 리가 없었다. 단지 고향으로 돌아가기 위해 대기하면서 규율을 유지하기 위해 만들어진 집단에 불과했다.

평진대대 소속원들은 미군 수송선을 이용하여 1946년 5월 6일 톈진의 당고(塘沽)항을 출발, 이틀 후 부산항에 도착했다. 부산항에 도착하고도 이틀을 선상에서 대기했다. 콜레라가 맹위를 떨치고 있었기 때문이다. 박정희가 육지를 밟은 것은 5월 10일이었다.

귀국선을 타고 귀환한 박정희는 실업자로 고향 구미에서 세월을 보내다가 대한민국 육군사관학교의 전신인 조선경비사관학교 제2기생으로 다시 군문에 들어선다. 그의 인생에서 세 번째 사관학교였다.

조선경비사관학교 입교

2기생 263명은 80일간 교육을 받았다. 당시 생도대 중대장은 조병건과 오일균으로, 두 사람 모두 일본 육사 60기로 박정희의 3년 후배였다. 박정희는 교육을 마치고 1946년 12월 14일 소위로 임관했다. 졸업 성적은 1등이 신재식, 박정희가 3등이었다.

군번 10166을 부여받고 춘천 제8연대에 배속된 박정희 소위는 연대장으로 원용덕, 중대장으로 김점곤을 만나게 된다. 원용덕은 박정희의 조선경비사관학교 시절 교장이었다. 박정희는 8연대 제4경비초소장으로 송청 지역의 38선 경비를 담당하다가 1947년 5월 춘천의 연대본부에서 작전참모대리로 임명됐다.

그는 중위를 거치지 않고 바로 대위로 승진하여 1947년 9월 27일 조선경비사관학교 중대장으로 자리를 옮기게 되었다. 중대장 겸 전술학 교관으로서 생도들을 교육시키면서 박정희는 두 가지 인생의 결정적 전기를 맞는 인맥을 형성하게 된다. 하나는 강창선(제2중대장)·김학림 대위(2중대 2구대장) 등 남로당 세력과의 인연이요, 다른 하나는 생도 거의 대부분이 월남한 북한 청년들로 구성된 5기생을 중심으로 한, 5·16 때의 귀중한 동지들이다. 5·16쿠데타 당시 병력을 동원하여 박정희의 오른팔 역할을 한 주역이 5기생이었다. 혁명군 지휘소 역할을 했던 6관구사령부의 참모장 김재춘, 서울에 진입한 5사단의 채명신 사단장, 해병여단과 함께 한강을 건넌 공수단장 박치옥, 육군본부를 장악한 6군단 포병사령관 문재준 등은 박정희가 사관학교에서 직접 가르친 제자들이었다. 그리고 쿠데타의 두뇌 역할을 한 것은 육군 정보국의 민간인 시절에 그가 데리고 있었던 8기 생 출신들이었다.

1948년 8월 1일 박정희는 소령으로 승진하여 육군본부 정보국에 근무했다. 1948년 10월 19일 여수 주둔 제14연대에서 요란한 비상 나팔 소리와 함께 시작된 좌익 군인들의 반란사건이 일어나자 박정희는 14연대 반란 진압을 지휘하는 호남지구전투사령부 작전참모로 근무하던 중 11월 11일 체포되었다.

박정희와 남로당을 연결하는 끈은 박정희가 가장 존경했던 셋째 형 박상희였다. 구미에서 동아일보 기자로 활동하며 민족운동에 투신했던 박상희는 좌익사상에 물들어 있었고, 1946년 대구 10·1폭동이 구미로 번지자 10월 3일 2천여 명의 군중의 선두에 서서 오전 9시 구미경찰서를 공격, 경찰관과 우익 인사들을 감금했다. 이어 구미면사무소와 선산군청을 공격하여 식량 130여 가마니를 탈취하고, 관청 서류를 소각했다. 10월 4일 대구의 폭동이 진압됐다는 소식을 접한 박상희는 경찰과 협상을 통해 평화적 중재에 나섬으로써 구미의 소요는 10월 6일 막을 내렸다. 그러나 박상희는 귀가 도중 경찰의 총격을 받아 사망했다. 박상희의 죽음은 반골적인 박정희를 반체제 쪽으로 끌고 가는 데 결정적 요인이 된다. 박정희는 육사 2기 훈련 중에 형의 피살 소식을 들었지만 장례식에는 참여할 수 없었다.

감상적 공산주의자

당시 숙군작업 책임자는 만주군관학교 선배 백선엽이었다. 그는 만주군관학교 출신인 박정희가 자신의 잘못을 뉘우치고, 도와달라는 말에 마음이 움직여, 아니, 그의 인품과 인격의 깊이를 느껴 박정희의 구명운동에 앞장선다. 김점곤의 증언에 의하면 당시 박정희는 자신이 가장 존경했던 형님이 조사나 재판도 거치지 않고 경찰의 총에 사살당한 데 대한 마음의 상처가 크고 깊었다고 한다.

박정희는 구속되자마자 자술서를 써 내려갔다. 대구폭동 당시 형 박상희의 죽음, 그리고 형의 가족을 돌보고 있던 남로당 군사부 책임자 이재복과의 만남, 이재복이 『공산당 선언』 같은 책자를 가져다주면서 남로당에 가입하라고 꾀면서 형의 원수를 갚으라고 했던 일 등.

박정희의 자술서를 읽어 본 김안일 당시 육군본부 정보국 특무과장은 박정희가 이념적 공산주의자가 아니라 인간관계에 얽혀서, 또 복수심 때문에 남로당에 들어간 '감상적 공산주의자'라고 판단했다.[1]

박정희는 군내 남로당 조직원들을 털어놓았다. 특히 박정희가 중대장으로 1년 남짓 근무했던 사관학교 내의 남로당 세포에 대해 많은 정보를 제공했다. 김점곤은 철저한 점조직으로 구성된 공산당 조직의 특성 상 군내에 침투한 남로당 조직의 규모나 뿌리를 전혀 감잡지 못하고 있었는데, 박정희의 진술로 인해 일망타진을 할 수 있었다고 증언한다.

강도 높은 숙군작업이 진행된 결과 총 4,749명의 장교와 병사들이 숙청되었고, 5천여 명이 숙군을 전후하여 탈영하거나 월북했다. 이는 전군 병력의 약 10퍼센트에 해당하는 수치였다. 이로써 군부

내에서 남로당 조직을 뿌리 뽑는 데 성공했다.

군법회의에 회부된 박정희는 군 내부의 남로당 조직을 실토하여 일망타진하는 데 세운 공로를 인정받아 사형 구형에 무기징역, 파면과 급료몰수형에 처해졌다가 곧바로 징역 10년으로 감형되었고, 다시 형을 면제받았다. 파면되어 군문을 떠났던 박정희를 다시 군으로 끌어낸 계기는 6·25전쟁이었다. 김일성이 일으킨 전쟁이 박정희를 다시 군으로 불러들인 것이다.

2. 거의 모든 것이 거짓인 김일성

'숨 쉬는 것만 빼고 다 거짓말'이라는 말이 있다. 김일성이 바로 그런 인물이다.

김일성의 본명은 김성주(金成柱)다. 1912년 4월 15일 평안남도 대동군 고평면 남리(현재의 만경대)에서 김형직과 강반석의 사이에서 3형제 중 장남으로 태어났다.

김성주의 아버지 김형직은 장인 강돈욱의 도움으로 미국 선교사가 평양에 설립한 기독교 학교인 숭실학교에 다녔다. 장인 강돈욱은 서북지방에서 이름난 기독교 장로였다. 김형직은 기독교 신자였을 가능성이 높으며, 교회 장로의 딸인 어머니 강반석도 이름에서 기독교적 색채가 물씬 풍긴다. '반석'이란 예수가 수제자 베드로에게 "너는 반석(베드로)이다"라고 한 데서 따온 것이기 때문이다.

북한이 신봉하는 주체사상은 기독교적 프로토콜과 유사한 부분이 많다. 하느님 자리에 김일성, 예수 자리에 김정일을 각각 가져다 놓았고, 성경의 10계명과 북한의 '유일사상 10대원칙'의 유사성도 눈여겨볼 만하다. 미국의 종교 관련 사이트 어드히런츠 닷컴(adherents. com)은 북한의 주체사상을 종교로 정의하고 그 추종자 수에 따라 세계 10대 종교로 분류한다. 전문가들은 북한의 주체사상은 사회학적 관점에서 분명히 종교이며, 많은 면에서 구(舊) 소련 시대의 공산주의나 중국의 마오이즘보다 훨씬 더 종교적이라고 분석하기도 한다.

어린 시절 부모 등에 업혀 만주로 이주한 김성주는 임강과 장백(長白)현 팔도구(八道溝)에서 소학교를 다니던 중 고향의 외가로 혼자서 돌아와 칠골 소재 창덕소학교를 3, 4학년과 5학년 초(1923~1925년 초)까지 다녔다. 김형직이 장남 김성주를 만주에서 평양으로 보낸 이유는 우리말도 익히고 민족으로서의 정체성을 기르기 위한 배려로 볼 수 있다.

김성주는 14세 되던 5학년 초 다시 만주로 건너가 부모를 만났다. 1925년 김형직은 무송(撫松)의 소남문통 거리에 무면허 한의사로서 무림(撫林)한의원을 개업했다. 이 무렵 김형직은 한의원으로 재산을 모아 장백현에서 제일가는 재산가가 되었다.

무송우급(優級)소학교를 졸업한 김성주는 중학 과정은 화전(樺甸)현 화전에 위치한 한인 민족주의 교육기관인 화성의숙(華成義塾)을 잠시 다니다 자퇴하고 1926년 지린(길림吉林)에 위치한 중국인 학교인 육문(毓文)중학으로 옮겼다. 그는 이 학교 2학년 때 공산주의 학생운동에 가담한 이유로 퇴학당하면서 정식 교육이 끝났다.

김성주가 민족계열 학교인 화성의숙을 그만두고 중국인들이 다니는 사립학교 육문중학으로 옮긴 이유는 1926년 6월 5일 새벽에 아버지가 사망했기 때문이다. 북한 역사책은 김형직이 한의사로 활동하며 항일투쟁을 하다가 일제 경찰의 고문 후유증으로 병을 얻어 사망했다고 주장하는데, 이것은 사실과 다른 이야기다. 돌팔이 의사 행세로 장백현에서 최고 부자가 된 김형직은 독립운동가들에게 헌금을 제공하고 약도 지어 주고 치료도 해 주었는데(아편 밀매에 관여했다는 증언들도 있다), 공산주의 활동가들에게는 돈을 주지 않고 냉대했다. 이에 불만을 품은 적색청년단 패거리들이 1926년 6월 초 김형직을 납치하여 집단폭행을 하고 돈을 뜯어냈는데, 김형직은 이 테러 후유증으로 사망한 것이다.

화성의숙에 입학한 지 얼마 안 되어 아버지를 잃은 14세 소년 김성주는 가정형편 때문에 더 이상 학업을 계속할 수 없는 상황이 됐다. 살길이 막막해진 김성주는 무송 일대에서 활동하던 마골이란 사람이 만든 폭력집단에 가담한다. 학교를 그만두고 할일도 없던 김성주는 마골 패거리에 가담하여 잔심부름을 하게 된다. 이때부터 소년 김성주는 폭력을 숭상하게 되었고, '공산혁명'이란 구호만 내세우면 모든 약탈과 살상이 합리화된다는 논리에 눈을 뜨게 된다.

마골의 패악질로 인해 원성이 자자하자 정의부는 이종락 소대장에게 마골 일당을 토벌하라고 지시했다. 이종락이 부하를 이끌고 와서 마골 일당을 평정했는데, 일당 중에 김성주란 소년을 발견하고는 불쌍히 여겨 그를 봉천의 중국인 학교인 평단(平旦)중학에 넣어 주었다. 김성주는 평단중학에서도 곧 퇴학당했다.

어머니 때문에 엇나간 사춘기 소년

김성주가 크게 엇나간 결정적 이유는 어머니 때문으로 보인다. 1926년 남편 김형직이 사망하자 강반석은 어린 아들들을 먹여살리기 위해 안도(安圖)의 중국인 공안총사령(경찰대장)이자 그 지방의 토호인 무한장(穆漢章)에게 재가했다. 평단중학에서 퇴학을 당한 김성주는 재가를 간 어머니에게 돌아갔고, 양아버지의 도움으로 지린의 명문 사립중학인 육문중학에 입학한다. 한창 감수성이 예민하던 시기에 민족주의적 성향의 아버지의 돌연한 죽음, 어머니의 중국인 공안대장에게 재가, 중국인 양아버지의 학비를 받아서 공부해야 하는 처지 등등으로 이 사춘기 소년은 이른바 불량소년의 길로 빠져 공산주의 서클에 가입하게 됐다. 이것이 발각되어 체포령이 내리자 도주하면서 그의 공식 학력은 끝나게 된다.

지린을 탈출했으나 갈 곳이 마땅치 않았던 김성주는 얼마 전 자기를 도와준 이종락을 찾아갔다. 당시 이종락은 창춘(장춘長春)에서 90리 거리에 있는 이통(伊通)현의 한인 150여 호가 모여 살고 있는 고유수(孤楡樹)에서 20~30명의 부하를 거느리고 있었다. 이종락 부대원들은 무장을 하고 다니며 독립운동 군자금 모금 명목으로 한국인들에게 소득의 10분의 1에 해당하는 금품이나 곡식 따위를 징수했다. 김성주는 만주 변방지역의 별볼일없는 좌경조직의 말단 부대원으로서 눈칫밥을 얻어먹는 신세가 된다. 이 어두운 시기에 대해 김일성 회고록 『세기와 더불어』는 "1927년 가을 반동 군벌에게 체포되어 길림 감옥에 투옥되어 1930년 6월에 출옥했다"고 기록해 놓았다. 1952

년 전기에서는 그가 투옥된 시기가 1927~28년이라고 되어 있는데, 『세기와 더불어』에서는 투옥 기간을 2년 더 연장했다. 김성주의 투옥과 관련된 사실관계는 어떤 자료로도 증빙되지 않는 거짓이다. 입감 시기와 출옥 시기도 분명치 않고, 수감기간도 자료마다 제멋대로이며, 죄명도 전기나 기록에 따라 제각각이다.

이종락은 1930년 8월 국민부를 탈퇴하여 조선혁명군 길강(吉江)지휘부라는 사설 무장대를 조직하고 그 본부를 하얼빈과 창춘의 중간 지점에 있는 교통의 요지인 합장연선(哈長沿線) 도뇌소(陶賴昭)에 두었다. 이종락 부대는 고유수에 30여 명, 카륜(卡倫)에 10여 명, 오가자(五家子)에 10여 명이 진을 치고 있었다. 이들은 토벌을 피하기 위해 '재만(在滿) 조선혁명군사령부'로 명칭을 바꾸었다. 이종락 일당은 군자금 마련을 위해 창춘의 한 부호의 집에 무단침입하여 강도 행각을 벌이다가 대원들이 사살되거나 체포되었다. 1931년 1월 초 이종락도 체포되어 조선총독부에 신병이 넘겨졌는데, 이종락은 재판을 받고 신의주감옥에 수감됐다.

이종락의 체포 소식을 들은 김성주는 오가자의 한국인들이 사는 집집마다 돌아다니며 돈을 뜯어 마적에게 권총을 몇 자루 구입한 다음 도주했다가 1931년 여름 무송에 나타났다. 김성주가 오가자 일대에서 이종락의 말단 부대원으로 활동했던 1930년 여름부터 1931년 초까지의 행적에 대해 북한 역사책들은 "조선혁명에 관한 마르크스레닌주의적 혁명노선을 제시, 항일무장투쟁을 위한 공산주의자들의 무장조직인 조선혁명군을 조직했고 길동(吉東) 지역에서 공산조직을 지도, 고유수, 오가자, 돈화, 안도 지방의 농민 대중 속에서 활동하면서 농촌 청소년 속에서 군사훈련을 실시했다"고 주장하고 있다. 또 이종락이 김성주의 부하였다고 사실관계를 반대로 기술하고 있다(백봉, 『민족의 태양 김일성 장군』).

김성주가 권총 몇 자루를 가지고 무송에 나타났을 때 9·18만주사변이라는 격변이 일어났다. 이런 격변을 아는지 모르는지 김성주는 무송에서 또래의 불량청년들과 작당하여 권총으로 무장하고 중국인들의 집을 털고 다니는 무장강도짓을 일삼았다.

무장강도 생활

1932년 2월 무렵, 무송 일대에서 소년 비적들의 중국인들 대상 약탈강도 행위가 연발하여 한국인들에 대한 악감정이 폭발 일보직전이라는 소식을 접한 조선혁명군 지도부(총사령 양세봉)는 이들을 체포하기 위해 고동뢰 소대장을 책임자로 하여 8명의 무장대원을 무송에 파견했다. 자신들을 체포하기 위해 진압대원이 출동한 사실을 알게 된 김성주 패거리는 무송에 도착하여 잠을 자고 있던 고동뢰 일행의 숙소를 습격하여 전원 몰살하고 그들이 소지하고 있던 권총을 빼앗아 달아났다.

이들은 1932년 10월 초 안도현 양강구(兩江口)에서 항일투쟁에 참여하는 것이 체포를 피해 살아남을 수 있는 유일한 길이라고 판단하고, 항일부대에 합류하기 위해 동만(東滿) 지역으로 이동하기로 결정했다. 북한의 김일성 전기는 이때의 모임을 거창하게 '양강구회의'라고 미화한다.

김성주 일당 10여 명은 1932년 12월 초 반만항일(反滿抗日) 부대들이 모여 있던 왕청현에 도착했다. 김성주 일당은 1933년 9월 22일, 중국 구국군 오의성(吳義成) 부대와 동만 공산유격대의 왕청유격대(대장 양성룡梁成龍)가 합동으로 진행한 동령현성전투에 양성룡 부대의 일개 소대로 참가했다는 기록이 있다. 공산주의를 자처하는 소규모 불량 패거리로 만주를 떠돌며 살인, 약탈, 강도 등 마적질로 연명하던 김성주가 이때 비로소 중국 공산당 유격부대의 일원이 되어 항일무장투쟁이라는 신천지로 입문하는 계기가 된 것으로 보인다. 그러나 이런 주장은 그저 주장일 뿐, 명확한 증거를 통해 증명된 사실은 아니다. 그저 '카더라' 정도의 주장만 난무할 뿐 그가 동령현성전투에 참가했다는 팩트를 증명할 수 있는 물증은 존재하지 않는다.

만주에서 활동한 항일 빨치산 기록 중 '김일성'이란 이름이 처음 등장한 것은 1935년 말이다. 동북인민혁명군 제2·5군 합작 총지휘부 정치위원에 김일성이란 인물이 나타나는데, 과연 이 인물이 북한 지도자가 된 김일성인지 아닌지를 놓고 연구자들 간에 이견(異見)이 분분하다. 일부 연구자들은 이 김일성이 북한 지도자가 된 그 인물이라고 주장하는 반면, 이명영 교수 등 다른 연구자들은 이 사람은 모스크바공산대학을 마치고 소련으로부터 파견된 사람으로서, 함경남도에서 태어나 간도에서 자랐으며, 1901년생으로 당시 나이 34세였다고 한다. 김형직의 아들 김성주는 당시 나이 23세, 고향은 평양, 지린 육문중학 중퇴생이다. 나이가 11살이나 차이가 나고 학력과 고향도 다르니 같은 인물일 수가 없다는 것이 이명영 교수의 주장이다.

김일성의 진위를 따지는 것은 사실 별 의미가 없다. 당시 만주와 연해주 일대에는 '김일성'이란 가명으로 활동하는 인물이 10명도 넘었다. 북한은 이 모든 '김일성'들의 활동 기록을 다 가져다 자기네 수령이 한 일로 만들어 버렸기 때문이다.

어쨌든 이때 나타난 김일성('1번 김일성')은 100여 명의 대원을 거느린 대장(隊長, 중대장 격)에 임명되었고, 이 부대는 코민테른의 지시에 의해 부대 명칭을 동북인민혁명군에서 동북항일연군으로 바꾸게 된다. 1번 김일성이 소속됐던 부대는 동북항일연군 제2군 제3사로, 1936년 6월에는 제1로군 제2군 제6사로 변경되어 무송 장백현 쪽을 활동지로 배당받았다. 이때부터 국내 신문에 10여 차례 김일성 부대의 움직임이 보도되는데, 대부분이 국경지역 마을 습격, 약탈, 방화, 납치 등 '무장공비' 행위였다.

'제2군 6사장 김일성'이 지휘한 것으로 알려진 대표적인 사건이 1937년 6월 4일 밤 10시 국경을 넘어와 함경남도 보천보를 습격한 사건이다. 북한이 대대적으로 미화 찬양하는 '보천보전투'의 실상은 파출소 주재원 5명밖에 없는 산골 마을을 습격하여 일본인 순사의 두 살짜리 젖먹이와 식당 주인이 유탄에 맞아 사망하고 식량과 물자를 약탈해 도주한 사건이다.

여러 명의 김일성

보천보 습격을 지휘한 김일성이 북한 지도자 김일성인지 아닌지도 확실치 않다. 일본 당국의 수사기록 및 재판기록에 의하면 보천보 습격 지휘자 김일성의 신원은 함경남도 출생으로 1901년생이며 모스크바공산대학 출신으로 기록되어 있다.

보천보 습격을 지휘한 김일성은 5개월 후인 1937년 11월 13일, 무송현 양목정자(무송과 안도의 중간 지점) 1천 미터 고지의 산중에서 휴식하던 중 만주군 토벌대에 의해 사살됐다. 한동안 활동을 멈췄던 김일성 부대는 4개월 후 다시 활동을 시작했고, 죽었다던 김일성이 다시 나타났다. 이와 관련, 이명영 교수는 사살당한 김일성의 이름을 이어받은 새로운 지휘자가 소련에서 만주로 파견되어 왔으며, 이 사람의 지휘로 본격적인 활동에 나선 것이 1938년 4월부터라고 한다. '2번 김일성'이 나타난 것이다.

일본군에서 김일성 부대 토벌을 맡았던 관계자의 증언에 의하면 이때 등장한 2번 김일성은 간도의 용정(龍井)에서 중학교를 다니다 1930년 5월 30일 간도폭동사건 때 체포됐다. 그는 유치장에서 탈주해 소련으로 도망쳤다. 소련에서 적군(赤軍)사관학교를 마치고 적군 군관으로 있다가 만주에 파견되어 동북항일연군의 제2방면군 군장에 임명된 자라는 것이다. 일부 연구자들은 이런 견해를 반박하면서 보천보 습격 지휘자는 북한 지도자가 된 김성주라고 주장한다. 그러나 그들도 자신의 주장에 대한 명확한 문헌이나 기록, 증거를 내놓지 못하고 있다. 이러는 사이, 북한 당국은 여러 명의 김일성들의 활동 기록들을 가져다가 자신들의 수령이 한 것처럼 날조해 놓았다.

여기서 주목해야 할 점이 있다. 만주와 중국 일대에서 항일 무장투쟁을 하는 그룹을 크게 나누면 (1) 상하이 임시정부가 결성한 광복군, (2) 최창익, 김두봉, 무정 등이 가담한 조선의용군(후에 북한으로

들어가 연안파가 됨), (3) 양세봉, 지청천 등이 운영한 민족주의 계열 무
장단체, (4) 김일성이 소속되어 있었다고 하는 동북항일연군으로 구
분된다. 이들은 모두 자신들의 활동 목표와 행동강령을 밝혀 놓았
다. 김구가 이끄는 임시정부는 1940년 9월 17일 광복군을 창건했는
데 김구는 광복군 창군선언문에서 광복군의 활동 목적을 다음과 같
이 밝히고 있다.

> 광복군은 1919년의 임시정부 군사조직법에 의거하여 중국 총통 장개석
> 의 특별허락을 받아 조직되었으며, 중화민국과 합작하여 우리 두 나라의
> 독립을 회복하고, 저 공동의 적인 일본 제국주의자들을 타도하기 위하여
> 연합군의 일원으로 항전을 계속한다.[2]

연안을 근거지로 활동한 김두봉, 최창익, 무정 등은 1942년 7월
10일 조선독립동맹으로 개명하고 산하 무장단체로 조선의용군을
창군했다. 이들이 해방 후 북한으로 들어가 '연안파'를 형성하게 된
다. 조선독립동맹은 다음과 같은 강령을 발표했는데, 그 내용에도
조선 독립, 조선민족의 해방이란 명제가 선명하게 발견된다.

> 첫째는 일본 제국주의의 조선에 대한 지배를 전복하고, 독립 자유의 조
> 선민주공화국을 건립하는 데 있고, 둘째는 조선 독립을 쟁취하기 위해 조
> 선혁명운동과 반일투쟁에 적극 참여해야 한다.[3]

'중화 조국의 옹호'를 위해 투쟁한 김일성

광복군이나 조선독립동맹, 민족주의 계열의 독립운동은 이처럼 뚜렷하게 '조선의 독립'과 '조선민족의 해방'을 명문화해 놓았다. 그런데 김일성이 소속되어 있었다고 하는 중국 공산당 산하의 동북항일연군의 활동 목표는 이와는 크게 다르다. 중국공산당 중앙은 홍군(紅軍, 공산군)에게 동북인민혁명군 및 각종 반일 의용군을 끌어모아 항일연합군을 결성하라고 명했다. 이 지령에 의거하여 만주성위는 하부 당에 동북항일연군 조직에 관해 다음과 같은 지령을 내렸다.

> 제2조　동북항일연군에 참가한 각 부대는 다음 3항을 준수한다.
> ① 반만 항일(反滿抗日) 동북 실지(東北失地)의 회복, 중화(中華) 조국의 옹호
> ② 일적(日賊) 주구(走拘)의 재산 몰수
> ③ 민중과 연합하여 항일구중국(抗日救中國)[4]

이 자료를 보면 동북항일연군의 기본 활동지침은 '동북 실지의 회복'과 '중화 조국의 옹호'일 뿐 조선의 독립과 해방을 위해 싸운 것이 아니다. 김일성(김성주)은 중국 국적을 취득한 중국인으로서 중국 공산당에 입당하여 중국 지도부의 명령을 받아 중국의 독립과 해방, 그리고 잃어버린 만주(동북) 지역을 되찾고 중화 조국을 옹호하기 위해 투쟁한 것이다.

북한 수령에 오른 김성주(김일성)도 자신의 활동 기록들을 날조하는 과정에서 뭔가 석연치 못한 부분을 발견한 것 같다. 여러 가지 정황

으로 볼 때 보천보 습격을 지휘한 인물 '김일성'이 북한 수령에 오른 김성주인지 아닌지 확실치 않지만, 설사 백보 양보해서 북한 수령이 된 김성주가 보천보 습격을 지휘했다고 가정해 보자. 당시 김성주는 중국 국적을 보유한 중국인이자 중국 공산당원 신분으로서 중국 공산당이 만든 빨치산부대인 동북항일연군 소속이었다. 그의 만주 일대에서의 항일투쟁은 중국 공산당 지휘관의 명령에 따라 중화 조국 옹호와 실지 동북의 회복, 중국 인민의 해방을 위한 투쟁이었다는 결론이 도출된다. 이래 가지고야 자신의 활동이 조선민족의 독립과 해방을 위한 항일투쟁이었다고 우겨 댈 수 없는 노릇 아닌가. 따라서 어떻게 하든 김성주는 자신이 조선의 독립과 해방을 위해 투쟁한 존재였다는 증거물이 필요했다. 이때 등장한 소도구가 '김일성 장군'이 국경을 넘어 국내로 진공하여 일본군을 섬멸했다고 떠벌이는 '보천보전투'다. 바로 이것이 전과(戰果)라고 말하기조차 부끄러운 보천보 습격사건을 미화, 확대, 과장, 찬양할 수밖에 없는 이유다.

이왕 거짓말을 할 바에야 좀 더 대담하게, 큰 거짓말을 할수록 좋다는 것이 공산주의 선전선동 이론의 핵심이다. 김성주는 보천보 뻥튀기에 이어 자기가 만주 일대에서 항일 무장투쟁을 한 것이 아니라 아예 활동 근거지가 백두산이었다고 날조하여 국내에서 항일투쟁을 했다고 우겨 대기 시작했다. 이러한 상징조작을 위해 느닷없이 백두산에 항일투쟁을 지휘한 김일성의 밀영(密營)이 만들어졌다. 또 스토리텔링을 위해 김성주가 소련군 소속의 88특별정찰여단에 소속되어 있던 시절 하바롭스크 근처 비야츠크에서 태어난 김정일의 출생지를 "백두산 밀영에서 김정일을 낳았다"고 꾸며 냈다.

1940년 12월 '2번 김일성'은 만주군·일본군 합동 토벌대에 쫓겨 휘하의 부하 20여 명과 함께 블라디보스토크로 탈출했다. 그는 1944년 가을까지 오케얀스카야에 있었던 것이 확인된다. 그런데 해방이 되어 소련군과 함께 북한에 온 한인들 속에서 그의 존재는 발견되지 않았다. 이명영은 그가 1944년 가을부터 1945년 8월 사이에 소련에서 사망한 것으로 추정했다. 북한 수령이 된 김성주는 제2의 김일성 부대와 함께 소련으로 탈출한 것으로 추정된다. 말하자면 김성주는 '제2의 김일성 부대'에서 하급 대원으로 활동했으며, 부대원들과 함께 소련으로 탈출했다는 것이다.

날조된 항일투쟁

바로 이 부분이 김일성 연구에서 복잡하고 헷갈리는 부분이다. 어느 누구도 확실한 근거를 제시하지 못하고 있기 때문이다. 웃기는 코미디지만 북한의 역사책은 '북한 수령 김일성', 즉 김성주가 소련으로 탈출한 사실은 물론, 4년여 소련군 소속의 88여단 대원이었다는 사실조차 철저히 은폐하고 1941~45년까지의 행적을 다음과 같이 날조해 놓았다.

위대한 수령 김일성 동지께서는 '소하발령회의' 이후, 소부대 활동을 성과적으로 벌이기 위하여 조선인민혁명군을 수많은 소부대 소조들로 편성하시고 국내 각지와 만주의 광활한 지역에 파견하시었으며 매 시기 정확한 활동방향과 방침을 제시하시고 소부대 구성원들에게 깊은 사랑과 뜨거운 배려를 돌려주시었다. 당시 소부대, 소조들의 활동지역은 회령, 종성, 온성, 경원, 웅기, 나진으로부터 시작하여 함흥, 원산, 평양, 인천, 부산 등 전국의 전반적 지역과 만주의 광활한 지역을 포괄하였다.

북한의 역사책에 기술된 내용을 요약하면 북한 수령 김일성은 1932년 초 '김일성 유격대'를 조직하여(김일성 유격대라는 부대는 존재하지도 않는 유령부대다) 그해 11월, 20세의 대장 휘하에 6천 명의 대원을 결성했다. 동만주에 근거지(사령부)를 둔 김일성 휘하의 조선인민혁명군이 만주대륙의 거의 전 지역에서 1945년 8월 15일 해방이 되는 날까지 15년간에 걸쳐 10만여 회에 달하는 전투를 했다. 모든 전투에서 단 한 번도 패한 적이 없고, 6만여 명의 적을 살상 내지 포로로 잡았다고 주장한다. 이 수치는 15년 간 하루도 쉬지 않고 매일 평균 20회의 전투를 하고, 매일 10.9명의 적을 살상 내지 포로로 잡아야만 가능하다.

어쨌든 소련 공산당 지도부는 국경을 넘어 탈출해 온 빨치산들을 극동군구사령부(사령관 아파나젠코 대장) 직속 정찰국(국장 조르킨 소장) 관할로 넘겼다. 당시 정찰국장 조르킨 소장은 KBO 책임자이자 소련 공산당 상임위원인 베리야의 직속 부하였다. 베리야는 스탈린의 총애를 받는 심복으로서 소련의 제2인자였다. 소련군 극동군구 정찰국은 하바롭스크 근처의 비야츠크에 병영을 만들어 중국에서 넘어온 빨치산 대원들을 수용했다. 스탈린은 일본과의 전쟁에 대비하여 소련령으로 도주해 온 동북항일연군 부대 전원을 비야츠크의 북야영에 집결시킨 다음 소련 극동방면군 정찰국 직속의 '소련 제88특별정찰여단(중국 측 명칭은 동북항일연군 교도려)'을 창설했다. 이들은 소련 내무성(내무상 베리야) 연해주지구경비대 사령관 스티코프 중장 휘하에서 소련군 장교의 지도로 특수훈련을 받았다.

1945년 들어 일본의 전쟁수행능력이 크게 저하되어 패색이 완연하자 크렘린 지도부는 일본이 항복하고 조선이 독립할 경우를 대비하여 전후(戰後) 한반도 구상에 돌입했다. 조선이 해방되면 소련 88여단에 소속되었던 빨치산파들을 귀국시켜 정권을 잡아야 소련을 추종하는 공산 위성국가 수립이 손쉬워진다. 소련 국방성은 88여단에 소속되어 있는 한국인 80명을 자신들이 점령한 한반도의 38도선 이북 지역에 파견, 주요 도시에 주둔한 소련군 위수사령부의 부사령관으로 배치하기로 결정했다. 38선 이북 지역에 파견될 대원 가운데 17명에게는 장교 칭호를 부여했다.

1945년 9월 2일, 88여단 소속 한국인들에게 입북(入北) 명령이 내려졌다.

베리야가 김성주를 북한 지도자로 천거

이 무렵 스탈린은 여러 계통을 통해 북한의 지도자 후보에 대한 추천을 받고 있었다. 당시 스탈린 치하에서 2인자였던 몰로토프(부수상 겸 외상)는 서울 주재 총영사관의 부총영사였던 샤브신의 추천에 따라 박헌영을 스탈린에게 천거했고, 내무성의 책임자 베리야는 자신의 휘하부대에 있는 김성주를 천거했다.

스탈린은 1945년 9월 초 베리야가 북한의 지도자 후보로 추천한 김성주를 비밀리에 모스크바로 호출하여 크렘린 별장에서 4시간 동안 일종의 면접을 보았다. 그리고 즉석에서 "앞으로 열심히 해서 북조선을 잘 이끌어 가라. 소련군은 이 사람에게 적극 협력하라"는 지령을 내렸다.

1945년 9월 19일 오전 11시, 김성주를 비롯한 88정찰여단 소속의 한인과 소련 국적의 고려인 2, 3세 등 80여 명은 소련 군함 푸가초프호를 타고 원산항에 입항했다. 북한 역사에는 "김일성 장군이 위대한 쏘련군대와 함께 조선해방전쟁에 참전했다", 혹은 "위대한 김일성 장군께서 쏘련군대의 북조선 진주와 함께 협동작전을 하며 개선을 했다"고 기록하고 있는데, 이것은 완전한 허구다. 김성주가 소속되어 있던 소련군 88여단은 일본군과의 전쟁에 참여하지 못했다. 일본과의 전투를 간절히 원했던 김성주는 평양 주둔 제25군 정치사령관 레베데프 소장에게 이런 요구를 했다.

"장군님, 부탁이 하나 있습니다. 우리 빨치산부대도 일본과의 해방전쟁에 참전한 것으로 해 주십시오."

김성주의 요구에 대해 레베데프는 다음과 같이 답했다.

"그게 무슨 말인가? 조선을 해방시킨 것은 제25군과 태평양함대뿐이다. 88여단 빨치산부대의 단 한 명도 대일전에 참전하지 않았고 총 한 번 쏘지 않았다. 절대로 역사를 바꿀 수 없다."

스탈린은 평양의 소련군정에 "빠른 시간 내에 북조선에 공산정권을 수립할 수 있도록 진지첸(김일성의 중국 이름의 러시아식 표기) 대위를 지도자로 세우라"고 지시했다. 이 지령에 의해 소련군정사령부 첩보국과 특수선동부는 김성주의 출생지에서부터 가족사항, 학력, 성분, 중국

공산당 입당과 활동 사항, 빨치산운동 등 그에 대한 신상조사를 했다. 소련군정은 그의 본명이 김성주이고 만주 지방에서 항일 빨치산운동에 종사한 사실은 있지만, 그가 어떤 공을 세웠는지에 대해서는 근거를 찾지 못했다. 그리고 진짜 항일 빨치산운동에 위대한 공을 세운 또 다른 '김일성 장군'이 있으며, 사람들은 그 장군이 개선하기를 기다리고 있다는 사실을 알게 되었다. 소련군정에서 일했던 박길용의 회고의 의하면 두뇌 회전이 빠른 정치사령부의 젊은 장교들은 바로 여기서 '미래의 수령' 만들기를 해야 한다고 지도부에 건의했다. 그 결과 10월 14일, 평양에서 군중들 앞에 자신들이 4년여 공들여 훈련시킨 33세의 새파란 소련군 대위 김성주를 '항일 유격대의 명장'이자 '민족의 영웅', '영명한 지도자 김일성 장군'으로 날조하여 데뷔시켰다.

레베데프 소장은 자신들이 군중 앞에 내세운 김일성의 진짜 이름이 김성주라는 사실을 알고 있었지만 '항일 빨치산 투쟁의 민족영웅 김일성 장군'을 떠올리도록 하기 위해 김일성 이름을 사용했다고 증언했다. 이렇게 하여 소련군은 나이를 수십 살이나 뛰어넘어 김성주를 조선 인민들 속에서 '전설의 영웅'으로 불리던 진짜 김일성 장군으로 둔갑시켜 북조선의 수령에 오르게 만들었다.

3. 박정희와 김일성, 그리고 만주

만주에 대한 일본의 관심은 청·일전쟁 때부터였다. 일본은 1895

년 시모노세키조약에서 대만과 펑호도(澎湖島), 랴오둥(요동遼東) 반도 일대를 차지했으나 러시아는 독일과 프랑스를 끌어들여 랴오둥 반도를 청국에 반환하도록 압력을 가했다('3국간섭'). 1895년 5월 4일 일본 정부가 3국의 압력에 굴복하여 랴오둥 반도를 포기하자 청·일전쟁에 참전했던 100여 명의 장교와 사병들이 자살로 항의했다. 일본은 피의 대가로 얻은 랴오둥 반도를 반환하면서 러시아에 씻을 수 없는 적개심을 품게 되었다. 이 사건 직후부터 일본은 러시아와의 전쟁에 대비하여 신무기로 무장한 6개 사단을 증강했고, 해군도 대대적으로 확장했다. 결국 만주와 한반도에 대한 지배권을 놓고 긴장이 계속되던 1904년, 일본은 뤼순(여순旅順)항에 정박해 있던 러시아 함대를 선제공격하여 러·일전쟁을 일으켰다. 1905년 체결된 포츠머스강화조약으로 일본은 3국간섭으로 잃었던 랴오둥 반도를 다시 차지하게 된다. 만주 정복의 꿈이 현실화된 것이다.

일본은 뤼순과 다롄(대련大連)의 조차지를 합쳐 관동주(關東州, 산하이관의 동쪽이란 뜻)라 불렀고, 이곳에 관동도독부[5] 를 두어 식민통치를 시작했다. 관동주의 면적은 제주도의 약 두 배인 3,462㎢였다. 일본은 관동주와 남만주철도('만철', 창춘 - 봉천 - 다롄 - 뤼순을 잇는 철도)의 경비를 위해 군대를 주둔시켰는데, 그 군대가 관동군이다. 관동군은 만주사변 전까지는 해외에 파견된 철도경비대 성격이었고, 병력은 1만여 명이었다.

일본 정부는 1906년 11월, 자본금 2억 엔으로 남만주철도주식회사(만철)라 부르는 국영기업을 출범시켰다. 만철은 영국이 식민지 통치를 위해 설립한 동인도회사, 네덜란드의 동인도회사와 같은 개념의 위탁회사(chartered company)였다. 일본은 남만주 곳곳에 철도 지선들을 건설하여 1931년 만주사변 직전에는 철도 총연장이 지선을 포함, 2,200킬로미터에 달했다. 관동군은 만철을 보호한다는 명목으로 철로 1킬로미터당 15명 비율로 철로를 따라 병력을 배치하여 만주의 주요 도시와 전략 요충지를 모두 장악했다.[6] 만주에 일본인들의 기술과 자본에 의해 공장이 세워지고 은행이 문을 열었다. 일본에서도 볼 수 없었던 근대적이고 효율적이고 눈부신 도로, 공항, 공장, 도시들이 황무지에 건설되었다.

1928년 6월 4일 일본 관동군은 동북 군벌의 수장(首將) 장쮀린(장작림張作霖)의 특별열차에 폭탄을 터뜨려 살해했다. 이 사건의 핵심 이슈는 만철의 철도 경영이라는 정치적 문제였다. 장쮀린이 만주 일대에 만철 이외의 철도교통망을 건설하려 시도했기 때문이다. 관동군이 장쮀린과의 협조 관계를 포기하고 만주 지역을 중국으로부터 분리하는 계획을 수립하고 이를 실행에 옮긴 것이 1928년 장쮀린 폭사 사건이다.

만주 산업개발 5개년계획

장쮀린을 승계한 아들 장쉐량(장학량張學良)은 장제스가 이끄는 국민당 정부에 투항하여 청천백일기(青天白日旗)를 내걸면서 만주와 몽골 일대가 국민당 정부 통치하에 놓이게 되었다. 이렇게 되자 만주와 몽골 일대에서 일본이 차지하고 있던 권익이 심각한 위협을 받게 되었다. 애를 써서 장쮀린을 살해하고 아들을 앉혀 놓았더니 장제스에게 투항하여 관동군은 헛일을 한 셈이 되었다. 일본군의 야심만만한 영관장교 집단은 지극히 일본적인 방식으로 이 문제를 해결한다. 1931년 9월 18일 만주사변을 일으킨 것이다. 봉천 북쪽 유조호(柳條湖) 부근 남만(南滿) 철도의 선로가 폭파된 것을 기화로 하여 관동군은 불과 1만여 명의 병력으로 23만여 명의 중국 동북군을 무력화시키고 남만주 전역을 장악했다. 일본 군부는 만철을 중심으로 한 산업력과 관동군이라는 군사력을 바탕으로 중국으로부터 만주 지역을 분리시켜 1932년 3월 1일 만주국을 출범시켰다.

일본 입장에서 만주가 반드시 필요했던 이유는 자원 때문이었다. 일본 군부는 유럽에서 벌어진 제1차 세계대전에서 독가스탄, 전차, 잠수함, 항공기 등 신병기의 출현과 엄청난 소모전으로 전개되는 국가총력전이라는 미증유의 전쟁 양상을 목격했다. 일본 본토의 생산력만으로는 국가총력전을 수행하는 데 한계가 있으니 광대한 토지와 막대한 자원을 보유한 만주가 요구된다는 논리가 제기되었다.

주목해야 할 점은, 만주국의 출범으로 인해 박정희를 비롯한 수많은 한국인들이 만주에서 도약의 기회를 잡았다는 점이다. 만주국은 오족협화(五族協和)라는 슬로건을 내세웠다. 일본인, 한국인, 중국인, 만주인, 몽골인의 5족으로 구성된 만주국에서, 일본은 자신들 다음가는 중요한 민족은 한국인이라 하여 2등국민 대우를 했다. 만주국이 탄생함으로써 식민지에서 태어난 한국인들도 능력만 있으면 만주에서는 고급 관료로의 지위 상승이 가능했던 것이다. 이런 이유 때문에 1930년대 후반, 조선의 야망 있는 지식인과 청년들이 대거 만주국으로 이동했다. 만주국에서 근무한 조선인 관료는 대략 3천

명 정도로 추산된다. 그 가운데 고등관(현재의 사무관) 이상의 조선인은 200명 안팎이다. 훗날 대통령에 오르는 박정희가 신경군관학교 출신이고, 만주 대동학원 출신인 최규하(대통령), 만주 건국대 출신인 강영훈(국무총리), 민기식(육군참모총장) 등 만주국에서 육성된 인재들이 대한민국의 주요 인맥을 형성한다. 만주국은 또 관료가 이끄는 발전국가 체제, 사회동원 측면에서 후일 대한민국의 근대화에 결정적 영향을 주는 국가형성의 국제적 고리 역할을 한다.

만주국은 핵심 기업인 만철을 중심으로 농업국가를 중화학공업 국가로 변모시키기 위해 '만주 산업개발 5개년계획'이라는 거대한 계획을 추진했다. 만주국의 중공업화 정책은 만주 일대에서 생산되는 철광석과 석탄을 활용하여 제철산업을 일으키고, 석탄 액화에 의해 석유화학산업을 발흥시킨 다음, 이 소재산업을 기초로 하여 철도와 도로망을 정비 확충하고, 자동차로 대표되는 수송·기계산업 육성, 이어 항공산업까지 육성한다는 장대한 계획이었다.

만주국의 중화학공업 추진 방법은 만철 조사부를 싱크탱크로 삼고, 일본에서 파견된 호시노 나오키(星野直樹)와 기시 노부스케(岸信介. 패전 후 1957년부터 1960년까지 일본 총리 역임)와 같은 우수한 관료집단이 추진자가 되며, 관동군 참모부가 전권을 쥐고 일사불란하게 추진하는 하향식 시스템이었다. 그러나 산업 전체를 통제한 것은 아니고, 중요 산업은 국가의 통제 하에 두고, 군사와 관련이 비교적 적은 섬유업이나 잡화업 등 경공업은 시장의 자유경쟁에 맡기는 방식이었다. 이것이 패전 후에 일본의 경제 대부흥을 이끈 '일본주식회사'라 명명된 일본 경제 시스템의 원형이다.[7]

만주 산업개발 5개년계획은 총 26억 엔, 당시 일본의 1년치 연간 예산과 맞먹는 막대한 자본이 투입된 초대형 프로젝트였다. 그러나 5개년계획이 시작된 1937년부터 1944년까지 실제 만주에 투하된 일본 자본은 총 79억 엔으로, 당초 계획보다 3배나 많은 투자가 이루어졌다. 만주의 중화학공업화를 위해 결과적으로 8년간 일본 본국 정부의 3년치 예산을 투자한 것이다.

이 거대한 프로젝트의 실질적인 책임자가 기시 노부스케였고, 그를 도와 업무를 추진한 책임자는 1965년 한·일협정 체결 당시 일본 외상이었던 시나 에쓰사부로(椎名悅三郎)를 비롯한 일본의 엘리트 관료들이었다.

만주 산업개발 5개년계획이 본격 추진되면서 만주는 천지개벽의 현장이 되었다. 일본이 1945년 연합군에게 항복했을 때 일본은 만주 일대에 엄청난 재산을 남겨 두었다. 이 시설을 물려받은 것은 중국 공산당이었다. 1950년대 만주가 중국 경제에 미친 영향은 중국 총생산의 14퍼센트, 공장생산의 33퍼센트, 근대적 수송에 의한 부가가치의 43퍼센트 이상이었다.[8]

박정희와 김일성이 체험한 만주

박정희와 김일성(김성주)은 만주에서 군인의 길을 갔다. 비록 한 사람은 정식 사관학교 교육을 받고 장교로 임관했고, 한 사람은 정식 군사교육을 받지 않은 빨치산이었다는 차이는 있지만. 두 인물의 젊은 시절 군인 경험은 장기집권을 하는 동안 남과 북에서 전통적 한국 사회의 특성인 양반 문인정치의 틀과는 완전히 다른, 역사상 가장 강력하고 철저한 상무정신에 투철한 사회와 국가를 만들도록 영향을 끼쳤다.

김성주가 21세 되던 1933년, 10여 명의 또래 패거리를 이끌고 항일 전투에 참여한 이래, 진위는 확인되지 않았지만 '김일성'이란 이름을 가진 인물이 중국 공산당 산하의 항일 빨치산부대에서 활동한 기간은 약 7년이다. 그가 만주군 토벌대의 추격을 피해 소련으로 탈출한 것은 1940년 12월이다. 박정희의 만주행은 1940년 초이므로 만주에서 두 사람의 활동 시기는 그다지 중복되지 않는다.

그러나 두 사람의 만주 체험은 한국 현대사에서 남한 정권과 북한 정권의 성격을 형성하는 데 있어 결정적인 영향력을 행사한다. 만주라는 동일 공간에서 청춘을 보낸 두 인물이 남과 북의 국가지도자가 되었을 때 만주군과 빨치산이라는 '체험의 차이'로 인해 리더십에 있어 극명한 대비를 이룬다.

박정희가 신경군관학교와 일본 육사 재학 중, 그리고 만주군 초급장교로 재직하면서 체험한 만주국에서는 소련의 사회주의적 계획경제를 모방한 만주 산업개발 5개년계획이 격렬하게 추진되고 있었다. 박정희는 만주국의 심장부에서 일본이 5개년계획에 의해 중공업 건설정책을 다이내믹하게 추진해 나가는 진면목을 흥미롭게 지켜보았고, 그것이 그의 영혼에 강렬하게 각인되었다.

무엇이 달랐나

1961년 박정희가 쿠데타를 통해 집권하여 북한 지도자 김일성과 맞서게 됐을 때, 남북의 1인당 국민총생산(GNP)을 비롯한 국력은 북한보다 낮았다. 그러나 '철(鐵)은 곧 국가'라는 슬로건 아래 국가재건과 총력안보라는 박정희의 '돌격적 근대화' 노선이 본격 시동되면서 남북의 1인당 GNP는 1970년 남한 252달러 대 북한 230달러로 건국 22년 만에 역전됐다.[9]

박정희가 대한민국의 대통령이 되어 추진한 '경제개발 5개년계획'을 통한 공업화 전략과 만주국이 추진한 '산업개발 5개년계획'은 일란성 쌍둥이다. 계획 추진자가 군인이었다는 점, 학자나 관료를 손발처럼 활용해서 계획을 입안하고 실시했다는 점, 공업화 전략의 중심에 철강업을 둔 점, 철강업의 기초 위에 중화학공업이 추진되었다는 점[10] 등은 만주국에서 젊은 시절을 보낸 박정희의 체험에서 우러난 전술전략이다.

반면에 김성주는 토벌대에게 쫓겨 산골 구석으로 숨어 다니며 주민들을 약탈, 살상하고 등을 쳐서 먹고 살면서 겨우 목숨을 부지하기에 바빴다. 식민지 시절 만주라는 동일한 공간에서 비슷한 시기에 활동했음에도 불구하고 김성주는 만주에서 진행되고 있는 거대한 산업개발 5개년계획의 장엄한 대역사를 체험은커녕 구경조차 하지 못했다. 김성주는 만주국 시절 굶주림, 학살, 납치, 배신, 음모, 약탈, 기만의 어두운 추억을 그대로 답습했다. 그는 북한이라는 나라의 국가지도자가 되어서도 토벌대에게 포위된 듯 폐쇄, 쇄국, 자급자족, '우리 식대로'를 외치며 자신들의 나라를 지구촌에서 가장 실패한 국가로 고립시키는 데 완벽하게 성공했다. 김성주의 빨치산 체험은 '항일 무장투쟁'으로 날조되어 환생하여 남한을 친일파의 무리로 공격하는 프로파간다의 도덕적 이니셔티브를 쥐는 데는 성공했다. 그러나 항일 무장투쟁의 선명성을 위해 2,300만 주민과 북한이라는 국가 전체가 항일 빨치산의 아지트가 되어, 1930년대나 다름없는 폐쇄 고립 생활을 전 주민에게 강요했다.

북한은 '항일'을 빼면 당장 쓰러지는 나라다. '항일'의 일본 자리에 미 제국주의를 치환시킨 것 외에는 '항일' 패러다임에서 변한 것이 없다. 와다 하루키는 이런 점을 들어 북한을 '유격대 국가'라고 정의했다. 반면에 박정희와 만주군 출신 그룹은 만주국 시절 듣고 본 중화학공업화의 거대한 용틀임을 고스란히 이 땅에 옮겨 와서 개방, 교류, 통상, 국제화, 중화학공업화를 대한민국에 이식시키는 데 성공하여 국제사회의 모범국가로 자리매김하는 데 성공한다.

역설적이게도, 무덤 속으로 들어갈 뻔했던 박정희와 대한민국을 살려 낸 것은 김일성이다. 먼저, 김일성의 6·25 남침전쟁은 사상 문제로 숙군되어 민간인 신세가 되었던 박정희를 현역으로 다시 불러들이는 계기가 되었다. 또 전쟁을 휴전으로 매듭짓기 위해 미국은 이승만에게 한·미상호방위조약과 70만 대군의 건설을 약속했다. 이후 한국의 군대는 국가 예산의 50퍼센트 이상과 선진 과학기술, 행정, 조직 시스템의 선두주자로 비약적인 성장을 거듭한다. 6·25는 한국군의 대대적인 강화를 불러왔고, 그것이 1961년 5·16군사쿠데타로 연결되었다. 박정희 군사쿠데타의 거시구조적 기원은 한국전쟁과 그로 인한 군부의 확대였다. 6·25전쟁은 김일성이 일으켰으니, 김일성은 6·25라는 '나비효과'로 5·16의 후폭풍을 불러일으켰고, 그 결과 박정희를 역사의 전면에 불러낸 셈이 됐다.

박정희는 1979년에, 김일성은 1994년에 고인이 됐다. 아직도 북한은 김일성 체제의 파탄을 수습하지 못하고 허덕이고 있고, 남한은 박정희 체제가 낳은 산업화·근대화의 과실을 톡톡히 누리며 살아가고 있다. 그러면서 한편에선 박정희 체제의 저항적 테제로 탄생한 '민주화 세력' 중 일부가 박정희의 친일 경력을 공격하며, 김일성의 날조된 항일 무장투쟁을 '민족'의 이름으로 포장하여 흠모한다. 이것이 오늘을 사는 우리의 민낯이다.

1 조갑제, 『박정희: 한 근대화 혁명가의 비장한 생애(2)』(조갑제닷컴, 2006), 50쪽.

2 박성수, 『독립운동사연구』(창작과비평사, 1980), 353쪽.

3 김창순·김준엽, 『한국공산주의운동사(5)』(청계연구소, 1987), 103쪽.

4 만주국 군정부 고문부 편, 『만주공산비적의 연구』(신경新京 군정부, 1937), 434-35쪽. 이명영, 『김일성 열전』(신문화사, 1974), 208-09쪽에서 재인용.

5 관동도독부는 뤼순에 위치하고 있었는데, 1919년 군사 관련 업무를 관동군에 위임하고 도독부는 행정만을 담당했다. 1934년 다롄에 관동주청을 설립하면서 관동도독부를 폐지했다.

6 권성욱, 『중일전쟁: 용, 사무라이를 꺾다』(미지북스, 2015), 27쪽.

7 고바야시 히데오(小林英夫), 임성모 옮김, 『만철, 일본제국의 싱크탱크』(산처럼, 2015), 6쪽.

8 한석정, 『만주국 건국의 재해석』(동아대학교 출판부, 2009), 20쪽.

10 고바야시 히데오, 『만철, 일본제국의 싱크탱크』, 6쪽.

04
대한민국 주택의 얼굴을 바꾸다

박정희 시대와 '아파트 공화국'의 재인식

전 상 인*

1. 왜 아파트인가

2015년 기준 대한민국의 주택보급률은 102.3퍼센트를 기록하고 있다. 인구 1천 명당 주택 수는 383.6호에 이른다. 우리나라의 주택보급률이 처음 100퍼센트를 넘어선 것은 지난 2003년의 일이었는데, 그 비율은 조금씩 계속 더 높아지고 있다. 전반적으로 주택 사정이 나아지고 있다는 의미다. 물론 자가(自家) 보유율의 경우를 따지면 사정이 조금 다르기는 하다. 우리나라의 자가주택보유율은 현재 58퍼센트 정도이며, 특히 서울과 같은 대도시나 청년세대에 있어서 주

---

* 서울대학교 환경대학원 교수, 사회학

거 문제는 적잖이 심각한 측면이 있다. 하지만 주택을 개인이 소유하는 방식이 유일한, 혹은 최상의 주거생활은 아닐 수도 있을 뿐 아니라, 60퍼센트 내외의 자가주택보유율은 다른 선진국들에 비해 치명적으로 낮은 것도 아니다. 남의 집이든 내 집이든, 크든 작든, 좋든 나쁘든, 일단 국민 대부분이 지금 당장 '집 같은 집'에 머물 수 있다는 점 자체는 역사적으로 높이 평가되어야 한다.

주택보급률이 100퍼센트를 상회하는 일이 박정희 시대에 벌어지지는 않았다. 주택보급률 자체는 박정희 시대에 오히려 낮아졌다. 예컨대 1961년도 우리나라의 주택보급률은 82.5퍼센트였는데, 1970년에는 79.5퍼센트로, 그리고 1975년에는 75.2퍼센트까지 감소했다. 그렇다면 이는 박정희 시대에 한국의 주택난은 악화되고 심화되었다는 말인가? 그렇지 않다.

우선 박정희 시대에 주택보급률이 낮아진 것은 급속한 산업화 과정의 예정된 진로였다. 어느 나라든 급속한 도시화를 동반하는 산업화 초기에는 주택난이 필연적으로 발생하는 법이다. 또한 주택보급률 자체가 주거생활의 수준을 말해 주는 것은 아니다. 주택보급률이 오히려 더 높았던 1960년대 초의 '주택'에는 형편없이 쓰러져 가는 초가집도 포함되어 있다. 주택보급률과 주거 근대화는 직접적인 상관이 없다.

박정희 시대는 한편으로 산업화혁명이 보편적으로 야기하는 주택난을 해결하면서 다른 한편으로는 우리나라 주거생활의 근대화를 이룩할 수 있는 일석이조의 주택정책을 계획하고 실행했다. 박정희 식 주택정책의 핵심은 다름 아닌 아파트였다. 우리나라의 주택보급률이 오늘날처럼 높아진 것은 거의 전적으로 아파트 효과다.

정부의 '인구주택총조사'에 아파트라는 항목이 처음 포함된 것은 1975년이다. 당시 우리나라 전체 주택 가운데 아파트의 비율은 불과 1.9퍼센트로서 양적으로 매우 미미했다. 하지만 중요한 점은 박정희 시대에 아파트 시대가 확실히 개막되었고, 그것은 우리나라 주택사(史)에서 역전 불가능한 대세로 자리 잡았다는 사실이다.

2015년 현재 우리나라에서 아파트의 비율은 59.9퍼센트에 이르고 있다. 게다가 아파트에 대한 한국인의 주거만족도는 매우 높은 편이다. 2014년 국토교통부가 4점 척도로 측정한 주택유형별 주택만족도 조사에 의하면 3.04점을 얻은 아파트가 단독주택이나 연립주택, 다세대주택을 제치고 가장 높았다.

오늘날 대한민국은 아파트의 나라다. 아파트는 지역, 계층, 성별, 연령을 불문하고 국민 모두가 좋아하는 국가대표 주거유형이다. 박정희는 아파트를 통해 주택문제를 해결하기 시작했을 뿐 아니라 주거수준의 향상에도 크게 기여했다.

그럼에도 우리 사회는 이런 역사적 사실을 제대로 인식하지 못하는 경향이 있다. 한 걸음 더 나아가 반(反) 박정희 담론의 수단으로 '아파트 때리기'를 구사하는 경우마저 없지 않다. 말하자면 오늘날 대한민국이 구가하고 있는 아파트 시대야말로 박정희 정권의 독재정치와 개발주의, 그리고 독점재벌과의 정경유착을 웅변하는 대표적 표상이라는 식이다. 또한 이는 대한민국의 성공적인 근대화 역정(歷程) 전반에 대한 부정과 폄하로 이어지고 있다.

이런 맥락에서 언제부턴가 '아파트 공화국'이라는 말이 우리 주변에서 자연스럽게 들리고 있다. 원래 이는 프랑스의 좌파 지리학자 발레리 줄레조(Valérie Gelézeau)가 쓰기 시작한 말이다. 『아파트 공화국』 이라는 책에서 그녀는 이렇게 말했다.

집합주택과 고층 주거양식을 선호한 한국 결정권자들의 체계적인 선 택은 [···] 19세기에서 20세기로의 전환기에 서구에서 탄생한 이론들을 한 국적인 역사·문화적 상황에 동화·수용했음을 드러낸다. [···] 주택의 대규 모 건설을 위한 도시의 급성장이라는 맥락 안에서 사용된 이 규범적인 원 리는 권위적인 정부에 이익을 가져다주기에 적합했기 때문에 서울에서 적용됐다. 결국 개인주택보다는 아파트가 포드주의적 양산체제에 순응했 고, 이를 기반으로 1960년대부터 1980년대 말까지 한국의 성장이 이루어 졌다. 게다가 대규모 집합주택을 선택한 것은 대규모의 인구 통제가 용이 했기 때문이었다.

이와 같은 주장이 건축이나 도시계획 분야의 일부 지식인이나 그 아류들에게 바이블처럼 받아들여지는 경향이 있다.

생각해 보면 줄레조가 한국의 아파트에 대해 책을 내기 전까지 한 국의 아파트는 한 번도 제대로 된 인문사회학적 분석의 대상이 되 지 않았다. 그러다가 줄레조의 책을 계기로 하여 국가주의와 억압, 감시, 획일화 등 부정적 이미지로 가득한 '아파트 공화국'이라는 용 어가 시나브로 무분별하게 일상화되고 있다. 우리의 문제를 주체적 시각으로 보지 않는 지적 사대주의의 일환으로 비난받을 일이 아닐 수 없다.

2. 우리나라 주택문제의 역사적 맥락

주택난이나 주택문제는 역사적으로 상존해 온 것이 아니다. 전쟁이나 재난, 급속한 인구 변동 등 특수한 상황이 아니면 주택은 대부분의 경우 자조(自助) 내지 자급자족의 대상이었다. 역사적으로 볼 때 주택에 연관하여 사회문제가 태동하고, 그것의 해결에 관련하여 주택정책이 제시된 것은 산업화와 도시화로 대변되는 근대사회로의 이행 과정에서였다. 우리나라에서도 마찬가지였다. 전통사회에서 식량문제는 흔했지만, 주택문제는 드물었다.

우리나라에서 주택난이 처음 등장한 것은 일제시대인 1930년대였다. 그것은 일제하에서 진행된 산업화 및 도시화의 부산물이었다. 1920년에 『회사령』이 철폐되면서 시작된 공업화는 농촌 인구의 도시 유입을 재촉하였고, 특히 1927년 중·일전쟁의 발발과 함께 한반도가 군수공업기지의 역할을 하게 되면서 도시근로자의 수는 빠르게 증가하였다. 그 결과, 1925년에 5.5퍼센트였던 주택부족률이 1944년이 되면 40.3퍼센트로 늘어났다.

일제시대에는 주택 물량도 전반적으로 부족해졌지만, 주거의 질적 수준 또한 열악하기 짝이 없었다. 당시 경성과 같은 대도시에서는 집 없는 빈민들의 토막집이 즐비하였다. 이른바 도시형 개량한옥이나 문화주택은 일반 서민의 입장에서 볼 때 사실상 '그림의 떡'이었다.

해방과 전쟁을 경험한 1940~50년대 우리나라에서는 주택난이 가중되었다. 이는 주로 그 시대가 특이하게 경험한 인구변동 탓이었다. 우선 해방과 더불어 일본이나 만주 등지에 거주하던 많은 동포들이 전재민(戰災民)이라는 이름으로 귀국하였다. 남북분단에 따라 38도선 이북 북한으로부터도 수많은 인구가 남하했다. 이들 전재민과 월남민은 숫자가 200만~250만 명에 이르러 주택 부족을 크게 심화시켰다. 더욱이 한국전쟁 기간 동안 약 60만 채의 민가가 파괴되었다. 게다가 전쟁 직후 출산력의 증가는 주택수요를 폭발적으로 늘렸다. 전후 출산력 급증은 또한 인구의 사회적 이동, 곧 도시화와 겹쳤다. 비록 '산업화 없는 도시화'였지만 이로 인해 1950년대에는 서울 등지의 도시주택난이 가일층 악화되었다.

그럼에도 박정희 정부가 들어설 때까지 우리나라에서는 주택정책다운 주택정책이 없었다고 해도 과언이 아니다. 당장 발등에 떨어진 불은 주택문제보다 식량문제와 실업문제였으며, 주택문제 자체도 전국적인 이슈라기보다 주로 서울과 같은 대도시의 당면 현안이었기 때문이다. 무엇보다 아직 '산업화에 의한 도시화'가 본격화되기 이전이라 주택문제가 사회구조적 차원에서 심각해진 상황은 아니었다. 1950년대 이승만 정부의 주택정책은 따라서 대증적(對症的)이거나 임시방편적인 것이 주종을 이루었다.

1951~56년 사이, 전시대응 및 전후복구 과정에서 정부 재정에 의한 직접 주택공급이 시도된 적이 있다. 대한민국 역사상 국가가 일반국민을 대상으로 주택을 무상으로 제공한 것은 이때가 처음이었는데, 이와 같은 '사회주택' 개념이 다시 등장한 것은 1989년 노태우 정권의 영구임대주택단지 사업에서였다.

이와 더불어 1950년대는 민간에 의한 상업적 주택공급 체제가 우리나라에서 선을 보이기도 했다. 전후 1950년대 한국경제는 미국의 경제원조에 거의 전적으로 의존하였는데, 이 과정에서 ICA(International Cooperation Administration, 국제협력처) 주택사업이 태동하였다. 이는 정부 재원에 의한 직접적 주택공급 방식이 아닌 융자지원 방식을 통한 주택공급 체제로서, 미국의 시장형 주택공급 체제의 영향을 강하게 받은 것이다.

이 무렵, 주택의 형태에 대해서도 새로운 발상이 나타났다. 전통적 한옥 대신 서구식 아파트에 주목하기 시작한 것이다. 주거생활의 근대화와 더불어 주택의 대량생산이라는 관점에서도 아파트의 장점에 눈길이 갔다. 우리나라의 좁은 국토를 감안하여 당시 이승만 대통령은 "국민이 싫어하더라도 아파트를 많이 지어야 한다"는 생각을 가졌다. 이에 1950년대 후반 서울시내 몇 곳에서 우리나라 최초의 일반인 대상 아파트가 등장하였는데, 이는 일제시대에 처음 모습을 드러낸 근로자 숙소나 학생 기숙사 형태의 집합주택과는 구분되는 것이었다. 하지만 당시만 해도 기술이나 인력, 제도 등 주택산업 기반이 전반적으로 취약했을 뿐 아니라 서구식 아파트에 대한 정서적 거부감도 강하게 남아 있었다. 특히 융자 및 상환이라는 주택구매 방식은 저소득층에게 원천적으로 불리했으며, 그나마 미국의 대한(對韓) 경제원조도 점차 막을 내리고 있었다.

요컨대 박정희의 집권 이전 우리나라의 주거 상황은 식민지 경험과 남북분단, 한국전쟁 등을 배경으로 하여 양적으로나 질적으로 공히 낙후되어 있었다. 1960년 12월 기준 주택부족률은 전국적으로 20.9퍼센트였고, 도시의 경우에는 그 수치가 37.9퍼센트에 이르렀다. 불량주택, 노후주택, 판잣집, 천막집 등이 많아 위생이나 방범, 프라이버시 등의 측면에서 주거 수준이 매우 뒤떨어져 있었고 특히 도시가구의 46.1퍼센트가 단칸방에 살 정도로 과밀거주가 일반화되어 있었다. 아파트라고 하는 공동주택이 미래의 주거로 소개되기는 했지만, 주택정책이나 주택산업이 이를 효율적으로 뒷받침하지 못했다.

박정희 대통령이 추진한 '조국근대화' 프로젝트는 주거문제의 개선이 아닌 악화를 예고하였다. 워낙 주택문제라는 것이 급속한 산업화와 도시화가 야기하는 사회구조적 산물이기 때문이다. 서구의 주택문제 역시 산업혁명을 배경으로 하여 본격적으로 대두하였고, 자본주의에 대한 비판과 사회주의 이념의 확산도 발원지는 대도시의 주택문제였다. 산업화 초기 유럽에서는 노동자계급의 체제변혁 열기가 뜨거웠는데, 이를 꺾은 요인 가운데 하나는 적극적이고도 선제적인 주택정책이었다. 그리고 그 방식은 다름 아닌 아파트의 대량생산 및 대량공급이었다. 미증유의 주택난에 직면한 상황에서 프랑스의 건축가 르코르뷔지에(Le Corbusier)는 "(아파트) 건축을 통해 (사회주의) 혁명을 막을 수 있다"고 주장했다. 그리고 그의 예측은 궁극적으로 맞아떨어졌다.

박정희는 국가 주도의 급속한 자본주의 발전을 추진하면서 주택문제의 본격적인 태동을 예상하였고, 이에 대처하려는 정책적 노력을 선제적으로 구사했다. 박정희는 한국 역사상 전 국민을 대상으로 하는 주택정책을 체계적으로 계획하고 실천한 최초의 국가지도자였다. 도시에서는 주택건설사업이, 농촌에서의 주택개량사업이 대대적으로 전개되었기 때문이다. 비록 몇 차례 위기의 순간은 있었지만 대한민국은 고도 경제개발 과정에서 국가적 차원의 심각한 주택문제는 경험하지 않았다. 오히려 박정희 정권 및 박정희 체제의 안정은 성공적인 주택정책에 힘입은 바가 크다. 그동안 우리나라의 주택문제 및 주택정책에 관련하여 박정희는 제대로 평가되지 않은 측면이 많다.

3. 박정희 정부의 경제개발과 주택정책

자본주의 체제라고 해도 주택문제를 완전히 시장경제에 방임하는 경우는 없다. 왜냐하면 주택문제는 노동력 재생산은 물론 궁극적으로 정치·사회 체제의 안정 및 지속가능성에 관련된 이슈이기 때문이다. 주택정책의 핵심을 '주택공급'의 차원에서 인식하는 것도 이런 맥락에서다.

자본주의 사회의 주택공급 시스템은 크게 세 가지 종류이다. 첫째는 유럽식 복지주택 체제이다. 이는 사회민주주의 이념이 반영된 것으로, 이때 정부가 직접 주택을 건설하여 공급하는 경우도 있고 비영리 민간부문이 국가를 대신하는 경우도 있다. 둘째는 미국식 민간 주도 주택공급 체제이다. 이는 자유주의 이데올로기에 보다 충실한 것으로 주택의 공공성 대신 상품성이 부각된다. 그럼에도 국가는 다양한 금융지원을 통해 주택문제 해결에 일정 부분 개입한다. 셋째는 싱가포르 식 국가 주도 시스템이다. 이는 토지 및 주택 공(公)개념에 입각하여 국가가 공공주택을 거의 독점적으로 공급하는 방식이다.

박정희는 산업화 및 도시화가 머지않아 주택문제를 초래하게 될 것이라는 점을 알고 있었다. 이에 그는 '한국적' 주택공급 시스템을 구상했는데, 이는 위의 세 가지 모델과 다른 것이었다. 처음부터 박정희는 주택정책을 경제개발정책과 유기적으로 결합시키고자 했다. 말하자면 주택정책을 경제계획의 본질적 일부로 인식한 것이다. 주택공급 시스템에 있어서 한국은 주택 건설의 측면에서는 민간부문에 의존하면서도 강력한 행정력으로 주택시장을 통제한 독특한 사례이다. 주택공급을 민간부문에 의존하지 않을 수 없었던 것은 당시 정부의 재정능력이 취약했기 때문이고, 주택시장을 행정적으로 통제한 것은 시장 실패를 감안하여 국가가 주택 건설 및 주택 배분에 직접 나섰기 때문이다.

경제개발에 착수하면서 박정희는 주택정책의 제도적 기반 정비에 나섰다.

첫째, 주택정책을 사회복지 차원에서 건설산업 차원으로 이동시켰다. 그전까지 주택정책은 일차적으로 보건사회부 소관이었다. 하지만 5·16군사혁명 이후 경제기획원이 신설되었는데, 그 산하에 들어선 국토건설청이 주택정책의 일부를 담당하게 된 것이다. 그러다가 1963년에 국토건설청이 건설부로 승격되면서 주택에 관한 모든 업무를 총괄하게 되었다.

둘째, 대도시 주택난이 심화되던 1941년 조선총독부는 주택공급을 직접 관장하기 위한 목적으로 조선주택영단을 설립했는데, 정부수립 이후 대한주택영단으로 이름이 바뀐 이 조직을 박정희 정부는 1962년에 대한주택공사(주공)로 개편하였다. 주공은 주택의 건설과 공급, 관리를 위해 정부가 직·간접적으로 투자한 공기업이었다.

이와 더불어 1963년 말에는 공영주택법과 주택자금운용법이 제정되었는데, 전자의 목적은 시장원리에 구애받지 않고 국가나 공공부문이 주택이 곤궁한 자에게 주택을 분양하거나 임대하는 것, 후자의 목적은 주택 건설 및 개량 등에 관련된 자금 회전을 보다 용이하게 만드는 것이었다. 이어서 1967년에는 서민주택 건설 및 구입에 필요한 자금의 조성과 공급을 원활하게 하기 위한 한국주택금고법이 제정되었는데, 이때 탄생한 한국주택금고는 1969년 한국주택은행의 발족으로 이어졌다.

그 밖에 1934년 일제가 만든 조선시가지계획령이 마침내 해체되어, 1960년대는 건축법(1962년), 도시계획법(1962년), 토지구획정리사업법(1966년) 등이 각각 독립적으로 제정되었는데, 이 또한 택지 개발 및 주택 건설에 관련된 제도적 기반을 정비했다는 점에 큰 의미가 있다.

4. 1960~70년대 아파트 공급체계의 현황

박정희 시대의 주택정책은 1972년 '10월유신'을 기준으로 하여 1960년대와 1970년대로 양분해 설명할 수 있다. 1960년대는 제1차 경제개발 5개년계획(1962~66)과 제2차 경제개발 5개년계획(1967~71)이 시행되었는데, 사회간접자본의 개발 및 정비와 경공업제품의 수출에 역점을 두면서 대통령직선제를 포함한 민주주의가 제도적으로 정상적으로 작동 중인 시기였다. 1970년대는 제3차 경제개발 5개년계획(1972~76)과 제4차 경제개발 5개년계획(1977~81)의 시행 시기로서, 정치적으로는 강력한 권위주의 통치형태로서 유신체제가 지배했으며 경제발전 전략으로서는 대기업을 중심으로 중화학공업화가 추진되었다.

1960년대

1961년부터 1971년 사이의 주택 투자 현황을 보면 공공부문은 전체의 13퍼센트에 불과했다. 총주택건설량 가운데 공공주택은 극히 작은 부분을 차지한 것이다. 공공부문의 주택 투자가 부진했던 것은 도로, 항만, 전력 등 사회간접자본을 확충하거나 댐 건설이나 경지정리 등 농업개발 기반을 구축하는 국가사업에 우선순위가 밀렸기 때문이다. 민간부문이 주도하는 주택공급 시스템을 구축하려는 정부의 목표 또한 기대를 밑돌았다. 민간부문의 주택 생산은 전반적으로 여전히 소상품 생산체제를 벗어나지 못하고 있었기 때문이다. 그 결과, 제1차 경제개발 5개년계획 기간 동안 주택 건설은 자연적 인구증가에 따른 수요에도 미치지 못했다.

1960년대 말에 이르러 민간부문이 다소 활력을 띠기 시작했다. 이는 개발사업의 활성화, 중산층의 등장, 베트남전쟁 특수에 따른 외환 유입 등을 배경으로 부동산 투자가 증가했기 때문이다.

1960년대 초반 공공부문의 주택 건설은 전반적인 양적 부진에도 불구하고 주택 형태의 측면에서 아파트에 집중하기 시작했다는 점에 주목할 필요가 있다. 대표적으로 대한주택공사는 1962년부터 1964년까지 마포아파트를 건설했다. 이는 르코르뷔지에 모델에 입각한 국내 최초의 대단위 단지아파트로서 우리나라 주택사의 미래를 예고했다. 마포아파트 준공식에 참석한 박정희 당시 국가재건최고회의 의장은 축사에서 마포아파트의 준공을 "생활혁명 내지 한국혁명의 상징"으로 규정했다. 아파트에 대한 일반 국민들의 정서적 거부감은 하루아침에 불식되지 않고 있었지만, 정부는 아파트를 주거문화의 근대화로 확고히 인식하면서 대(對)국민 계몽을 게을리하지 않았다.

한편, 박정희가 예상한 바와 같이 1960년대 중반에 이르러 도시의 주택문제는 점점 더 심각해지고 있었다. 제1차 경제개발 5개년계획의 성공이 주로 '한강의 기적'에 따른 것이었고 이는 서울로의 인구 집중을 가속화했기 때문이다. 1960년에 245만 명이었던 서울 인구는 불과 5년 만에 347만 명으로 늘어났다(이호철의 소설 『서울은 만원이다』가 『동아일보』에 연재된 것은 1966년이었다). 그 결과, 해방과 분단 및 전쟁의 유산이던 서울시내 무허가 판자촌은 수적으로 급속히 증대하였다. 무허가 판자촌은 도시빈민의 온상이기도 했지만 도시 미관의 측면에서도 골칫덩어리가 아닐 수 없었다. 당시만 해도 남북한이 체제 우위를 놓고 선전전을 벌이던 시점이었기 때문이다. 더욱이 서울의 인구집중 자체가 안보 차원에서 불안요소이기도 했다.

이 시점에서 박정희는 서울의 주택문제에 관련하여 특단의 대책을 강구했다. 미상불 1967년 대통령선거 또한 목전으로 다가오는 상황에서 도시문제를 방관한다는 것은 정치적으로도 불안했다. 당시만 해도 우리나라 사람들의 일반적인 투표성향은 여촌야도(與村野都)였기 때문이다. 이를 해결하기 위해 1966년에 발탁한 인물이 김현옥 서울특별시장이었다. 김현옥은 세 가지 차원에서 이 문제에 접근했다. 첫째는 서울의 면적을 넓히는 것이었는데, 이를 위해 강북 사대문 안 면적의 두 배가 넘는 강남의 땅을 개발 가능한 공간으로 확보하기 시작했다. 둘째는 서울시내 판자촌 거주민들을 외곽에 집단 이주시키는 일이었는데, 1968년에 착수된 '광주대단지조성사업'이 바로 그것이다. 셋째는 1969년에 발표된 '시민아파트건립사업 기본계획'에 입각하여 판자촌이 즐비하던 도심지 주변의 불량지구에 시민아파트를 대량 건설하는 것이었다.

'불도저 시장'의 도시정책 내지 주택정책에는 희비가 교차했다. 판자촌 철거민 소개(疏開) 계획은 사전 준비 미숙에 따라 1971년 '광주대단지사건'이라는 유혈적 도시봉기 사태와 함께 실패했다. 속전속결 날림공사가 판을 친 시민아파트 건설도 1970년 '와우아파트붕괴사고'와 더불어 좌절했다. 그 결과, 김현옥 시장은 4년 만에 자리에서 물러났고 박정희 대통령은 1971년 대통령선거에서 김대중 후보에게 신승(辛勝)했다. 다만, 강남 개발은 서울의 인구 분산이나 공간 생산이라는 측면에서 일대 성공이었고, 강남은 특히 아파트 시대의 본격적 개막을 가능케 만드는 '약속의 땅'으로 떠올랐다.

전반적으로 1960년대는 산업화 및 도시화에 부응하는 새로운 주택정책의 일환으로 각종 제도적, 법적 기반이 갖추어지기 시작했으나 주택문제의 획기적 개선은 가시적으로 나타나지 않았다. 재정적

압박에 따라 공공주택의 공급은 상징적인 수준에 그쳤고, 민간부문의 주택공급도 급증하는 주택수요를 미처 따라가지 못했다. 주택공급을 민간부문에 의존하면서도 강력한 행정력으로 주택시장을 관리하고자 했던 박정희의 이른바 '한국적' 주택 시스템이 현실에서 작동하기에 1960년대는 전반적으로 시기상조였다. 하지만 돌이켜볼 때 1960년대는 1970년대 이후 아파트 위주의 '한국적' 주택공급 시스템이 본격적으로 운용될 수 있는 유·무형의 토대를 마련한 기간이었다.

1970년대

1970년을 전후하여 박정희 정권은 다양한 대내외적 도전에 직면하고 있었다. 1960년대 초·중반과 비교하여 후반으로 갈수록 경제성장률은 조금씩 낮아지고 있었고, 남북한 관계도 한국전쟁 이후 최고 긴장상태에 돌입했을 뿐 아니라, 동서 데탕트 무드에 따라 한반도의 지정학적 환경 역시 불안정해졌다. 한국경제는 또한 중화학공업화를 목표로 제2의 도약을 준비하는 참이었다. 이 무렵에는 이른바 '3선개헌'을 계기로 박정희의 장기집권에 대한 정치적 비판이 증대되는 가운데 밑으로부터의 저항이 구체적으로 표출되기도 했다. 1970년 전태일분신사건은 노동운동의 신호탄이었고, 1971년 광주대단지사건은 도시빈민운동의 예고편이었다. 1972년 유신체제의 태동은 이런 맥락에서 이해할 필요가 있다.
유신체제의 등장은 주택정책에도 적잖은 영향을 미쳤다. 유신체제의 탄생이 초헌법적 절차에 의한 것이라 위정자의 입장에서는 주택문제의 해결에 보다 적극적인 관심을 갖지 않을 수 없게 되었기 때문이다. 1960년에 20.8퍼센트였던 주택부족률은 1970년에 24.2퍼센트로 높아졌으며, 대도시 지역의 주택부족률은 같은 기간 동안 34퍼센트에서 46.3퍼센트로 크게 악화되었다. 주택의 점유형태에서도 도시지역의 경우 절반 이상이 셋집에 살고 있었다. 전국적으로 무허가 불량주택이 10퍼센트에 가까웠고 상수도 및 전기가 보급되는 주택도 50퍼센트 전후에 불과하던 것이 유신체제 전야 우리나라의 주택사정이었다. 유신체제 선포 직후 정부가 '250만호 주택건설 10개년계획'을 서둘러 발표한 것만 보더라도 정부가 주택문제를 얼마나 심각하게 인식했는지를 잘 알 수 있다.

중화학공업화를 강력히 추진하는 과정에서 박정희 정부는 주택공급의 민간부문 의존도를 보다 더 높이고자 했다. 대신 유신체제를 통해 민간부문의 수택공급 체제에 더욱 더 강력한 통제력을 확보할 수 있었다. 한편, 민간 주택시장에 대한 정부의 개입이 증가한다는 것은 주택문제에 대한 정부의 책임 또한 증대할 수밖에 없다는 것을 의미했다. 겉으로는 민간이 주도하는 주택공급 체계였지만, 내용적으로는 관치(官治) 주택시장이었다. 그리고 이와 같은 주택복지에 대한 능동적이고도 선제적인 접근을 통해 유신체제의 정당성을 고양하고자 한 측면을 부정할 수 없다.

250만호 주택건설 10개년계획 발표와 더불어 1972년 12월에 주택건설촉진법이 제정되었다. 이전의 주택공영법이 대한주택공사나 지방자치단체가 건설하는 공영주택에만 적용되었다면, 주택건설촉진법은 일반 사업자들이 건설하는 주택에 대해서도 정부의 통제가 가능하게 만들었다. 민간부문에 의한 주택 건설 및 공급을 촉진하기 위해 1973년에는 특정지구개발촉진법을 제정하여 주택 건설과 토지 거래에 관련된 각종 세제 혜택을 제공했을 뿐 아니라 1977년에는 주택 전문 민간건설업체를 육성하기 위한 주택개발업체 등록제도를 시행하여 세제나 금융의 측면에서 인센티브를 제공하였다. 이로써 1970년대 초에는 주택공급에 관하여 정부와 대기업 사이에 비공식적이면서도 지속적인 상호연대가 형성되었다.

이와 같은 한국형 주택공급 체제는 거의 전적으로 아파트 건설을 지향했다. 아파트 시대의 도래를 위한 몇 가지 추가적인 여건도 1970년대에는 보다 확실히 구비되었다.

첫째, 고도경제성장의 결과 아파트를 실제로 구매할 수 있는 신중산층이 성장하고 있었다. 또한 이들은 아파트 주거문화의 기능적 편리성을 잘 이해하고 있었다.

둘째, 아파트에 대한 초기의 부정적인 이미지가 점차 불식되고 있었다. 서민층을 대상으로 하는 불량 시민아파트의 오명은 1970년 여의도 시범아파트단지, 한강맨션 등의 건설을 통해 차츰 고급주택의 이미지로 대체되었다.

셋째는 1960년대 경제개발 과정에서 성장한 건설산업은 주택생산에 필요한 자재 조달능력 및 기술수준을 함께 높여 놓았다. 이와 더불어 대기업의 성장 과정에서 주택의 대량공급을 감당할 수 있는 대형 건설사들이 경쟁적으로 늘어났다.

끝으로 대단위 아파트단지 건설을 위한 공간이 강남 일대를 중심으로 대거 확보되었다. 1976년에는 한강변 저습지를 따라 11개의 아파트지구가 지정되었다. 마침 그 무렵 방재나 토목의 차원에서도 한강 유역의 만성적인 홍수 걱정이 사라졌을 뿐 아니라 대형 아파트단지가 입지할 정도로 지반이 단단해졌다. 1960년대 말과 1970년대 초 북한강 상류 곳곳에 다목적 댐이 건설되었기 때문이다.

우리나라 전국의 유형별 주택 수 현황을 보면 1970년에는 아파트(당시에는 공식적으로 '공동주택'으로 명명)가 0.8퍼센트에 불과했던 반면 단독주택(당시에는 '독립주택'으로 명명)이 94.1퍼센트를 차지했다. 그러나 1974년에는 연간 아파트 건설물량이 최초로 1만 호를 넘어섰으며 특히 서울 잠실아파트단지가 건설된 첫 해인 1975년에는 한 해에 4만 2천여 호가 건설되면서 그해 총 주택 건설 물량의 23.4퍼센트를 차지하기도 했다. 이와 같은 아파트의 대량 건설에 따라 1975년에는 전국의 주택 가운데 아파트의 비율이 1.9퍼센트로 늘어났는데, 이는 불과 5년 만에 아파트가 3배 가까이 증가했나는 것을 의미한다. 1980년이 되면 아파트 비율은 7.0퍼센트로 뛰어올랐고, 그 이후 계속 증가하여 1990년에는 22.7퍼센트, 2000년에는 47.7퍼센트, 그리고 최근 2015년에는 59.9퍼센트까지 치솟았다.

아파트 건설을 선도한 지역은 역시 서울이었다. 두말 할 나위도 없이 서울은 수도일 뿐 아니라 특히 한국경제의 심장이자 엔진의 역할을 담당해 왔다. 1970년 서울에서는 전체 주택 가운데 아파트 비율이 3.9퍼센트를 차지했고, 1975년에는 7.9퍼센트로 증가했다가 1980년에는 19.0퍼센트까지 상승하면서 서울시내 아파트의 수는 1970년에 비해 7배 이상 증가했다. 1970년의 경우 전국의 아파트 가운데 71.9퍼센트가 서울에 몰려 있었고 1980년에도 49.2퍼센트는 서울에 집중되어 있었다. '아파트 도시' 서울은 '아파트 나라' 대한민국의 견인차이자 축소판이었다.

아파트 비율 자체만 보면 박정희 시대는 오늘날에 비해 크게 뒤떨어지는 게 사실이다. 또한 주택보급률이나 자가율도 1980년의 경우 각각 68.1퍼센트 및 86.7퍼센트에 머물러 있어, 박정희 정권이 애초에 추구했던 주거복지의 이상과도 괴리가 있다. 그럼에도 1960~70년대 박정희 시대가 한국에서 아파트 주거를 결정적으로 대세화, 보편화시켰다는 사실만은 누구도 부인하기 어렵다.

5. 아파트 시대의 사회학적 의미

그렇다면 박정희 시대의 아파트 위주 주택공급 정책은 궁극적으로 한국 사회에 어떤 영향을 남겼는가?

첫째는 급속한 산업화 및 도시화 과정에서 나름 주택문제를 해결했거나 해결의 실마리를 찾았다는 것이다. 아파트 위주의 집합주택 정책은 상대적으로 저렴한 주택의 신속한 대량공급을 통해 서민과 노동자계급의 주거문제에 성공적으로 대처한 측면이 있다. 만약 단독 내지 연립주택을 고집하고 한옥 형태에 집착했다면 도시지역의 주거난은 쉽게 극복되지 못했을 것이다. 요컨대 포디즘 방식의 주택공급은 적어도 개발연대에 있어서는 경제적 합리성에 입각한 것이라 보아야 한다. 게다가 서양식 주택으로 출발한 아파트는 부단한 기술적 진화 과정에서 다분히 한국화되었다. 오늘날 한옥과 아파트는 형태나 기능의 측면에서 점점 더 가까워지고 있다.

둘째, 아파트 공급은 서민들의 주거문제를 해결하면서 궁극적으로 자가(自家) 중산층을 육성하는 데도 기여했다. 민간 주도 주택시장에 대한 복지적 차원의 정부 개입은 '내집마련'이라는 꿈의 실현을 가능하게 했고, 결과적으로 주택 소유 계층이 크게 늘어나게 되었다. 이는 국가와 국민이 경제적으로 동반성장하는 과정에서 정부의 지원과 개인의 노력이 합쳐진 결과이다. 이러한 사실은 체제 안정이나 민주화 등 정치적 차원에서의 의미 또한 결코 가볍지 않다. 누구라도 성실히 일하면 자가 보유의 숙원이 가시권에 들어왔던 터라 노동자계급은 상대적으로 체제에 쉽게 동화될 수 있었다. 특히 1980년대 후반 좌경적 체제변혁운동 앞에서 자유민주주의를 보존하고 지켜 낸 사회적 힘의 원천은 화이트칼라 아파트 중산계급이었다. '건축이냐 혁명이냐?'를 묻고 건축이 혁명을 막을 수 있다고 주장한 아파트의 대부(代父) 르코르뷔지에의 혜안은 한국에서도 결과적으로 적중했다.

셋째, 박정희 대통령의 기대와 예상처럼 아파트가 한국인의 주거생활을 혁명적으로 근대화시킨 대목을 간과할 수 없다. 아파트는 방범이나 치안, 온수, 위생 등의 측면에서 과거 단독주택 시대보다 삶의 질을 확실히 개선한 공로가 있다. 아파트 시대에 들어와 좀도둑은 크게 줄었고 불안한 골목길도 서서히 옛날이야기가 되었다. 하루 종일 온수가 나오고 난방이 가동되는 데다가 화장실이 수세식으로 일제히 바뀐 것도 모두 아파트 시대의 개가다. 사회 전반적인 차원에서도 아파트는 행정비용의 감소, 정보화 사회의 발전, 토지 및 자원의 합리적 이용에 크게 기여하였다. 쓰레기 수거나 우편물 배달 등에 있어서 우리나라가 지금처럼 효율적이 된 것에는 아파트의 공이 크다. 세계 최고 수준의 정보화 강국이라는 점도 그 기술적 배경 가운데 하나는 고밀도 공동주거 형태다.

넷째, 아파트가 한국 사회에서 진정한 개인의 탄생에 기여한 측면을 결코 간과할 수 없다. 근대적 개인은 법적, 제도적 혹은 경제적 측면에서만 의미가 있는 것이 아니다. 그것은 공간이나 주거의 측면에서도 함께 성찰될 필요가 있다. 아파트가 우리나라의 주택공급을 획기적으로 늘리기 이전, 이른바 '셋방살이'는 도시생활에서 매우 일상적인 풍경이었다. 셋방살이는 자기 집을 소유하지 못했다는 점에서가 아니라 여러 가구가 섞여 공동으로 거주했다는 점에서 인권, 자기결정권, 소통, 사생활 등에 걸쳐 불편한 요소가 많았던 주거 방식이었다. 소유자이건 세입자이건, 평수가 크든 작든, 본인과 자신의 가족이 아파트 벽을 경계로 하여 타인으로부터 격리되고 보호되기 시작한 것은 우리나라에서 아파트 시대가 최초로 이룩한 역사적 성과라고 볼 수 있다. 오늘날 한국인이 보여 주고 있는 아파트에 대한 높은 선호 역시 과거 셋방살이 시대에 겪었던 집단적 트라우마가 일정부분 반영된 것이 아닐까 싶다.

끝으로 아파트는 양성평등에서도 괄목할 만한 기여를 했다. 우선 아파트는 단독주택처럼 누군가는 반드시 안에서 집을 지켜야 하는 형태가 아니라 바깥에서 문을 잠그고 언제라도 외출할 수 있는 구조다. 따라서 아파트는 한국어에서 '안사람'의 개념을 퇴출시키는 결정적 계기가 되었다. 다시 말해 아파트는 여성 노동력의 사회적 진출을 측면에서 지원하는 새로운 주거형태였다. 더욱이 아파트라고 하는 주택양식은 실내생활을 좌식으로부터 입식으로 변모시킴으로써 가족구성원들의 상대적 평등화에도 영향을 끼쳤다. 식탁, 침대, 소파 등과 같은 소위 '신체가구'의 일상화는 여성들을 밥상 나르기나 이부자리 깔기와 같은 가사노동으로부터 해방시키는 전기가 되었다. 부엌이나 식당의 공간적 격상과 더불어 이들이 남녀노소 공용 공간으로 변모하기 시작한 점도 아파트 시대가 초래한 가정 민주화의 한 단면이다.

물론 박정희 시대가 문을 연 아파트 시대는 이와 같은 긍정적인 요소만 있는 것이 아니다. 아파트 비판론에는 나름 일리 있는 지적이 많다. 대표적으로 아파트 거주의 보편화 이후 공동체 문화 혹은 사회자본이 감소했다는 주장이 있다. 말하자면 '이웃사촌'이 사라졌다는 진단이다. 아파트로 인한 도시 경관의 삭막화나 주택 다양성의 소멸도 사회적으로 고민해야 할 과제임에 틀림없다. 아파트 시대에 들어와 한국인의 일평생이 주거문제에 올인하게 된 것도 함께 풀어야 할 과제다. 집의 인문학적 본질보다는 주택의 경제적 가치나 구별짓기를 위한 사회적 수단이라는 점에 보다 더 큰 의미를 부여하게 됨으로써 벌어진 일이다. 이 과정에서 주택이 투자나 투기의 대상이 되고 궁극적으로 주거의 양극화가 심화된 점은 부인하기 어렵다.

6. 결론

오늘날 우리 주변에는 박정희가 선도한 아파트 시대의 역사적 내지 사회적 의미를 제대로 이해하지 못하는 이들이 많다. 아파트에 실제 거주하고 아파트를 내심 선호하면서도 '아파트 때리기' 담론에 동조하거나 공감하는 이율배반적 행태도 횡행하고 있다.

아파트라는 주거양식이나 주택유형이 물론 절대선이나 최고 가치는 아니다. 강점과 장점이 있으면 약점과 단점도 늘 함께 있는 법이다. 문제는 작금의 '아파트 때리기'가 아파트 주거에 대한 합리적 시비나 이성적 토론이 아니라는 사실이다. 대신 그것은 박정희 시대 전반에 대한 정치적 부정이나 이념적 매도의 연장선 위에 반사적으로 자리 잡는 경향이 농후하다.

적어도 1960~70년대 고도 경제성장기에는 아파트의 대량공급 이외에 대안적인 선택은 없었다. 국가재정이 극도로 열악하고 그것마저 경제개발에 직접 관련된 부문에 우선 투자할 수밖에 없던 상황에서 민간 주도 주택공급은 불가피한 것이었고, 박정희 정부는 시장 실패의 개연성을 주택시장에 대한 철두철미한 관리와 통제로 예방하고자 했다. 한편, 정부와 더불어 주택공급 연대를 형성한 대기업 혹은 대형건설사 입장에서는 단독주택 건설이 아닌 대량생산·대량소비 양식의 아파트 공급 체제에서 보다 큰 유인(誘因)을 느낄 수밖에 없었다. 일반 국민들의 입장에서도 아파트 시대에서 자가 장만의 기회를 포착했고, 이는 주거생활의 전반적인 근대화로 이어졌다.

거듭 말하거니와 아파트에는 그것 나름의 문제점이 많다. 그리고 아직도 우리나라는 주택문제의 구조적 폐단으로부터 자유롭지 못한 부분이 적지 않다. 하지만 그것이 곧 아파트 탓은 아니다. 특히 아파트가 새롭게 혹은 부가적으로 제기한 한국 사회의 주택문제는 많은 경우 박정희 시대 이후에 등장하거나 심화된 것들이다. 그러므로 박정희가 닦은 아파트 사회의 정초(定礎)는 무엇보다 당대의 경제적 합리성의 관점에서 이해할 필요가 있다. 그리고 그것의 착오를 고치고 과오를 바로잡는 것은 당연히 후대의 일이자 몫이다.

산업화의 화신(化身) 박정희는 처음부터 주택문제의 악화를 예상하고 아파트 공급체계로 이에 대비했다. 그리고 그의 사후, 자유민주주의 체제가 친북·사회주의 이념의 공세 앞에 위태로웠던 격동의 1980년대 후반에 대한민국을 지켜 낸 결정적인 힘은 아파트 유산자(有産者) 혹은 아파트 중산계급으로부터 나왔다. 박정희는 선지자(先知者)이자 해결사였다.

05
과학 대통령 박정희,
과학강국에서 멀어져 가는 대한민국

이 승 수*

들어가는 글

운명의 그날, 잘사는 나라를 만들어 보자는 신념 하나로 목숨을 건 혁명에 나선 43세의 대한민국 육군 소장 박정희가 맞닥뜨린 대한민국은 어땠을까?

군대 다녀온 분들은 다 알 것이다. 대한민국 국군의 주요한 화기가 M16A1이나 K2 소총이라는 것을. 전문용어로 '개인화기'라고 불리는 바로 그 총 말이다. 당연히 M16A1이든 K2든 우리나라 기술로 만든다. 물론 총알도 국산이다. 그런데, 언제부터 우리는 우리 기술

---

* 연세대 대학원 언론학 박사과정, 청년박정희연구회장

로 만든 총과 총알을 쓰게 되었을까? 놀랍게도 박정희 대통령이 집권했던 1970년대부터다. 뭐라고? 북괴군을 코앞에 둔 대한민국 군인이 스스로 무장조차 못했다고?

그렇다, 사실이다. 박정희 대통령이 군사혁명에 성공한 직후 대한민국의 현실이 그랬다. 총과 탄약은커녕 제대로 된 기계 하나도 우리 손으로 만들어 내지 못했다. 겨우 나사나 볼트 정도를 만들어 낼까 말까 하는 게 당시 우리 수준이었다. 그나마 일정기에 일본인이 운영하는 공장에서 곁눈질과 어깨너머로 배운 기술자가 몇이라도 있었기에 가능했던 일이다. 기술자도 몇 없었지만 "내가 이런 기술을 가지고 있습니다" 당당하게 말도 못 꺼냈다. 이조 500년 동안 뿌리박힌 사농공상(士農工商)의 신분질서가 여전했던 까닭이다. 기술을 익히거나 배우는 건 '상놈'이나 '천한 쟁이'로 가는 지름길이었다. 열심히 땀 흘려 일해 놓고도 농사를 지으면 농민이라 대우받지만 기술을 한다면 천것이라 따돌림낭하년 21세기판 조신이 바로 당시의 대한민국이었다.

제일 공부 잘하는 이공계 학생이 의대로 진학하는 나라, 대한민국

지금의 시각에서 보면 당시 대한민국, 정말 한심했다. 그러나 한 번 냉정히 돌아보자. 우리는 과연 그때의 조상들과 많이 다를까? 수능이 끝나면 학원을 비롯한 입시기관에서 배치표가 나온다. 이공계 혹은 자연계 배치표를 보자. 서울대 의대를 정점으로 전국의 내로라 하는 의대들이 줄을 잇는다. 마치 조선시대 관리들이 정1품부터 종 9품으로 줄을 서듯 서울대 의대에 이어 ○○대 의대, △△대 의대 들이 꼬리를 문다. 현기증이 날 정도다. 아, 이렇게 대한민국에 의대가 많았던가! 그리고 정신을 차려 배치표의 밑으로 내려가면 그제야 공대가 보이기 시작한다. 그런데 이게 웬일인가! 서울대 공대가 지방 소재 의대보다 아래다. '서울대 공화국'이라는 대한민국에서 이 무슨 변고인가 싶다. 서울대 자연과학대학을 보면 더 아찔하다. 배치표를 한번 죽 훑어보고 나면 알게 된다. 대한민국에서 가장 똑똑한 이과생은 의대를 간다. 서울대? 간판만 서울대면 뭐하나. 서울대라도 수학과, 물리학과, 화학과는 안 간다. 서울대 공대생조차 고시준비생으로 갈아탄 지 오래인 대한민국이다.

이러면서도 나로호 발사 실패를 한탄하고 왜 우리 인공위성을 러시아까지 가서 발사하느냐고 투덜거리는 사람들을 보면 기가 막힌다. 매년 노벨상 계절이 돌아올 때마다 우리는 대체 뭐하느라고 노벨상 하나도 없냐고 떠드는 언론은 어떤가. 그렇게 불평불만이 많으면서도 정작 자기 자신과 자기 자식들은 뭐 했으면 좋겠냐고 물어보면, 공장에서 기름칠 하며 열심히 일하는 기술자가 되었으면 좋겠다고 절대 말하지 않는다. 누가 알아주든 말든 열심히 실험실에 남아 연구하고 공부하는 과학자가 되었으면 좋겠다고 말하는 사람 없다. 지금의 대한민국은 어느 새 조선왕조로 거슬러 올라왔다. 바뀐 거라면 사농공상이 '사상공농'으로 바뀐 정도? 어쨌거나 '공(工)' 은 계속 3등이다.

문약의 나라에서 이단아가 정권을 잡다

비장한 각오로 한강다리를 건넌 박정희 장군. 그는 대한민국을 완전히 개조하고 싶었던 혁명가였다. 문약(文弱)의 나라, 먹물의 나라, 형식과 관습에 억매인 썩어 빠진 대한민국을 한번 뒤엎어 버리고 싶었던 인물이 야심만만한 육군 소장 박정희였다. 그가 보기에 대한민국은 잘살아야만 하는 나라였다. 아니, 잘살기 위해서라면 무엇이라도 해야 하는 나라였다. 그런데 잘살고자 하면 무엇이 필요한가. 박정희 이전까지의 답은 오로지 대의와 명분이었다. 공자 말씀, 맹자 말씀을 잘 따르며 수신제가(修身齊家)를 하고, 모든 국민이 수신제가를 잘하면 치국평천하(治國平天下)가 되리라는 성리학의 세계관, 그것이 1960년대 초를 살아가던 대다수 국민의 인생관이었다. 자유민주주의의 나라를 세우고, 공산주의와의 일전을 불사했던 건국대통령 이승만 박사의 치세 12년에도 불구하고 여전히 대한민국은 주자학적 도덕관과 문치주의의 관습에서 벗어나지 못하고 있었다.

그런 때에 등장한 박정희 대통령은 당대의 먹물들이 보기에 이단아 그 자체였다. 농촌의 가난한 집안에서 7남매 중 막내로 태어나 가난과 사투를 벌이며 만주군관학교와 일본 육군사관학교를 거친 직업군인. 내세울 만한 집안도 없고 돈도 없는 그가 하루아침에 대한민국의 사령탑에 올랐으니, 당대의 권력층이 깜짝 놀랄 일이었다.

박정희 대통령은 바로 그런 당대의 이단아였기에 대한민국을 전면적으로 개혁할 적임자였음을 우리는 바로 알 필요가 있다. 만약 그가 경성제국대학 법과를 나와 고시에 합격해 정부의 고위 문관으로 재직했더라면 어땠을까? 혁명을 할 생각도 못 했겠지만, 설사 혁명을 했다 하더라도 여전히 그 이전의 관료들처럼 탁상에 앉아 공상(空想)에만 잠겨 있었을 것이 뻔했다. 그러나 그는 달랐다. 당대 최고의 이공계 교육을 받을 수 있었던 일본 육군사관학교에서 우수한 성적으로 학업을 마친 그는 그 누구보다 깨인 지식인이었다. 20세기 인류 지식의 총화인 과학기술을 받아들인 선진화된 공업국가였던 일본에서 직접 배운 엘리트였다. 일본 육사를 거치며 그는 눈을 뜨게 된다. 세계 최강의 미국과 전쟁을 벌일 만큼 강대국이 된 일본의 힘은 바로 과학과 기술에서 나온 것이라는 사실을. 사서오경을 달달 외우고 상복을 몇 년 입어야 하네라며 입씨름하는 나라는 결코 선진국이 될 수 없다, 오로지 땀 흘려 일하는 기술인과 내일의 기술을 위해 연구에 매진하는 과학자가 있어야만 비로소 강국이 될 수 있다는 믿음을 청년 박정희는 가지게 된 것이다. 대영제국이 해가 지지 않게 된 까닭이나, 미국이 세계 최강대국이 된 이유는 딱 하나다. 과학과 기술. 그것이 없으면 과거의 대영제국도 일본제국도, 오늘의 미국도 없다.

문약의 나라 식민지 조선에서 태어났지만 시대와 역사의 조건을 극복하고 과학과 기술이라는 문명을 맛본 박정희 대통령. 그가 대한민국의 사령탑에 오르며 드디어 한반도 역사 5천 년 만에 처음으로 과학기술이 주인공으로 등장하게 된다.

과학기술이 없다면 조국근대화도 없다

　혁명 직후 박정희 대통령은 가장 먼저 조국근대화의 기치를 내건다. 잘사는 나라를 우리도 만들어 보자는 신념이었고, 그것은 국민 모두의 소망이었다. 그런데 대체 조국근대화란 무엇을 말하는 걸까? 산업화를 하자는 것 같기도 하고 경제발전을 하자는 것 같기도 한데…. 조국근대화, 그게 대체 무엇이지? 이런 질문이 당대를 휩쓸었다. 혁명정부가 나서서 조국근대화를 외치기는 하는데 대체 뭘, 어떻게 한다는 건지 도무지 종잡을 수 있는 사람이 없었다. 일반 국민은 물론이고, 서울대 경제학과를 나왔다는 경제관료도 알 수가 없었다. 그때 박정희 대통령은 딱 한마디로 조국근대화를 정의한다. 그리고 국민들은 알게 된다. 아! 저것이 바로 조국근대화, 우리가 나갈 길이구나 하고 말이다.

　　누가 빨리 과학기술의 발전과 기술 인력의 확충에 나서느냐에 따라 민족 간 우열이 판가름 난다. (박정희, 『우리 민족의 나갈 길』, 1962)

　　요즘 우리 사회에서 근대화라는 단어는 자주 사용하고 있는 모양인데 참다운 근대화는 우선 과학기술이 개발되어야 한다고 나는 생각하고 있어요. (최형섭 KIST 초대 소장 임명장 수여식, 1966)

　　경제 자립의 첩경이야말로 과학기술의 진흥에 있다는 것을 단언하지 않을 수 없습니다. 과학기술은 생산 증강의 모체요, 경제발전을 촉진하는 힘의 원천이기 때문입니다. 그것은 한마디로 조국근대화 작업의 선행조건이요, 필수요건인 것입니다. (제1회 전국과학기술자대회 치사, 1966. 5. 19)

"과학기술의 진흥이 경제발전의 원동력이다." 바로 이 한마디로 대한민국은 조국근대화의 본격 궤도에 오르게 된다. 더 이상 이론이니 사상이니 하는 따위의 잡소리는 필요 없다. 오직 과학과 기술, 그것만이 우리를 빈곤에서 풍요로 인도할 수 있다는 대통령의 선언. 과학기술이 없이는 조국근대화도 없다는 대통령의 확고한 신념. 바로 그것이 과학강국 대한민국을 만든 시발점이자, 세계 10위권의 경제강국 대한민국을 만들어 낸 정신이었다.

여기서 하나 잠깐, 생각을 한번 다듬어 보자. 경제와 과학기술은 어떤 관계에 있는가? 좀 더 구체적으로 말하자면 경제발전과 과학기술 진흥은 어떤 관계인가? 많은 사람들은 경제가 먼저 발전해야 과학기술이 따라서 발전한다고 생각한다. 먹고살 게 부족한 나라에서 어떻게 과학기술을 연구하느냐고 말이다. 맞는 말이다. 당장 허기진 배를 채울 식량조차 못 구하는데 무슨 사치로 과학자를 길러 내고, 기술자를 만들어 내겠는가. 그렇지만 이것은 절반의 진실일 뿐이다. 먹고사는 것을 떠나서 잘사는 나라, 살기 좋은 나라를 만들고자 한다면 과학기술은 선택이 아닌 필수다. 역사를 돌아봐도 이는 명백한 사실이다. 과학기술이 발전한 영국, 독일, 일본, 미국이 세계를 주름잡지 않았던가. 대영제국이 셰익스피어만으로 가능했겠나? 독일제국이 괴테와 헤겔만으로 가능했겠나? 어림없는 소리다. 과학자와 기술자, 그들이 대영제국과 독일제국, 나아가 오늘의 미국을 만든 주역이다.

　만약 박정희 대통령이 꿈꾼 대한민국이 빈곤에서 벗어나 먹고살 걱정만 덜어 내면 되는 나라였다면 과학기술은 그의 머릿속에서 지워 버렸을 것이다. 그러나 박정희 대통령이 꿈꾼 대한민국은 그저 그런 제3세계 국가나 후진국이 아니었다. 우리도 한번 미국이나 일본처럼 떳떳하게 세계를 향해 큰소리 칠 수 있는 강국이 되는 것이 그의 염원이었다. 그랬기 때문에 그는 그 어려운 시절에 아무도 생각지 않던 과학기술 진흥을 들고 나온 것이었다. 과학기술이 없이는 절대로 선진국이 될 수 없다는 박정희 대통령의 간절한 염원은 그가 서거한 후에야 빛을 보게 된다.

맨땅에서 과학기술 진흥을 일궈 내다

　1950년대 한국을 방문한 유수의 세계적 석학들과 국제기구가 "대한민국에서 경제가 발전하기를 바라는 것은 쓰레기통에서 장미가 피어나기를 고대하는 것만큼이나 부질없다"고 극언했다. 그들 말마따나 대한민국에서 과학기술이 발전하기를 바라는 것은 아프리카 사막의 불모지에서 장미꽃이 피기를 바라는 것만큼이나 허황된 것이었다. 그만큼 대한민국은 과학기술이 천대받고, 과학이 무엇인지도 모르는 국민이 수두룩하던 나라였다.

　한마디로 과학과 기술에 백지 상태였던 대한민국에서 박정희 대통령은 무엇부터 했을까? 당신이 집을 짓는 목공이 되었다고 가정해 보자. 집을 짓기 위해서는 설계부터 한다. 설계도를 그려야 그다음에 사람을 불러 일을 시키고, 꾸미기도 하고, 자재도 조달할 것이기 때문이다. 국가에서 설계도는 제도와 정책에 해당하는데, 박정희 대통령은 과학기술 진흥을 위한 각종 정책과 제도를 만드는 일부터 시작했다. 짧게나마 박정희 대통령 시대의 과학기술 진흥정책을 따라가 보자.

박정희 대통령의 경제개발 5개년계획은 교과서에도 실려 있고, 수능 사회탐구영역의 단골 문제로 출제되기 때문에 많은 국민이 잘 알고 있다. 그런데 경제개발뿐만 아니라 과학기술 진흥을 위한 5개년계획도 있었다는 것을 알고 계셨는지? 놀라지 마시라. 있었던 정도가 아니라, 경제개발 5개년계획과 쌍둥이처럼 늘 함께 붙어 다니며 무려 4차까지 발표되었다. 1962년 제1차 기술진흥 5개년계획(1962~66)이라는 이름으로 처음 발표된 후 2차에는 과학기술진흥 5개년계획(1967~71), 3차에는 과학기술개발 5개년계획(1972~1976), 4차에는 경제개발 5개년계획 가운데 과학기술부문(1977~1981)이란 이름으로 나왔다. 경제개발 5개년계획이 경제발전의 청사진을 그렸듯, 과학기술 관련 5개년계획들은 불모지 대한민국의 과학기술 발전에 설계도로 활용되었다. 그것도 허황된 계획이 아닌 실제 달성할 수 있고 그리고 반드시 달성해야만 하는 내용들로 가득 차 있었다.

하나만 살펴보자. 제4차 5개년계획에는 무려 '두뇌산업과 정보산업 육성'이라는 제목으로 IT기술 개발에 대한 내용이 들어 있다. 오늘날 알파고가 전 세계를 휩쓸고, 마이크로소프트와 애플이 세계시장을 뒤흔드는 것을 예견하기라도 한 듯 1977년의 계획에서 이미 두

뇌산업 육성을 국가가 집중 양성해야 할 핵심 프로젝트로 내세운 것이다. 박정희 대통령이 천수를 누렸다면 빌 게이츠와 스티브 잡스가 대한민국에서 나오지 않았을까 하는 상상을 해 보게 되는 이유다.

대한민국 최초의 과학기술 전담 부서를 만든 것도 박정희 대통령이다. 1967년, 단군 이래 처음으로 과학기술의 진흥을 위한 '과학기술처'가 탄생했다. 과학기술이야말로 국가발전의 핵이거늘, 이를 전담할 정부부처가 그 전까지는 없었다. 박정희 대통령이 집권하기 전까지 과학기술은 그 중요성도 필요성도 인정받지 못했다. 기술자라면 기름칠 하는 쟁이라고 깔보고, 과학은 대입 시험을 위해 고등학생 때 잠깐 공부하고 마는 식이었다. 그런 대한민국에서 과학기술처가 탄생했다는 것 자체가 놀라운 역사적 사건이다. 장관은 과학기술자였다. 초대 장관 김기형 박사를 비롯해 2대 장관 최형섭 박사에 이르기까지, 국무회의를 수놓던 고시 출신 문관이 아니라 과학인이 당당히 국무위원으로 한 자리를 차지하게 된 것이다. 과학기술자도 장관을 하는 나라가 된 것이다.

목공 이야기를 이어 가 보자. 설계도는 그 정도면 잘 그렸다. 이제 문제는 집을 지을 인부들을 모을 때다. 그런데 아뿔싸, 목수가 없다. 대목 소목커녕, 집짓기를 지휘할 도편수부터가 없다. 이를 어쩐다? 그런데 다행히 건넛집에 솜씨 좋은 목수가 산다고 한다. 옳거니, 저 사람에게 부탁해 보자. 우리 집 짓는데 좀 도와주시오, 하고 말이다. 과학기술 진흥을 하고자 결심이 서고, 5개년계획이란 밑그림도 그렸는데, 문제는 역시나 사람이었다. 도무지 쓰고 싶어도 쓸 사람이 없는 상황이었다. 명색이 서울대 공대를 나왔다는 사람조차 대학 4

년 동안 제대로 된 실험기구 하나 만져 보지 못한 정도였다. 기술이라는 것도 눈 뜨고 차마 보기 어려운 수준이었다. 가마의 열기로 놋쇠그릇을 녹여 식칼이나 냄비를 만들어 내는 식의 조선시대 대장장이에 머물러 있었다. 딱 거기까지였다.

현재 대한민국의 손꼽히는 방위산업체 풍산금속의 창업주가 사업을 시작하게 된 사연을 들으면 기가 찬다. 어느 날 청와대의 연락을 받고 들어가니 대통령이 국산 탄약을 좀 만들어 달라고 부탁을 했다고 한다. 겨우 시장에서 양은냄비 만드는 공장 하나 가진 사람에게 탄약공장이라니, 말이 안 된다 싶어 정중히 사양했다. 그러자 대통령이 간곡히 호소했다. "우리나라에 지금 당신만 한 기술자가 아무도 없습니다. 어렵겠지만 부탁합니다."

대한민국의 기술이 딱 그 수준이었다. 그런 상황에서 경제발전을 위한 과학기술을 하려니 해외 우수인력의 유치가 반드시 필요했다. 평소 나라를 위해서라면 대통령의 체면이니 권위니 하는 것은 개의치 않던 박정희 대통령은 해외 과학기술자 초빙을 위해서 발 벗고 나선다. 1965년 존슨 대통령과의 한·미정상회담에서 과학기술연구소 설립이란 선물을 받은 박정희 대통령은 연구소 설립에 박차를 가하는 한편, 그 연구소(이 연구소가 바로 KIST, 설립 당시 한국과학기술연구소, 지금의 한국과학기술연구원이다)를 채울 우수 두뇌를 유치하기 위해 심혈을 기울인다.

응답하라 과학기술자여!
— 육필(肉筆)로 전한 대통령의 삼고초려

대한민국 초대 과학기술처장관을 지낸 김기형 박사부터가 대통령이 직접 섭외한 과학자였다. 한·미정상회담을 위해 미국을 방문해 재미 한인 과학자들과 시간을 가진 박 대통령은 당시 젊은 과학자 김기형 박사를 만나게 된다. 간단한 인사와 함께 "다시 보기 바란다"는 말을 남긴 채 짧은 첫 만남이 끝난다. 이후 평소와 다름없이 미국에서 연구 생활을 이어 가던 김기형 박사는 느닷없이 박정희 대통령으로부터 한 통의 연락을 받는다. "조국근대화에 동참해 달라. 우리에겐 김기형 박사가 필요하다"는 요지의 짧은 글이었지만 모국의 대통령으로부터 간절한 요청을 받은 김 박사는 고민과 함께 가슴이 부풀어 오름을 느꼈다. 내가 나고 자란 조국이 잘사는 나라가 되는 데 나의 힘이 꼭 필요하다니. 그것도 한 나라의 대통령이 직접 나를 짚어 이렇게 불러 주다니. 김기형 박사는 마침내 결단을 내리고, 고국에 귀국한다. 김 박사는 귀국하자마자 2년간 국내외 과학기술계 현황을 조사, 정리하여 과학기술 전담 부서의 필요성을 대통령에게 건의한다. 대통령의 흔쾌한 수락과 함께 그는 초대 과학기술처장관에 올라 대한민국 과학기술정책을 지휘하게 된다.

박정희 대통령이 초빙한 과학자는 하나 둘이 아니다. 단순히 귀국시키고 만 것도 아니다. 아니, 세계 최강국 미국에서 대학교수와 연구원으로 남부럽지 않게 잘살고 있던 과학기술자가 오직 조국의 근대화를 위해 이 한 몸 바치겠노라며 들어오겠다는데 어찌 고맙지 않을까. 누구보다 사람의 중요성을 알고 사람을 아꼈던 박정희 대통령은 그들에 대한 고마움을 마음뿐만 아니라 표현으로도 아끼지 않았다.

대한민국 컴퓨터산업의 아버지로 불리는 두 사람, 성기수 박사와 이용태 박사의 이야기를 잠깐 살펴보자.

성기수 박사는 서울대 공대를 졸업하고 미국 하버드 대학으로 유학을 떠나 당시 기준으로 최단기간에 박사학위를 받은 인물로, 미국에서도 유능함을 인정받아 미래가 촉망되던 컴퓨터과학자였다. 그런 성기수 박사를 KIST 전산연구실장으로 모신 박정희 대통령은 밤낮 없이 연구에 몰두하던 그를 무척이나 아꼈다. 다른 사람이 함께하거나 국무회의 등 공식 석상에서 보게 되면 박 대통령은 늘 성 박사를 가리켜 "중학생처럼 생겼는데 머리는 꼭 컴퓨터처럼 명석하다"며 대놓고 칭찬하곤 했다. 1979년, 5·16민족상 학예부문 수상자로 뽑힌 성기수 박사는 다른 수상자들과 함께 청와대 기념 만찬에 초대된다. 분위기가 무르익던 즈음 갑자기 박 대통령은 성기수 박사에게 다가가 "성 박사! 나를 위해 앞으로도 더욱 열심히 일해 주시오!"라며 그를 와락 껴안았다. 만찬에 함께한 누구도 예상치 못한 대통령의 애정 표현이었다.

삼보컴퓨터의 창업자로 더 유명한 이용태 박사도 성 박사 못지않은 인물이었다. 그는 산골에서 태어나 고학으로 서울대 물리학과에 수석입학한 수재였다. 서른 살의 늦은 나이에 미국으로 유학을 떠나 유타 대학에서 물리학박사를 취득한다. 성 박사와 마찬가지로 박정희 대통령의 간청에 따라 귀국한 그는 성기수 박사와 함께 KIST에서 한국 컴퓨터산업이 뿌리 내리는 데 결정적 기여를 한다. 이용태 박사는 훗날 인터뷰에서 "박정희 대통령이 아니셨다면 오늘의 대한민국 IT는 없었을 것입니다"라고 단언했다.

　과학기술자를 아끼고 사랑했던 박정희 대통령의 모습은 KIST 연구원의 월급을 둘러싼 소동에서도 확인할 수 있다. 당시 KIST 연구원의 급여는 미국에서 받던 월급의 4분의 1을 한국 돈으로 받는 조건이었다. 쉽게 말해, 미국에서 받던 월급의 반의 반을 받는 것이었다. 실로 열악한 근무조건이었다. 그런데 문제는, 그렇게 깎은 월급도 서울대 공대 교수 월급의 3배에 달한다는 사실이었다. 자존심으로는 세계 제일을 달리던 서울대 교수들은 격렬히 항의했고 청와대에 민원이 빗발칠 정도로 소동이 났다. 결국 청와대에서는 최형섭 KIST 소장을 불렀다. 박정희 대통령은 최 소장에게 연구원 급여표를 보여 달라고 한다. 당연히 급여를 더 낮추라고 지시하리라 예상했던 최 소장은 뜻밖의 대통령의 답변에 놀라게 된다. 박 대통령은 "과연 나보다도 봉급이 많은 사람이 수두룩하군" 하며 미소를 띤 뒤, "여기 있는 그대로 집행하시오"라고 말하며 최 소장에게 급여표를 돌려주었다. 자기도 그렇게 받지 못하니 교수들도 그만 입 다물어 달라는 얘기였다. 그렇게 박정희 대통령은 서울대의 반발까지 무시하며 과학기술자에게 힘을 실어 줬다.

　미국에서의 안락한 삶과 과학자로서의 영광을 뒤로 한 채 가난한 조국의 발전을 위해 젊음을 던진 1세대 과학기술자들. 그런 과학기술자를 한몸같이 아끼고 격려한 박정희 대통령. 가난한 조국이었지만 조국근대화란 한 꿈으로 동지애를 나눈 국가지도자와 과학기술자의 아름다운 드라마가 펼쳐진 1960년대와 70년대였다.

"과학기술 예산은 내가 지켜 주겠소"
— 무소불위의 경제관료를 물리치다

경제와 과학기술은 정비례 관계에 있지 않다. 오히려 반비례에 놓일 수도 있다. 쉽게 말해 경제가 과학기술의 발전을 막는 장애가 될 수도 있다는 말이다. 당장 먹고살거리를 걱정해야 하는 때에 수학이니 과학이니 공학이니 하는 것은 사치로 보일 수밖에 없다. 더군다나 경제개발을 위해 전 국민이 전력을 다하던 시절이 바로 1960년대 아니던가.

경제개발 5개년계획에 한창 박차를 가하던 시기, 경제관료는 그야말로 무소불위의 힘을 가지고 있었다. 어떻게 경제개발을 하고, 누구를 통해 일을 하고, 누구에게 자금을 지원해야만 할 것인가 등, 이 모든 것의 초안을 짜던 이들이 바로 경제관료였다. 그러다 보니 다른 부처에서는 재무부와 경제기획원(현재의 기획재정부)의 눈치를 볼 수밖에 없었다. 경제관료에게 찍히기라도 했다가는 당장 내년도 예산이 삭감될지도 모르는 판이었다. 그런 상황에서 이제 막 출범한 과학기술처의 위상과 처지는 위태하기 짝이 없었다. 경제관료와 비교해 보면 마치 신생아가 다 큰 어른을 상대해야 하는 처지랄까. 과학기술처가 믿을 수 있는 것은 오로지 한 사람, 박정희 대통령밖에 없었다.

박정희 대통령의 뛰어난 점은, 과학기술 진흥을 말이 아니라 행동으로 보여 주었다는 것이다. 이를 단적으로 보여 주는 몇 가지 사례를 살펴보자.

1967년 초대 과학기술처장관에 오른 김기형 박사는 이듬해 예산안을 보고 절망한다. 아무리 농업사회였다고는 하지만 농림부 예산의 겨우 100분의 일이 과학기술처에 배당된 것이다. 눈치 보는 관료체질이 아니었던 김 장관은 작심하고 다음 국무회의에서 발언을 신청한다. 모두가 근엄한 자세로 대통령을 모시고 경제기획원의 예산안 보고를 듣고 있는 자리에서 김 장관은 목소리를 높였다.

"도저히 이 예산으로는 과학기술 진흥을 이룰 수가 없습니다. 현재 예산보다 70퍼센트를 증액해 주십시오."

경제기획원장관과 경제관료들은 물론이고 국무위원들의 얼굴까지 굳어졌다. 그때 박정희 대통령은 나지막한 목소리로 최 장관에게 말했다.

"그 정도면 충분하겠소?"

그리고 박 대통령은 경제기획원에 김 장관이 말한 대로 과학기술처 예산을 증액하라는 지시를 내린다. 70퍼센트는 아니더라도 조금이라도 더 예산이 늘어나길 바라던 김기형 장관으로서는 대통령에게 놀라운 선물을 받은 격이었다. 지금 들으면 그게 뭐 대단하냐고하겠지만, 생각해 보시라. 당장 배고픔을 걱정하던 1960년대에 과학기술 예산을 증액하는 결심은 쉬운 일이 아니다. 요즘도 복지예산을 늘리기는 쉬워도 과학기술예산 늘리기는 어려운 것이 현실 아닌가. 박 대통령이 아니었다면 불가능했을 결단이었다.

미국과의 협의로 KIST 설립이 한창이던 시절, 박정희 대통령은 KIST 공사에 큰 관심을 보였다. 박정희 대통령은 한 달에 한 번씩 거르지 않고 KIST 공사현장을 찾아가 작업자를 격려하고 최형섭 소장을 비롯한 연구원들과 담소를 나누곤 했다. 사실 말이 쉽지, 대통령이 한 달에 한 번씩 특정 기관을, 그것도 공사 중인 현장을 친히 방문한다는 것은 보통 일이 아니다. 요새도 대통령이 임기 중 한 번이라도 찾아간 기관은 어깨에 힘이 들어가고, 대통령이 들른 부처는 공무원의 사기가 하늘을 찌르지 않는가. 오늘도 그러할진대 박정희 대통령의 격려를 받은 연구원의 사기가 어떠했을지는 더 말 안 해도 짐작할 수 있을 것이다. 단순히 다녀간 것만도 아니었다. 심지어 대통령은 침대맡에 KIST 설계도를 붙여 놓고 매일 공사 진척 현황을 보고받을 정도였다.

그러다 보니 정작 발등에 불이 떨어진 것은 미국이었다. 원래 5년으로 잡아 놓은 설립계획에 따라 미국으로부터 자재를 조달해 왔는데, 대통령의 각별한 관심과 격려 덕분에 설립이 예상보다 너무 빨리 진행되곤 했던 것이다. 미국 측 공사담당자가 최형섭 소장을 만나 제발 부탁이니 조금만 시간을 더 달라고 호소할 정도였다. 박 대통령의 관심과 애정 속에 대한민국 최초의 과학기술연구소 KIST는 예정보다 2년 앞당겨, 첫 삽을 뜬 지 3년 만에 완공된다.

KIST가 설립된 이후로도 대통령은 1년에 서너 번은 직접 방문해 연구원들을 친히 격려했다. KIST에 근무한 원조 멤버들은 요즘도 모일 때마다 그 시절을 이야기하곤 한다. "아마 대통령으로부터 격려금을 못 받아 본 연구원은 한 명도 없을 것"이라며 박정희 대통령

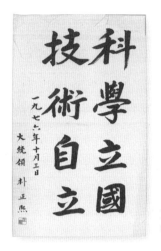

'과학입국, 기술자립.' 한국과학
기술연구원(KIST) 현관에 걸린
박정희 대통령 친필 휘호(1976)

을 추억한다. 당시를 최형섭 박사는 이렇게 회고한다.

　(박정희 대통령은 KIST) 설립 후 3년 동안 적어도 한 달에 한두 번씩은 꼭
연구소를 방문하여 연구들과 대화를 나누어 연구소의 사회적 위상을 높여
주었고, 건설장에 직접 나와 인부들에게 금일봉을 주는 등 각별한 신경을
써 주었다. (…) 국가원수가 자주 연구소에 들른다는 것은 그 자신으로 볼
때 크게 번거로운 일도 아니고 또 돈이 드는 일도 아니다. 그러나 그것이
미치는 영향은 상상할 수 없을 정도로 컸다. 연구소에서 연구하는 사람의
사기가 극도로 올라가는 것은 당연한 일이고, 연구소를 지원하는 정부 관
리의 사고나 행동이 완전히 달라지게 된다.

시골 촌부를 산업전사로 만들다

계속 목공 이야기다. 현장을 지휘할 도편수도 구했고, 솜씨 좋은 대목들도 구했다. 그런데 이런! 자재를 용접하고, 시멘트를 바르고, 전기선을 깔 인부들이 부족하다. 집을 지을 준비는 다 되었는데 집 지을 인력이 부족한 실정이다. 한두 명이면 어디서 데려다가 쓰겠지 만 필요한 손이 한둘이 아니다. 어쩔 수 없다, 우리가 키워서 써야지! 이렇게 해서 박정희 대통령은 기능공 양성에 돌입한다.

기능공이 무엇인가? 요즘에는 듣기 힘든, 사라진 사어(死語)다. 기 능공을 이야기하기 전에 먼저, 과학기술분야 종사자를 어떻게 구분 하는지 보고 가자. 과학기술자는 연구개발을 담당하는 '과학자'(이를 테면 박사학위를 가진 사람)와 고급기술을 보유한 '기술자'(이를테면 공고나 전문 대학을 졸업하고 오랜 현장 경험을 가진 사람), 그리고 끝으로 그 이하의 기술을 가진 '기능인'(별다른 전문교육을 받지 않고 현장에 뛰어든 사람)으로 구분된다. 기술을 보유한 인력이라는 점에서 기술자와 기능인은 비슷하지만, 기술자가 더 고급기술을 가진 사람이다. 다른 말로 기술자가 숙련된 인부라면, 기능인은 반(半) 숙련이나 비숙련 인부다. 과학기술의 발 전과 이를 통해 경제발전을 이루려면 과학자, 기술자, 기능인의 3박 자가 고루 갖춰져야 가능하다. 마치 머리와 몸통, 손발이 박자가 맞 아야 제대로 된 춤 동작이 나오듯 말이다.

당시 상황으로 다시 돌아가 보자. 부족한 과학자는 해외 우수인 력을 모셔야 메웠다. 능숙하지는 않지만 무엇이라도 시키면 일할 기 능인은 꽤 있다. 그런데 기술자가 없다. 쉽게 말해, 숙련된 노동자가 턱없이 부족했던 것이다.

그러면 왜 기술자가 갑자기 필요해졌는가? 이를 이해하기 위해 1970년대 초의 상황을 알 필요가 있다. 아시다시피 그 시기는 중화학공업화가 선언된 때였다. 이전까지의 수공업과 경공업을 뛰어넘는 산업적 도약을 이룩하기 위한 대전환기였다. 그러나 말이 쉽지 경공업 하다 중공업으로 넘어간다는 게 말 한마디로 되는 것이 아니다. 영국이나 독일, 프랑스 등 선진국들도 중화학공업을 하기 위해 최소 100년이 걸렸다. 그런데 이것을 박정희 대통령은 몇 년 만에 해내야만 하는 상황이었다. 중화학공업은 경공업과 다른 것이 많지만 특히나 인력의 기술력 수준이 다르다. 경공업의 대표주자로 흔히 알려져 있는 면직산업이나 봉제산업을 생각해 보자. 재봉틀을 처음 본 사람도 하루, 길어도 이틀이면 봉제공장에서 일할 만한 실력을 갖추게 된다. 경공업에 필요한 기술력은 주먹구구, 어깨 너머 배움이 가능하단 말이다. 그러나 중화학공업은 이와는 차원이 다르다. 대표적으로 총기를 만드는 공장을 생각해 보자. 군 복무를 마친 분들은 한번쯤 총기 분리와 조립을 해 봤을 거다. 그때 보면 별 생각이 안 든다. 의외로 총기 부품이 단순하구나 하는 느낌 정도? 그런데 실제 만들려면 무지하게 복잡하고 정밀한 부품들이다. 이른바 정밀기계. 총알이 발사되기 위해 지나가는 길, 총열만 보더라도 거기에 나선(뱅글뱅글 도는 회오리 모양)으로 홈을 파야 한다. 그 홈을 내는 데 1밀리미터의 100분의 1에 해당하는 길이를 조작할 수 있는 손기술이 필요하다. 1밀리미터도 아니고 거기의 100분의 일이라고? 그렇다. 총기 하나 만들려면 그런 고급기술이 필요하다.

사정이 이러한데 정작 그런 고급기술을 가진 인력은 태부족이다. 앞으로 중화학공업화가 성공적으로 추진되려면 필요한 인력은 적어도 수십만에서 많게는 100만 이상이 필요하다. 방법은 하나. 지금이라도 열심히 가르치고 키워서 빨리 만들어 낼 수밖에 없다. 그래서 박정희 대통령은 단순기능인에서 기술자로 올라가는 첫 단계인 '기능공' 양성에 전력을 기울인 것이다.

그럼 어떻게 박 대통령은 기능공을 키웠나? 크게 두 가지다. 하나는 이미 현장에서 기능인으로 일하는 사람을 재교육하는 것, 다른 하나는 아직 학교에 다니는 학생들을 기능공으로 키우는 것이었다. 첫 번째 방식은 다른 말로 '직업훈련'이라고 불렀고, 두 번째 방식은 '기술교육'이라고 불렀다.

직업훈련은 쉽게 말해서 직장에서의 교육이다. 요즘도 회사에 입사해서 일하다가 회사가 운영하는 교육과정이나 프로그램을 이수하곤 하는데, 그거다. 아니면 민간에서 운영하는 기술교육장(학원 같은 곳)에서 정해진 시간만큼 교육을 받으면 자격을 인정해 주는 식이었다. 처음에 시골에서 올라와 막노동으로 하루하루의 끼니를 해결하던 사람이 직업훈련을 통해 용접기술을 배웠다고 생각해 보자. 그러면 이 사람은 더 이상 잡부가 아니라 용접공이 되어 더 많은 보수를 받고 일할 수 있게 된다. 운 좋게 현대중공업이나 현대자동차 같은 대기업에 취직하게 되면 그 사람은 이제 탄탄대로를 거쳐 중산층으로 수직이동을 하게 되는 것이고. 그리고 실제로 수많은 사람들이 박정희 대통령 시대를 거치며 이런 방식으로 빈민층에서 중산층으로 인생 역전에 성공한다.

당시 농촌에는 널린 게 사람이었다. 경제학 용어로 유휴노동, 쉽게 말해 노는 사람이 그만큼 많았다. 이들은 농촌에 남아 있으면 간신히 농사일을 거들며 하루 끼니를 챙겨 먹거나, 그것이 싫어 도시로 올라오면 가진 기술이 없어 막노동이나 잡부로 일하는 것이 고작이었다. 요즘 말하는 도시빈민층이 되는 코스다. 그런 상황에서 다른 길이 열린 것이다. 그것도 더욱 안정적이고 윤택하고 풍요롭게.

기술교육은 요즘처럼 말로만 떠드는 게 아니었다. 먼저 공업고등학교를 전국으로 확대해 학생 수를 늘렸고, 장학금과 생활비를 지원하는 인센티브를 제공해 집은 가난하지만 머리 좋은 학생들의 적극적인 입학을 유도했다. 요즘도 공고 명문으로 남아 있는 금오공업고등학교를 예로 보자. 금오공고는 개교 당시 파격적인 조건을 내걸었다. 학비 전액 지원과 기숙사 제공, 거기에 용돈까지. 단, 제한이 하나 있었다. 전교에서 손가락 안에 드는 성적과 학교장이 추천하는 학생일 것. 아마 지금 들으면 미친 소리 아니냐고 반문할 거다. "아니, 전교에서 10등 이내 드는 학생이 미쳤다고 공고를 가나?"라며. 그러나 놀라지 마시라. 금오공고는 전국에서 손꼽힐 만큼 입시경쟁이 치열한 학교였다. 그도 그럴 것이, 당시만 해도 지금과 달리 대학 진학률이 5퍼센트가 안 되던 시절이었다. 수능 응시자 50만 명을 기록하는 요즘은 상상도 못 하겠지만 1970년대 중반까지도 전국에서 4년제 대학에 진학하는 학생은 5만 명에 불과했다. 가난 때문이다. 머리가 나빠서가 아니라 가난하기 때문에 대학 공부까지 마칠 여유가 없었던 것이다. 그런 두뇌들에게 막노동이나 도시빈민은 차마 되기 싫은 선택이었다. 그런데 갑자기 장학금에 고등학교 공부까지 시켜 주고, 원하면 고연봉의 취업까지 할 수 있는 기회가 생긴 거다. 당연히 입시경쟁은 치열할 수밖에 없었고, 우수한 학생들이 몰려든 공고도 수준이 올라갈 수밖에 없었다.

이렇게 양성되어 제대로 된 기술을 갖춘 인력은 기능공이라 불리며 1970년대 조국근대화의 기수이자 산업전사로 활약하게 된다. 최근 한 연구에 따르면 1970년대 기술교육 확충을 통해 양성된 인력이 약 100만에 이르는 것으로 추산된다. 당시 가구 구성이 통상 4인 가구임을 감안하면 박정희 대통령 덕분에 400만 명의 국민이 먹고 살 길을 찾게 된 것이다. 그것도 입에 풀칠만 하는 게 아니라 저축도 하고 내 집도 마련하고 승용차도 구입하는 중산층으로 말이다.

이제 도편수도 목수도, 배전공도 용접공도 미장이도 모두 모았다. 열심히 일해 집만 만들면 된다. 그렇게 힘차게 집을 만들어 가는데, 이럴 수가! 전혀 생각지 못한 문제가 생겼다. 사람들이 집 짓는 사람들을 손가락질하며 수군거리는 것이 아닌가. 그렇다. 아직도 변하지 않은 게 있었다. 500년을 짓이기긴 조선왕조가 남긴 멍에, 사농공상의 신분관이 여전히 국민들 머릿속을 채우고 있던 것이다.

"내 꿈은 과학자"
— 서울대 공대가 배치표 1위에 오르다

요즘 청소년에게 장래 희망이 무엇이냐고 물으면 무슨 답이 돌아올까? 초등학생이나 중학생이라면 연예인, 현실에 조금 눈뜬 고등학생이라면 교사나 변호사 등이다. 대학교에서는 어떨까? 꿈에 부푼 신입생 1년을 마치고 나면 다들 선호하는 직업이 비슷해진다. 고시를 쳐서 공무원이 되겠다, 언론사에 들어가 기자가 되겠다, 대기업에 들어가 사무직으로 일하겠다, 변호사나 공인회계사 자격증을 따서 '사'자 전문직이 되겠다 등이다. 어디를 둘러봐도 과학자나 기술자가 되겠다는 사람은 찾아보기 어렵다. 공대라고 다를까. 공과대학을 나온 학생들도 원하는 직업은 멋진 양복에 하얀 와이셔츠, 거기에 샤프한 느낌의 넥타이를 매고 출근하는 대기업 사무직이다. 비록 이공계열 모집으로 입사하더라도 공장에서 플랜트를 돌리는 일은 하기 싫다는 것이 솔직한 심정이다. 기름밥 먹는 일은 왜 하느냐는 것이다.

다시 1970년대로 돌아가 보자. 그때는 어땠을까? 여전히 고등고시를 향한 부모와 학생들의 집념은 끝이 없었고, 누구나 인문사회계로 진학해 폼 나는 선비 노릇을 하고 싶어 했다. 그러나 그때와 오늘이 다른 것이 하나 있었다. 바로 국가지도자 박정희의 존재였다. 박정희 대통령은 사농공상에 허우적대는 탁상공론의 먹물들만으로는 아무것도 하지 못한다는 사실을 너무나 확실히 알고 있었다.

세상에서 제일 힘든 게 사람들 생각을 바꾸는 거다. 변하지 않는 것은 아무것도 없다지만 변화시키기 제일 힘든 게 관습이요 인생관이다. 산업전사가 되어 조국근대화에 열심히 구슬땀을 흘리던 기능공들도, 대학에서 공대로 진학해 열심히 공부하던 이들도 전통적 세계관으로부터 자유로울 수 없었다. '비록 내가 입에 풀칠을 하고는 산다만 사람들 눈에는 그래 봤자 쟁이 아닌가' 하는 자조와 회한이 그들을 괴롭혔다. 박정희 대통령은 이들에게 사기를 불어넣기로 했다.

돌이켜보면 우리는 너무나 오랫동안 과학기술을 천시하고 등한시하는 환경 속에서 살아 왔습니다. 비록 한때 세계 최초의 금속활자를 만들어 우수한 과학기술의 진경을 보였던 역사의 기록도 있습니다만, 비과학적인 인습과 사회풍조가 그 지속적인 발전을 저해하고 말았던 것입니다. (…) 무엇보다도 먼저 과학자와 기술자를 우대하고 우리 생활의 구석구석까지 과학기술이 스며드는 사회 풍토의 조성이 시급합니다.

박 대통령은 어떻게 했을까? 기능올림픽이라는 게 있었다. '국제직업훈련경기대회'가 정식 명칭인 이 대회는 기능올림픽이라고도 불렸는데, 쉽게 말해 전 세계에서 손재주가 뛰어나다는 선수들이 출전해 기능을 겨루는 대회였다. 한국은 1977년부터 2003년까지 단 한 해(1993)를 빼고 총 14회 종합우승을 기록할 만큼 이 대회에서 뛰어난 성적을 보였다. 그만큼 한국의 기술력, 한국인의 솜씨가 훌륭했다는 이야기겠지만, 동시에 국민들에게도 기능공의 자부심을 돋아 주는 계기가 되었다.

요즘은 기록물을 통해서나 보게 되는 카퍼레이드라는 것이 있다. 국제대회에서 우승하고 온 영웅을 뚜껑 열린 차에 태우고 서울시내를 도는 축하행사다. 카퍼레이드에는 수많은 국민들이 나와 환호와 박수로 영웅을 맞이하곤 했다. 기능올림픽 선수단도 바로 이 카퍼레이드의 주인공이었다. 경력으로 보자면 선수단은 특별한 사람들이 아니었다. 평범하거나 가난한 가정에서 태어났지만 성실히 배우고 일하며 기술을 닦은 보통 사람이었다. 그런 그들에게 국민적 환영행사인 카퍼레이드를 선사함으로써 자존심을 세워 주었다. 국민들도 더 이상 그들을 쟁이나 천한 사람으로 취급하지 않았다. 마치 김연아 선수나 손연재 선수가 피겨스케이팅과 리듬체조에서 뛰어난 성적으로 메달을 따면 온 국민이 피겨와 리듬체조에 관심을 갖고 선수들에게 격려와 응원을 다하듯, 기능올림픽에서 메달을 딴 기능공들은 국민적 영웅으로 대접받으며 뿌듯함을 느꼈다.

1968년 4월 21일, 정부 주최로 제1회 과학의 날 행사가 개최된다. 한 해 동안 뛰어난 업적을 보인 과학기술자에게는 대통령상을 시상했다. 파격적인 것은 대통령상의 부상으로 상금 50만 원이 주어졌다는 사실이다. 지금도 상금 50만 원이라면 작은 돈은 아니다. 그런데 50년 전에 현금 50만원이라니, 그게 얼마나 큰돈이었을지 상상이 안 간다. 그런 큰돈을 과학기술자에게 준다는 사실에 모두가 놀랐고 부러워했다.

박정희 대통령의 이러한 노력은 마침내 1970년대 중반을 넘어서며 성과를 맺기 시작한다. 고등학생들의 이공계 진학이 늘어났고, 전국에서 가장 우수한 성적을 거둔 학생들이 서울대 공대와 자연대로 진학했다. "내 꿈은 과학자"라고 말하는 어린이들이 늘어났고, 과학을 모르면 대화에 끼기 어려운 분위기가 지식인들 사이에 스며들었다. 바야흐로 과학과 기술이 인정받는 시대가 다가온 것이다. 한반도 역사 5천 년 만에 처음으로 과학기술자가 대우받는 호시절이 온 것이다. 이와 동시에 전근대적인 관습과 전통에 사로잡혔던 한국인이 근대인으로 재탄생하는 순간이었다.

과학강국의 꿈, 여기서 끝나나

우리에게 과학과 기술은 무엇일까? 이 질문에 대한 답은 박정희 대통령 이전과 이후로 나뉜다.

박 대통령이 등장하기 전 우리에게 과학기술이란 천한 것들의 밥벌이에 불과했다. 그러나 박 대통령의 집권으로 우리에게 과학기술은 나라가 잘살기 위해 필요한 것으로 바뀌었다. 21세기라고 다를 게 뭔가. 오늘날 세계질서를 주름잡으며 뭇 국가들을 선도하는 선진국을 보라. 미국, 중국, 일본, 영국, 독일 모두가 과학기술 강국이다. 땅덩어리가 커서도 아니요, 인구가 넘쳐나서도 아니요, 영어를 잘해서도 아니다. 과학과 기술이 지금 이 순간에도 나날이 발전에 발전을 거듭하고 있는 나라들일 뿐이다.

그렇다면 지금의 대한민국은 어떤가? 가장 뛰어난 학생은 의대를 간다. 유학 길에 올라 미국 박사를 딴 과학자는 미국에서 연구한다. 한국에 오지 않는다. 학생 누구도 공장에서 일하고 싶어 하지 않는다. 취업 안 되는 문과보다 밥벌이가 잘된다는 이유로 공대가 반짝 인기를 끌고 있다지만, 얼마나 가겠는가. 어느덧 우리는 그렇게 1960년대 대한민국으로 돌아와 버렸다. 마치 〈응답하라 1961〉의 첫 장면을 보는 느낌이다.

박정희 대통령이 그토록 바라던 '과학입국, 기술자립'의 꿈은 피는 듯하다가 져 버렸다. 지금 우리가 이만큼 기술로 먹고살게 된 것도 박정희 대통령이 재어 놓은 창고 덕분인지 모른다. 이제 그 창고를 다 털어먹고 드디어 밑천을 드러내고 있다. 과학기술이 국제경쟁력의 키(key)로 떠오른 오늘날, 과학 대통령 박정희를 기억하고 그리워하는 이유다.

06
한류의 기반, 박정희 문예중흥

황 인 희*

들어가면서

1960년대에 고속도로를 낼 때, 대구에서 경주 구간에 고분(古墳)이 많이 걸렸습니다. 그 당시 건설부장관이나 건설부 쪽의 사람들은 보이는 모든 것은 그냥 고속도로뿐이고 그날 그날의 사업 진척만 눈에 보였어요. 그 당시 문화재를 담당하는 계장(문화재관리국)인 제가 그대로 밀고 가면 안 된다는 것을 대통령께 보고드렸습니다. 박정희 대통령은 이한림(李翰林) 건설부장관한테 "다 발굴하여 조사하고 난 후에 공사를 진행하라"고 했습니다. 건설부에서는 깜짝 놀랐어요. 그 당시 제일 우선순위가 경부고속도로를

---

* 역사 칼럼니스트

만드는 것인데, 그보다 더 귀중한 우선순위의 사업이 있다는 것을 알게 된 거예요. 그래서 6개월이나 그 공기(工期)가 지연되었어요. 이 일이 있은 후에 문화재보호법을 개정하여 고속도로나 모든 국토 개발 과정에서 문화유산이 있으면 시공자가 부담을 하여 모두 발굴한 다음 공사를 하라고 했는데, 이것도 대통령의 지시였습니다. 박정희 대통령은 안압지, 불국사, 월성, 천마총 등의 발굴현장은 물론 성산 패총 발굴현장에도 오셔서 우리를 많이 격려해 주었어요. 그때 저는 '대통령이면 누구나 발굴현장에 와서 격려해 주시는 것이 하나의 관례구나'라고 생각했어요.[1]

위 글의 일화들에서 문화재에 대한 박정희 대통령의 의식을 단적으로 확인할 수 있다. 결론부터 말하자면 박정희는 우리나라의 문화를 융성시킨 대통령이다. 그것도, 아무것도 없는 불모지에서, 먹고 살기도 빡빡한 시기에, 그는 문화발전을 생각했다. 그리고 그것이 우리의 전통문화에 바탕을 두어야 하며 또 외화획득에 도움이 되어야 한다고 생각했다. 그래야만 우리 민족 고유의 문화가 발전하여 '세계 속의 한국'으로 나아갈 수 있고, 문화의 발전이 궁극적으로 민족중흥의 발판이 된다는 점을 강조하였다.

박정희 대통령에 대해 이야기할 때면 대개 경제개발 5개년계획이나 유신체제만을 거론한다. 오늘날까지 우리 국민에게 직접적이고도 커다란 선물로 남아 있는 문화융성에 대해서 이야기하는 사람은 별로 없다. 그러나 그 시대부터 시작된 문화융성의 결과물은 지금도 우리 눈앞에 너무도 확실하게 펼쳐져 있다.

1. 문화와 예술 진흥을 통한 민족중흥

"0에서 1까지의 거리가 1에서 100까지의 거리보다 길다."

유대인의 생활지침서 『탈무드』에 나오는 이야기이다. 모든 일이 '무(無)'에서 '유(有)'를 창조하는 것은 어렵다. 처음 맨땅에 부딪쳐 일을 시작하는 것이, 남이 이뤄 놓은 업적에 말 몇 마디 거들고 숟가락 하나 곁들이는 것에 비해 훨씬 어렵다는 의미의 경구이다. 그만큼 문화융성에 대한 박정희 대통령의 혜안과 실천력이 돋보인다는 얘기이다.

문화융성을 위한 박정희 대통령의 발걸음은 1961년 5·16 직후부터 시작되었다. 문화재청의 전신인 문화재관리국도 1961년 박정희 대통령이 새로 만든 기구이다. 1962년에 문화재보호법 제정을 시작으로 문화예술진흥법 등 문화예술 지원을 위한 여러 법적 정비가 이루어졌다. 1962년에는 무형문화재 제도를 만들었다. 판소리나 탈춤 등 무형의 전통예술이나 기능을 계승하는 사람들에게 예능(기능)보유자, 속칭 '인간문화재'라는 명예와 생계지원을 제공하게 되었다. 문화사업의 경제적 지원을 위한 문예진흥기금도 이 시기에 만들어졌다. 또 국립문화재연구소와 국립민속박물관이 개설되었고, 1979년에는 해외공보관 산하 해외 한국문화원을 일본, 미국, 프랑스 등에 설치해 한국문화를 외국에 널리 알리는 데 힘썼다. 이런 노력이 오늘의 한류의 기초가 되었음은 말할 나위도 없다.

박정희 대통령은 또한 국적 있는 교육도 강조했다. 이를 위해 「국민교육헌장」을 제정하고 한국적 가치관의 정립과 체계화를 위해 한국정신문화연구원(지금의 한국학중앙연구원)을 창립했다. 어찌 보면 지금 우리가 누리고 있는 거의 모든 문화적 혜택은 박정희 시대에 기초가 세워진 것이다. 그 후 여러 대통령이 선출되어 여러 가지 일을 했지만 그 시작과 기틀은 박정희 대통령 때 이루어졌다.

지금은 전국에 고속도로가 거미줄처럼 이어져 있다. 하지만 가장 처음 만들어진 경부고속도로만큼 중요한 의미를 지닌 고속도로는 없다. 무에서 유를 창조했기 때문이다. 문화적 업적도 마찬가지이다. 첫 시도는 그만큼 의미가 크다. 모든 일은 계획이 중요하다. 하지만 계획한 것을 실행에 옮겨 성과로 만들어 내야 그 계획도 제 빛을 발휘할 수 있다. 박정희 대통령은 문화 부분에 있어 많은 일을 직접 지시하여 이루어 냈다. 그저 지시한 것에 그치지 않고, 애정을 가지고 끊임없이 점검하고 직접 현장을 시찰하여 뜻한 바 성과를 이룰 수 있도록 초지일관 힘 있게 추진해 나갔다. 그렇게 박정희 대통령이 솔선수범하여 이끌어 낸 문화부문의 업적은 지금까지도 우리 국민에게 직접적인 영향을 끼치고 있다.

박정희 대통령의 문화의식

박정희 시대에는 '중흥'이라는 말이 자주 등장한다. 1968년, 국민들의 정신개혁을 위해 선포된 국민교육헌장도 "우리는 민족중흥의 역사적 사명을 띠고 이 땅에 태어났다"라는 구절로 시작되고, 문예중흥 5개년계획이 만들어진 것도 그 시대의 일이다.

'중흥(中興)'의 사전적 의미는 '쇠약해지던 것이 다시 번성하여 일어남', 혹은 '쇠퇴하던 것이 다시 일어남' 등이다. 다시 일어나고 다시 세운다는 의미의 '중흥'은 애당초 '다시' 일으켜 세울 무엇인가가 있어야 가능하다. 그러니 박정희 대통령이 특히 '중흥'이란 말을 강조했다는 것은 우리 민족이 이미 가지고 있던 저력과 가능성을 그가 높이 평가했다는 증거로 볼 수 있다.

박정희 대통령은 우리 민족이 조상 때부터 물려받아 지니고 있던 저력이 일제강점기에 결정적으로 훼손되었다고 여겼다. 그는 일제 강점기에 태어나 20대 후반까지 식민지 국민으로 살았다. 그 과정에서 그는 우리 민족의 사대주의적 병폐, 자주정신과 명예심의 결여, 게으른 생활습관 등을 주변에서 흔히 보게 되었다. 박정희 대통령은 그런 고질적 병폐가 우리 민족 스스로를 식민지 국민으로 전락시키고 고난과 가난에 몰아넣었다며 분노했다. 그럼에도 불구하고 우리가 저력을 지닌 민족임은 믿어 의심치 않았다.

박정희 대통령은 자랑스러운 역사와 전통을 지닌 우리 민족이 5천 년 동안 가난 속에서 힘들게 살아온 것을 안타깝게 생각했다. 그래서 자신의 집권기를 우리 민족이 저력을 발휘하여 민족중흥을 이루고 오랜 질곡에서 벗어나는 기회로 만들고자 했던 것이다.

> 5천 년의 긴 우리 역사에서 민족중흥기라고 할 수 있었던 시기가 과연 몇 번이나 있었던가. 우리의 민족사를 회고해 보면 국민 누구나 착잡한 심경을 금할 수 없을 것이다. [···] 우리가 겪은 시련과 고난은 크고 벅찬 것이었지만 그 속에서 이룩한 우리의 성과와 전진은 실로 값지고 소중한 것이다. 무엇보다 중요한 것은 우리가 1970년대의 어려운 시련을 극복하는

과정에서 우리 민족의 숨은 저력을 새삼스럽게 다시 깨닫게 되었다는 사실이다.[2]

박정희 대통령에게 민족중흥은 궁극적인 목표였고, 그 목표를 이루기 위한 필연적인 수단은 정신개혁이었다. 그는 1961년 5·16의 혁명공약에서부터 우리 국민의 정신개혁이 필요함을 강조하였다. 혁명공약의 세 번째 항목은 "나라의 부패와 구악을 일소하고 퇴폐한 국민도의와 민족정기를 바로잡는다"라는 것이었다. 혁명정부는 우선 부패와 구악을 일소한다는 공약에 따라 자유당 집권세력과 결탁하였던 정치깡패들을 포함한 2만 7천여 명의 범법자를 단속하였다. 또 4만여 명에 달하는 부패 공무원을 공직에서 추방했는데 이는 전체 공무원의 18퍼센트에 달하는 숫자였다. 1962년 발간된『우리 민족의 나갈 길』이라는 책에서 박정희 대통령은 "지난날 우리 민족사상의 악유산(惡遺産)을 반성하고 이조 당쟁사, 일제 식민지 노예근성을 깨끗이 청산하여 건전한 국민도(國民道)를 확립해야 한다"고 주장했다. 또 1963년 12월 17일 제3대 대통령 취임사에서도

정치적 자주와 경제적 자립, 사회적 융화 안정을 목표로 대혁신운동을 추진함에 있어서 우리는 먼저 개개인의 정신적 혁명을 전개하여야 하겠습니다. 국민은 한 개인으로부터 자주적 주체의식을 함양하며 자신의 운명을 스스로 개척한다는 자립, 자조의 정신을 확고히 하고 이 땅의 민주와 번영, 복지사회를 건설하기에 민족적 주체성과 국민의 자발적 적극적 참여의식 그리고 강인한 노력의 정신자세를 바로잡아야 하겠습니다. 불의와의

타협을 배격하며 부정부패의 소인을 국민 스스로가 절개 청산해야 하겠습니다. 탁월한 지도자의 정치역량이나 그의 유능한 정부라 할지라도 국민대중의 전진적 의욕과 건설적 협조 없이는 국가사회의 안정도 진보도 기대할 수 없는 것입니다.

라며 전 국민이 정신개혁에 적극 참여하기를 촉구하였다.

박정희 대통령은 민족중흥을 향한 정신개혁의 발판으로 전통문화의 계승과 발전을 활용하고자 했다. 우리 민족의 발전과 번영을 위해서는 조상의 얼과 슬기를 되살리는 것이 중요함을 강조한 것이다.

이 땅에 근대화의 기운을 일으키면서 나는 나 나름대로의 기대와 열정을 가지고 역사를 지켜 온 우리 조상들의 얼과 슬기를 오늘에 되살리는 데 심혈을 기울여 왔다. 우리의 귀중한 문화재를 되찾아 보수 복원하고 우리 역사를 빛낸 위인들의 업적을 되새긴 것도 모두 우리 자신을 먼저 알고 그 바탕 위에서 민족의 발전을 이룩하자는 것이다. […] 오늘날 우리가 되찾아야 할 조상들의 참다운 모습은 끊임없는 외세의 침략에 굴하지 않고 끈질기게 국가의 명맥을 지켜온 자주민족이며 […] 외래의 문화와 전통을 우리의 그것에 융화시켜 고유한 정신세계를 개척해 온 창조적인 문화민족이다. 이러한 민족의 자아를 새로이 확립하는 일은 바로 민족중흥의 대업에 이르는 첩경이다.[3]

전통문화의 계승과 발전을 위해 가장 먼저 주목한 것은 문화재 정비사업이었다. 박정희 대통령의 문화재 사랑은 유별났다. 그는 "문화재의 우수성은 국력과 정비례한다"는 말도 했다. 또 "문화재를 보호하는 것은 정신문화와 국민정신을 계발하는 데 효과적"이라고도 했다. 하지만 무조건적인 '보호와 계승'만을 주장한 것은 아니다. 그는 '문화의 창조적 계발'을 강조하였다. 창조적 계발이란 옛 것을 보호하고 새로운 것을 창조하는 두 가지 의미를 담고 있다. 그래야 '세계 속의 한국'이 각광받을 수 있다는 것이었다.

박정희 대통령은 문화재를 관광산업과 연결시키는 일에도 관심이 많았다. 1962년 한국관광공사의 전신인 국제관광공사를 설립하였다. 그러면서 "우리의 찬란한 전통문화를 세계에 널리 선양하면서 풍부한 관광자원을 적극 개발하라"고 지시했다. 그에게 문화재 개발은 민족문화 선양을 통한 국민정신 계발의 길인 동시에 관광자원 개발이었다. 문화재 개발을 통해 국가경제를 위한 외화도 획득하고 국가 홍보도 하자는 것이 그의 생각이었다.

지금은 당연하게 여겨지는 이 생각은 당시에는 획기적인 발상이었다. 그때는 우리나라의 이름조차 외국에 제대로 알려지지 않은 상황이었다. 세계가 K팝에 열광하는 것이나 '죽(竹)의 장막'에 갇혀 있던 중국 사람들이 우리나라로 관광차 몰려올 것은 상상할 수도 없을 때였다. 그런 1972년에 박정희 대통령은 다음과 같은 주장을 하였다.

문화재 보존과 외화획득은 병행하여 이루어야 한다. 전통문화를 빛내고 민족의 주체성을 드높이며 국민들의 소득증대에도 이바지하게 되는 것이다. 이런 뜻에서 경주지구 개발이 모범이 되어야 한다. 관광사업은 외화가득률이 높은 사업이므로 우리의 찬란한 전통문화를 세계에 널리 선양하면서 풍부한 관광자원을 적극 개발하라. 특히 경주는 민족문화의 정수를 간직한 문화의 고도(古都)이므로 국제적인 문화관광도시가 될 수 있게 고도 재현에 노력하고 문화유산을 보존 계승하여 민족정기를 일깨우고 국민정신 순화에 기여할 수 있도록 하라.[4]

　박정희 시대에는 문화재를 정비하는 작업에 '정화(淨化)'라는 독특한 용어가 등장했다. 일반적으로 문화재를 다듬고 정비하는 작업에는 복원, 보존, 보강, 수리, 수복 등의 용어를 사용한다. 복원(復元)은 문화재의 중요한 가치 또는 원형이 소실된 경우, 고증을 통하여 문화재의 원래의 모습이나 특정 시기의 모습으로 정체 또는 그 일부를 되찾는 행위를 말한다. 보존(保存)은 문화재의 가치를 유지하기 위해 행하는 제반 조치를 말하며, 보강(補强)은 가치를 유지하기 위해 현재의 상태를 견고히 하는 것이다. 수리(修理)는 훼손된 부분을 원 상태로 고치는 행위이고, 수복(修復)은 문화재의 원형을 부분적으로 잃거나 훼손된 경우 고증을 통해 원래의 모습으로 되돌리는 행위이다. 그런데 박정희 대통령은 특이하게 '정화'라는 용어를 많이 사용하였다. 정화의 사전적 의미는 '더러운 것을 없애 깨끗하게 한다'는 것이다. 당시의 사회적 정치적 분위기를 감안한다면 문화재를 정화한다는 것은 문화재를 깨끗하게 정비한다는 의미를 넘어서는 듯하다. 문화재를 통한 국민의 사상적 정화를 의미하는 것으로 이해된다. 박정희 대통령은 당시 문화재나 호국선열의 유적을 새로운 이

념 확립 교육의 장으로 활용했는데 정화는 그러한 의미를 함축하여 표현한 것이다.[5]

문예중흥 5개년계획

박정희 대통령이 민족문화 융성을 바탕으로 한 문화예술 부문에 보다 큰 관심을 기울인 것은 1960년대 후반부터였다. 경제개발 5개년계획의 성공으로 그때서야 비로소 문화를 논할 여유가 생긴 것이다. 이때 박정희 대통령은 다시 '중흥'을 말했다. '문예중흥 5개년계획'이 수립된 것이다.

제1차 문예중흥 5개년계획은 박정희 대통령의 강력한 의지 표명과 지시로 만들어졌다. 그는 1971년 대통령 취임사에서 "나는 선대의 빛나는 전통과 문화를 계승 발전시키고 문예와 학술의 적극적인 창발(創發)로 문화 한국 중흥에 각별한 관심과 지원을 다할 것이다"라고 밝혔다. 또 1972년 예산 교서에서 "정부는 문예진흥 장기계획을 세워 선대로부터 물려받은 문화적 유산과 전통예술을 계승 발전시키고 민족사상과 주체의식을 바탕으로 새로운 민족문화를 창조해나가겠다"고 선언했다. 이와 같은 대통령의 의지에 부응하여 문화공보부를 비롯한 관련 정부부처들은 문예중흥 계획을 세우는 작업을 서두르게 되었다. 이 과정에서 1972년 8월 문화예술진흥법이 제정 공포되었고 1973년 10월 한국문화예술진흥원이 개원하였다. 문예중흥을 지원하는 법이 만들어지고 그 법을 실행하는 제도적 기구가 설치된 것이다. 1972년에는 문예진흥기금이 설치되었다. 이 기금은 상품화 이전의 순수 창작활동을 지원하기 위하여 만들어졌다. 이 기금 운용에는 어떤 대가성을 기대하거나 능률성을 전제로 운영되어서는 안 된다는 조건이 달려 있다.

1974년부터 1978년까지 계속된 제1차 문예중흥 5개년계획의 전체적인 목표는 다음과 같다.

첫째, 경제적 선진국의 지위를 굳혀 가고 있는 이 마당에서 문화적으로도 선진국의 자리를 차지하기 위해 우선 우리가 물려받은 문화유산과 세계 문화예술을 조화 있게 흡수 재창조함으로써 새로운 자주적인 민족문화를 일으키는 일에 역점을 둔다.

둘째, 경제성장과 더불어 사회개발을 추진하는 이때 문화적인 혜택을 계층, 지역, 세대, 남녀별의 구분을 망라하여 골고루 향유할 수 있도록 함으로써 전 국민이 명실공히 골고루 문화민족으로서의 균형 있는 생활을 누릴 수 있도록 '문화복지사회'를 이룩하는 바탕을 마련한다.

셋째, 우리 문화의 발전은 세계의 여러 문화를 선별 수용하되 이를 적극적인 자세로 받아들이고 그것과 우리의 전통적인 문화유산을 한데 어울려 새로이 창조함으로써 더욱 꽃피게 한다. 그러므로 이번 계획 기간 중에는 문화의 국제교류를 강화하는 데 중점적인 노력을 기울여야 한다.

넷째, 민족의 염원인 통일을 추구함에 있어서 남북의 문화적인 괴리를 올바로 인식하고 북한문화의 허구성과 정치적 획일성에 대한 연구를 통해 문화 정통성을 재확인하는 일에도 주력한다. 이로써 통일과업에 있어서의 주도력을 기르게 될 것이기 때문이다.

위의 방향과 원칙에 따라 제1차 문예중흥 5개년계획은 5개 부문으로 나뉘어 추진되었다. 즉 기반 조성, 민족사관 정립 및 전통예능과 문화재 계발을 내용으로 하는 전통문화 계발, 문학·미술·음악·연극·무용 등을 내용으로 하는 예술진흥 부문, 영화·출판을 내용으로 하는 대중문화 창달, 국제교류의 적극화 등이었다.

이 중 눈에 보이는 결과물을 가장 많이 만들어 낸 부문은 문화재 부문이다. 이 부문에 투자도 많이 이루어졌다. 문예중흥계획에 투여된 정부 예산과 문예진흥기금 총액 가운데 70퍼센트 이상이 국학, 전통예능, 문화재 관련 사업인 민족사관 정립 부문에 투자되었다. 예술진흥 부문(문학, 미술, 연극, 무용)은 12.2퍼센트, 대중문화 창달(영화, 출판)에는 8.9퍼센트가 투자되었다. 이 투자금액의 비율만 봐도 당시 민족사관 정립을 얼마나 중요하게 다루었는지 알 수 있다. 그중에서도 문화재 부문에는 전체의 절반이 넘는 63.1퍼센트가 투자되었다.

문예중흥 5개년계획은 우리나라 최초로 실시된 체계석이고 장기적인 문화예술 종합계획이다. 이 기간에 실제 문화활동의 저변이 확대되고 체계화하였다. 5년 동안 문화정책의 뿌리가 되는 여러 법률이 만들어지고 문화시설들이 확충되었다. 또 문화재 부문에 대한 집중적 지원과 투자에 힘입어 문화재 정책과 행정이 크게 발전하였을 뿐 아니라 많은 문화재가 제 모습을 찾았다.

제2차 문예중흥 5개년계획은 1979년부터 시작되었다. 제2차 계획안의 기조는 "민족문화 창달의 기반이 되는 전통문화를 계발하여 정신적 기반을 계속 조성하는 것"이며 국학 진흥, 문화재 보수, 박물관 등 시설 확장, 전통문화를 보급하여 창작 기반을 조성하고 국제교류에서 외래 문물의 선택적 수용으로 민족문화예술을 창달하는 것이었다. 전체적으로는 제1차 계획의 연장선 상에서 추진되었다. 다만 국제문화교류 부문과, 대중문화 창달에 대중연예가 새롭게 추가되었을 뿐이다. 제1차에 비해 전체 사업비는 2.8배, 문화재 부문의 투자금액은 두 배 이상으로 각각 증액되었다. 그러나 안타깝게도 박정희 대통령은 제2차 문예중흥 5개년계획의 완결을 보지 못하고 세상을 떠났다.

박정희 대통령의 애정이 담긴 문화재 정화사업

1970년대 후반에 들어서는 문화재보수 3개년계획이 수립되었다. 이때 학술적 기초조사로 '전국문화유적종합조사'를 실시하였다. 어디에 어떤 문화재가 있고 그것이 어떤 가치를 지녔는지를 먼저 조사하여 이를 토대로 체계적인 문화재 보수사업 계획을 세우겠다는 취지에서 이뤄진 조사였다. 이 기간에는 문화재를, 민족의 문화전통을 되살리고 국민정신을 함양하여 국난 극복의 슬기를 배우는 교육의 장으로 조성하는 데 중점을 두었다. 이는 문화재 보수계획의 목표에도 다음과 같이 구체적으로 드러나 있다.

▲ 우리 민족의 역사를 총람하여 위대한 업적을 남긴 충효 선현과 호국 위인의 유적을 정화하여 역사적 교훈을 통한 국민정신 계발의 교육 도장으로 가꾸어 보존한다.

▲ 우리 민족의 국난 극복사를 통하여 중요한 역사적 의의를 갖는 호국

의 전적지와 유비무환의 민족적 결의가 담겨져 있는 중요 국방 사적지를
역사교육 도장으로 보수·정화한다.

박정희 대통령의 문화재에 대한 애정을 이야기할 때 빼놓을 수 없
는 것이 경주관광종합개발계획이다. 박정희 대통령은 신라 문화를
민족문화의 정수라고 생각했다. 통일신라를 한국사의 황금기로 여
긴 것이다. 경주 개발은 국난극복사에서 화랑도가 민족의 얼로 부각
되고 이들의 충(忠) 관념이 삼국통일의 정신적 바탕이 되었다는 맥락
과 발을 맞춘 것이다. 이런 생각을 반영하듯이 실제적인 보수정화사
업은 불국사, 안압지에서 볼 수 있는 것처럼 과거의 화려하고 웅대
한 모습을 강조하는 데 초점이 맞춰졌다.[6] 1971년 6월 정소영 청와
대 경제수석비서관을 단장으로 하는 관광개발계획단이 발족되었고
두 달 후인 8월 13일 최종계획이 확정되었다. 이 계획은 "신라 고도
를 웅대, 찬란, 정교, 활달, 진취, 여유, 우아, 유현의 감이 살아날 수
있도록 재개발하라"는 박 대통령의 지시에 따른 것이다.

경주관광종합개발계획의 기본 목표는 다음과 같다.

경주 일원에 산재된 신라 문화유산을 정비하여 이를 보존 계승케 하고
체계적인 개발로 관광 환경 조성과 관광 편의의 제공 및 관광 잠재자원 개
발과 조장을 기하여 경주 일원을 관광의 도시로, 자연경관이 좋은 보문호
(普門湖) 주변을 위락의 단지로 개발함으로써 문화 관광과 위락 휴식을 겸하
게 하여 많은 국내외 관광객을 유치한다.

박 대통령은 그중에서도 불국사, 석굴암, 무열왕릉, 김유신 장군 묘 등의 복원을 서두르라고 적극적으로 지시하였다. 그는 불국사 복원에 특별한 관심을 가졌다. 복원을 직접 지시하는 것은 물론 1972년에 새로 통용된 1만 원권 지폐나 우표에도 불국사 전경을 넣도록 하였다. 이후 특정 종교를 두둔한다는 다른 종교의 반발로 지폐 도안은 변경되었다. 하지만 국민들이 생활 곳곳에서 불국사를 접하게 하고 싶었던 대통령의 염원을 엿보기에는 충분하다. 대통령 자신도 여러 차례 불국사를 방문했다. 공식적인 시찰은 물론 가족과의 휴가를 위해서도 불국사를 찾았다. 1963년 10월 15일 제5대 대통령선거 투표일에도 아침에 서울에서 투표하고 오후에 불국사를 방문하고 불국사호텔에서 개표를 기다렸다. 이는 기자들의 면회 요청을 사절한 개인 일정이었다. 이렇게 자신에게 중요한 날 불국사를 방문했다는 것은 그만큼 불국사가 박 대통령 개인에게도 큰 의미가 있는 문화재였다는 것이다.

박정희 대통령이 불국사에 관심을 가진 이유는 불국사를, 삼국을 통일하고 이룩한 찬란한 신라 문화의 상징으로 여겼기 때문이다. 그는 나라의 운명이 시들고 민족정기를 잃으면 민족문화도 그 빛을 잃게 된다는 점을 강조하였다. 박 대통령은 불국사를 국가의 이미지를 구축하는 데도 활용하였다. 불국사를 통해 한국의 이미지를 대외에 홍보하려 한 것이다. 그래서 국빈이 우리나라에 방문하였을 때 일정에 불국사 관람을 포함하도록 하였다. 또 복원할 때 관광사업과 연결시켜 외화획득과 이어질 수 있도록 계획하도록 하였다.

불국사 복원공사는 해방 후 처음 우리 손으로 진행된 대규모 문화재 복원공사였다. 이 공사를 진행하면서 문화재 정비와 정책의 기틀이 마련되었고 훗날 실시된 문화재 정비의 길잡이 역할을 할 수 있게 되었다.

그 외에도 현충사, 도산서원, 오죽헌, 수원성곽, 강화 전적지 등의 문화재도 모두 박정희 대통령의 애정과 관심 속에 정화되었다.

1962년 4월 28일 박정희 국가재건최고회의 의장은 국가원수로서는 처음으로 충무공 탄신 기념제전에 참석하였다. 1966년에는 "문교부 문화재관리국의 주관으로 현충사를 성역화하라"라는 지시를 내렸다.

도산서원 중수사업도 박정희 대통령의 특별지시로 시작되었다. 1969년 4월 신범식 문화공보부장관이 취임과 동시에 이런 지시를 받은 것이다. 도산서원에 대한 기초조사를 실시하고 이를 바탕으로 보수사업계획이 세워져 10월 6일에 기공식을 갖게 되었다. 박정희 대통령은 10월 14일 공사현장을 직접 시찰하였다. 그 자리에서 "원형을 크게 손상하는 일이 없도록 공사에 신중을 기하고, 담장은 사고석으로 축조하고, 기와공사와 단청공사를 충실히 하며, 주위 산림녹화와의 조화를 전문적으로 검토하고 시공하라"고 지시하였다. 박정희 대통령이 생각한 도산서원의 중수사업은 단지 건물을 보수하고 주변 환경을 가꾸어 눈에 보이는 문화재를 보존하는 데 그치는 것이 아니었다. 보수공사 과정에서 퇴계 선생의 학문과 사상, 그의 애국심을 강조하여 도산서원이 국민정신교육의 장으로서 역할을 하도록 하였다.

신사임당과 율곡 이이 관련 유적인 오죽헌의 정화사업을 특별히 지시한 것은 1974년 박 대통령의 강원도 연두순시 때였다. 박 대통령은 이듬해 10월에 오죽헌을 직접 찾았다. 그리고 선열의 얼이 담긴 유적지 면모를 갖출 수 있도록 하라며 구체적 방안을 지시하였다. 1975년 10월 28일 오죽헌 정화사업은 설악산지구 관광종합개발계획의 중요사적지구 정비사업의 일환으로 첫 삽을 뜨게 되었다. 오죽헌에는 달걀색으로 단청이 되었다. 이는 전통 단청의 색은 아니었다. 하지만 박정희 대통령이 이렇게 창의적으로 밝은 색을 쓰는 것에 대해 호의적인 반응을 보였다. 박정희 대통령은 충남 금산에 있는 칠백의총에서 종래의 단청 대신 달걀색으로 단장된 경내 건축물들을 보고 "옛날 우리 선조들이 단청 채색 방법을 물려줬지만 우리는 전통을 그대로만 묵수(墨守)할 것이 아니라 창조적으로 머리를 써서 이렇게 현대적인 채색 방식을 개발해 놓으면 먼 훗날 우리 후손들이 이를 우리 시대의 문화재로 보존하게 될 것"이라고 강조하며 "이것이 곧 전통문화의 창조적 계발"이라고 말했다(『경향신문』 1979년 9월 24일자). 이 채색 방식에 사용된 안료는 오래전 박정희 대통령의 지시에 따라 한국과학기술연구소에서 개발한 것이다. 이는 어린이회관 건축 양식에 잘 드러나 있다. 박정희 대통령은 오죽헌 정화사업 추진 상황을 보고 "오죽헌의 단청 도색은 서울 어린이회관의 단청을 참작하여 시공하라"라고 지시하기도 했다.

수원성곽 보수작업은 1974년 7월 시행계획이 만들어지기 시작하였다. 이도 역시 찬란한 국방문화유산의 정화와 지극한 효성의 정신문화를 계승해야 한다는 박정희 대통령의 뜻에 따른 것이다. 작업은 1975년부터 1978년까지 4개년계획으로 진행되었다. 수원성곽은

팔달문, 화서문, 옹성, 동장대, 화홍문, 방화수류정을 제외하고는 거의 무너지고 소실되었지만, 『화성성역의궤』, 『조선고적도보』, 『택리지』 등을 바탕으로 고증하여 복원공사가 진행되었다.

또 박정희 대통령은 1976년 3월 1일 강화도를 방문하여 강화 전사(戰史) 유적지 보존을 지시하였다. 이날 박 대통령은 강화도의 갑곶돈대, 강화성 서문, 연무당 터, 남문, 고려궁궐 터, 초지진 등을 둘러봤다. 그리고 고려 39년 동안의 항몽(抗蒙) 유적과 외적을 방어했던 전적지를 잘 보전 보수하여 민족의 호국정신을 이어받는 장소가 되도록 하라고 말하였다. 또 같은 달 10일에는 경기도를 순시하면서 "고려는 몽골의 침입으로 강화도로 천도하였으며 이에 대응하고자 팔만대장경을 복간하였다. 이렇게 조상들의 나라를 지키겠다는 끈질긴 정신은 국민교육 면에서도 좋으니 강화도의 고려 때의 성곽 등을 잘 보수하고 보존할 필요가 있다"고 말했다. 발굴, 복원, 주변지 정비, 도로 정비 등의 과정으로 진행된 강화 전사유적 보수사업은 1976년 8월 26일 고려궁궐 터 서쪽을 발굴하는 것으로부터 시작되었다. 이 공사는 1977년 10월 28일에 마무리되었다.

2. 의식혁명을 통한 민족중흥

5·16의 혁명공약 제3항에 "이 나라 사회의 모든 부패와 구악을 일소하고 퇴폐한 국민도의와 민족정기를 다시 바로잡기 위해 청신한 기풍을 진작시킨다"라고 의식혁명을 내세웠음은 앞에서 밝힌 바 있

다. 박정희 대통령은 혁명 직후 구체적인 실행과제로 용공사상 배격, 내핍생활의 수행, 근면정신의 고취, 생산 및 건설 의식의 증진, 국민도의 양양, 정서관념 순화, 국민체위 향상 등 7개항의 사업을 추진하겠다고 밝혔다. 이제 막 정권을 잡은 혁명정부가 이제껏도 잘 지켜지고 있는 내용을 새롭게 추진과제로 내세웠을 리 없다. 달리 말하면 앞의 일곱 가지 사업은 그동안 안 지켜졌던 문제들이었고 우선적으로 시급히 개선해야 할 문제들이었을 것이다. 그래서 우선적으로, 혁명적으로 개선해 보려고 했을 것이다. 그런 관점에서 추론해 보면 그 당시 우리 국민은 반공사상이 투철하지 못했던 것은 물론 근면 검소하지 못했으며 생산 및 건설을 해야겠다는 의욕이 부족했고 도의나 정서 관념이 확립되지 못했다는 얘기다. 박정희 대통령은 우리 국민이 이런 정신적 후진성에서 벗어나야 근대화, 선진화도 이룰 수 있었다고 본 것이다.

1964년 1월 국회 연두교서에서 박 대통령은 좀더 힘 있게 국민에게 호소했다. 혼돈과 침체가 지속되는 후진의 굴레에서 벗어나 대한민국을 근대화시켜야 한다는 목표를 설정하고 국민의 정신적 혁명을 강조하였다. 박 대통령은 우리 국민이 가장 기본적으로 갖춰야 할 정신자세로 '자조(自助)의 정신'을 자주 내세웠다. 그는 자조정신에 기초한 자립경제 건설, 자립경제에 기반한 자주국방, 자주국방에 기초한 자주독립국가 건설이라는 3단계 국가발전 전략을 가지고 있었던 것이다.

「국민교육헌장」 선포

1968년 12월 5일, 393자의 「국민교육헌장」이 선포되었다.

국민교육헌장의 제정 작업은 1968년 1월 15일에 있었던 연두 기자회견에서부터 시작되었다. 그때 박정희 대통령은 '제2경제'라는 말을 언급하였다. 제2경제란 "눈에 보이지 않는 정신적인 면이라든지 또 우리의 마음가짐 등 우리 국민이 근대화를 하는 데 있어서의 철학적인 바탕 또는 기조" 등을 말한다고 밝혔다. 또 민주공화당원들과의 자리에서 "제2경제란 우리 주변의 갖가지 폐풍을 타파하는 사회생활의 합리화이며 근면과 검소에 사는 개인생활의 경제화인 동시에 새 시대가 요구하는 의식혁명이기도 합니다"라고 말했다. 이런 발언들을 통해 박정희 대통령이 경제개발계획을 효율적으로 추진하기 위해서는 국민들의 의식개혁이 우선되어야 한다고 생각했음을 짐작할 수 있다.

경제발전을 수행해 나갈 수 있는 국민을 키워 내고 국민들이 새로운 마음가짐으로 '제2경제'를 이뤄 나가게 하기 위해 무엇보다 중요한 것은 '교육'이었다. 그래서 박정희 대통령은 교육을 담당하고 있는 문교부장관을 불렀다. 그리고 "한국의 근대화 과정에 있어서 국민교육의 장기적이고 건전한 방향을 정립할 시민생활의 건전한 생활윤리·가치관을 확립하는 것이 우리의 근대화와 민족 만년의 대계를 위해서 지극히 중요한 일"임을 강조하며 "우리 민족의 주체성 확립에 기초를 둔" 헌장을 제정하도록 지시하였다.

이런 배경에서 국민교육헌장이 만들어졌다. 1968년 7월 23일 초안이 만들어져 여러 차례의 수정을 거친 후 최종안이 만들어졌고 이는 국무회의의 심의를 거쳐 11월 26일 국회 본회의에서 만장일치로 동의안이 가결되었다.

선포 당시 국민교육헌장에 대해서 비판적인 여론은 거의 없었다. 야당 국회의원들도 만장일치로 동의했고, 적극적으로 비판하는 글도 별로 없었다. 『기독교 사상』 1968년 9월호에 실린 초안 비판 좌담회에서 현영학 교수(이화여대)가 "반드시 필요한 것이 아니다"라고 발언한 것과, 정진경 교수(서울신학대)가 "정부에서 필요에 의해", "만들기 위해 만든 것"이라고 말한 것이 가장 높은 톤이었을 정도였다.[7]

국민교육헌장에는 박정희 대통령의 교육철학이 고스란히 녹아 있다. 국민교육헌장의 내용은 민족 주체성에 기초한 국민교육에 중점을 두고 있다. 그 안에 자주독립, 창조와 개척, 협동정신, 애국애족, 통일 등 우리 교육의 핵심 요소들이 강조되고 있다. 국민교육헌장의 기본정신은 민족 주체성의 확립, 전통과 진보의 조화를 통한 새로운 민족문화의 창조, 개인과 국가의 조화를 통한 민주주의의 발전이다. 국민교육헌장에서는 조상의 훌륭한 전통과 유산의 계승 발전과 성실, 공익, 질서 등 물질적 발전과 정신적 가치관 사이의 조화로운 융합, 권리와 의무, 참여와 봉사 등 국가의식과 사회의식의 함양, 조국통일의 실현과 민주주의 발전을 강조하고 있다.

박정희 대통령은 국민교육헌장을 선포하는 데서 만족하지 않았다. 그 후에도 여기 실린 내용들을 계속 강조하였다. 1970년 선포 2주년 기념식에서 그는 "국민교육헌장의 일상적 실천과 생활화야말로 1970년대 우리 국가목표 달성의 열쇠"라고까지 말했다. 또 "헌장에 담긴 한 마디 한 마디를 자기 스스로의 생활신조로 삼고 가까운 일상생활에서부터 착실히 실천해 나가는 새로운 기풍을 진작시켜 야"한다고 호소하였다.

새마을운동이 그랬듯이 국민교육헌장 역시 처음부터 유신체제를 위해 만들어진 것은 아니었다. 그런데 박정희 대통령은 당시 그가 중요하게 여기던 세 가지, 유신체제와 새마을운동, 국민정신 개혁을 위해 국민교육헌장을 활용하였다. 국민교육헌장을 중심으로 이 세 항목을 연결하여 각각의 시너지 효과를 얻으려고 했다. 그래서 10월 유신이 선포된 1972년의 국민교육헌장 선포 기념식에서는 "10월유신의 정신은 국민교육헌장의 이념과 그 기조를 같이하는 것이며 헌장의 생활화는 곧 유신과업을 주체적으로 실천하는 첫 길"이라고 선언했다. 또 1975년의 국민교육헌장 선포 제7주년 기념식에서는 10월유신 국력 배양을 위해 체제를 혁신적으로 정비한 것이고, 국민교육헌상은 국빈의 행동지표이며, 새마을운동은 이 행동지표를 구체적으로 실천에 옮겨 온 표본이라고 정의했다.

국민교육헌장의 이념은 새마을정신의 밑바탕이 되었다. 즉 새마을교육은 국민교육헌장의 이념 아래 국민들에게 새마을정신을 함양시킴으로써 국가발전에 공헌하는 실천적 인간을 육성하는 데 많은 기여를 하게 된다. 그러므로 새마을운동이 우리나라 경제발전에 절대적인 역할을 했다면, 국민교육헌장은 새마을운동이 성공적으로 전개되는 데 있어 정신적인 밑거름이 되었다고 할 수 있다.[8]

이런 점 때문에 박정희 대통령이 서거한 후 유신체제가 끝나며 국민교육헌장의 운명도 다한 듯했다. 그러나 국민교육헌장은 김영삼 대통령의 문민정부까지 그 명맥을 유지했다. 전두환 정권 때도 헌법의 전문이나 교육정책에 국민교육헌장의 정신이 짙게 드러난 것을 볼 수 있었다. 국민교육헌장의 이념은 전두환 정권 때 '국민정신교육'이란 이름으로 바뀌어 교육현장에서 활용되었다. 전 대통령은 매년 3천 명이 넘는 사람에게 국민교육헌장 이념 구현에 노력한 공으로 훈·포장과 표창장을 수여하였다. 1984년 12월에 열린 국민교육헌장 선포 16주년 기념식에는 1만 명이 넘는 인원을 잠실실내체육관에 모아 3,993명에게 훈·포장과 표창장을 주었다.

국민교육헌장이 처음 공개적으로 비판받은 것은 전남대 송기숙 교수 등의 『우리의 교육지표』라는 유인물을 통해서였다. 그들은 1978년 6월 학교교육의 실패는 민주주의에 교육이 뿌리박지 못한 데서 기인하는데, 국민교육헌장이 그러한 실패를 집약한 본보기라고 지적했다.[9] 국민교육헌장은 그 내용에서 '반공'과 '민족중흥'이라는 통치이념을 사회적 이상으로 삼았다는 이유로 비판을 받았다. 또 그런 통치이념의 실현을 국민교육의 지표로 삼았다는 것도 문제가 되었다. 국가가 국민보다 우선하며 일제강점기의 「교육칙어(勅語)」를 그대로 본뜬 것이라는 비판도 있었다. 「교육칙어」는 제국주의 시대에 일왕의 절대권력을 정당화하고 일왕에 대한 무조건적인 복종과 충성을 강요하는 내용으로 만들어졌다.

국민교육헌장에 대한 비판적 논의가 본격화한 것은 김영삼 대통령의 문민정부가 들어서면서부터였다. 1993년 10월 국정감사에서 국민교육헌장을 그대로 유지해야 하는가에 대한 비판적 주장이 제기되었다. 교육부는 서울대학교 교육연구소에 국민교육헌장에 대한 종합적인 연구를 위탁하였다. 그 결과가 나오기도 전인 1993년 12월 제25주년 기념식을 끝으로 선포 기념 행사가 중지되었다. 또 1994학년도 제2학기에 배포되는 초등학교 4~6학년 교과서에서 국민교육헌장이 삭제되었다. 그러나 서울대학교 교육연구소의 연구 결과는 국민교육헌장의 폐지보다 존속 혹은 개정의 의견이 더 많았다. 응답자 289명 가운데 헌장을 폐지하자거나 어떠한 형태의 헌장 제정에도 반대한다는 사람은 19.3퍼센트인 56명에 지나지 않았다. 부분적으로 수정하고 필요한 부분을 보충하여 그대로 유지하자는 응답자가 113명, 39.1퍼센트로 가장 많았다.[10] 그럼에도 불구하고 1994년부터는 기념식 행사를 개최하지 않았으며 교육부는 1995학년도 제1학기 때부터 모든 교과서의 첫머리에 나오는 헌장을 삭제하기로 결정하였다. 2003년 11월 대통령령에 의거하여 국민교육헌장 선포기념일이 폐지되었고 헌장에 대한 모든 교육도 완전히 폐지되었다. 대안 없이 국민교육을 위한 종합적인 시표를 없애 버린 것이다.

그러나 박정희 대통령의 대표적인 유산으로, 유신체제의 잔재로 알려진 국민교육헌장은 아이러니하게도 박 대통령 서거 후에도 24년 동안이나 존속했다. 1979년 이후 유신체제가 해제되고 그에 관련된 제도나 지표도 다 사라졌다. 하지만 "10월유신의 정신은 국민교육헌장의 이념과 그 기조를 같이하는 것이며 헌장의 생활화는 곧 유신과업을 주체적으로 실천하는 첫 길"이라고까지 천명된 국민교육헌장만이 강산이 두 번 반이나 바뀌도록 국민교육의 지표로 살아남아 있었던 것이다. 그 이유는 무엇일까? 그것은 국민교육헌장이 시대나 정권의 변화와 상관없이 대한민국 국민이라면 가슴에 반드시 아로새겨야 할 '국민으로서의 도리와 삶의 지향'을 담고 있었기 때문이다. 국민교육헌장이 비록 정치적인 논리에 밀려 폐지되었지만 이 헌장을 통해 박정희 대통령이 국민들에게 강조하려고 했던 정신은 여전히 시퍼렇게 살아 있다. 그 내용들이 우리 국민에게 가장 소중한 가치임은 부정하기 어렵다. 그래서일까? 국민교육헌장의 부활을 주장하는 사람은 물론 폄훼하는 사람들까지 아직도 수많은 사람이 국민교육헌장의 영향력 아래서 살고 있다고 할 수 있다.

한국정신문화연구원 개원

1978년에는 한국정신문화연구원(이하 '정문연', 현재 한국학중앙연구원)이 문을 열었다. 정문연을 만들자고 처음 건의한 사람은 한국의 대표적인 철학자 박종홍 박사 등 학계 원로들이었다. 이들은 급속한 산업화로 밀어닥친 서구문화의 범람이 우리 전통문화를 흔들고 우리 문화의 정체성마저 위협하고 있다는 위기감을 느꼈다. 그래서 백년대계의 민족정신혁명을 담당할 연구기관 설립을 정부에 건의한 것이다.

정문연은 박정희 대통령의 민족중흥과 조국근대화를 향한 염원에서 출발하였다. 그는 경제성장과 의식개혁이라는 두 축이 동시에 발전해야 완전한 민족중흥과 조국근대화를 이룩할 수 있다고 믿고 있었다. 위정자들이 그릇된 통치철학을 가졌거나 시대 변화를 읽지 못했기 때문에 우리 민족이 겪은 아픈 역사의 교훈을 되새기고 그동안의 패배의식에서 벗어나 자주, 자립, 협동하는 정신혁명을 일으키고자 설립한 기관이 바로 정문연이었다.[11]

특히 정문연이 만든 『한국민족문화대백과사전』은 한국문화의 정체성을 정립시킨 중요한 사업이다. 이 사전은 우리 민족이 이룩한 문화유산과 업적을 정리, 집대성하여 새로운 민족문화를 창조하는 기반을 구축하기 위해서 발간되었다. 한국 민족문화의 전 분야를 오늘날의 관점과 연구성과 속에서 체계화하고자 한 것이다. 1979년 9월 대통령령으로 「한국민족문화대백과사전 편찬사업추진위원회 규정」이 공포되는 것을 시작으로 1991년까지 12년에 걸쳐 편찬작업이 진행되었다. 마무리는 다른 대통령이 지었지만 그 대장정의 시작점에는 박정희 대통령이 있었다.

이상에서 본 것처럼 박정희 대통령은 정신개혁을 목표로 한 문화정책을 통해 경제성장 못지않은 자랑스러운 선물을 우리에게 남겨 주었다. 그의 시대에 이루어진 문화적 업적은 몇 마디의 말로 표현할 수 없을 정도로 지대하고 획기적이다. 그러나 부족하나마 박정희 대통령의 문화적 업적을 '몇 마디의 말'로 다음과 같이 정리해 보고자 한다.

첫째, 전통문화를 발판으로 한 문화융성을 통해 국민에게 민족적 자부심을 갖게 하였다.

둘째, 황무지나 다름없던 우리나라 문화재 관련 행정조직과 각종 법령을 정비하여 체계적인 문화정책을 전개할 수 있는 기틀을 마련하였다.

셋째, 문화재 개발을 관광산업과 연결시켜 부가가치가 높은 산업으로 발전시킬 수 있는 가능성을 제시하였다.

넷째, 문화재 복원과 보수의 기술을 발전시키는 계기를 마련하여 전문인력 양성 등의 토대가 되었다. 이로써 우리나라의 문화재 관련 산업이 발전할 수 있었다.

다섯째, '세계 속의 한국'이라는 목표 아래 국제적인 문화교류에 진력한 결과 한국문화의 세계화 현상인 '한류'가 이루어지는 밑거름이 되었다.

3. 반反 대한민국 세력이 왜곡한 박정희 대통령의 문화정책

박정희 대통령의 업적을 폄훼하는 사람들은 명백한 '공(功)'도 교묘한 이유를 붙여 '과(過)'로 만들어 버린다. 그 이유의 중심에는 그가 일본 사관학교를 졸업했다는 것, 군인이었고 쿠데타로 정권을 잡았다는 것, 유신체제로 장기집권을 했다는 것들이 자리하고 있다. 박정희 대통령의 문화적 업적도 그런 이유들과 섞여 그 기본정신과 가치가 손상되고 있다. 여기서는 문화정책에 관련된 억측에 대해서만 몇 가지 짚어보고자 한다.

"경주 개발은 군사정권의 정당성을 강조하기 위한 것이었다"

특별히 경주가 집중 개발되도록 선택된 이유는 그곳이 신라의 도

읍이었기 때문이다. 왜 하필 신라인가? 당연히 삼국통일을 이룬 나라였기 때문이다. 박 대통령은 경주에서 신라 정신을 찾고 신라 정신에서 남북통일을 위한 기운을 얻고자 했다. 뿐만 아니라 "경주 일원에 산재된 신라 문화유산을 정비하여 이를 보존 계승케 하고 체계적인 개발로 관광 환경 조성과 관광 편익의 제공 및 관광 잠재자원 개발과 조장을 기하여 경주 일원을 관광의 도시로, 자연경관이 좋은 보문호 주변을 위락의 단지로 개발함으로써 문화 관광과 위락 휴식을 겸하게 하여 많은 국내외 관광객을 유치한다"라는 「경주관광종합개발계획」의 기본 목표에서 볼 수 있듯이 경주 개발은 관광자원 확보에 많은 역량을 집중하였다. 또 개발의 결과물인 오늘날의 경주를 살펴보자. 오늘날의 경주에서 박정희 군사정권을 정당화해 주는 무엇을 발견할 수 있는가? 단지 당시 목표로 했던 관광자원의 확보와 그로 인한 외화획득이 우리 앞에 확실하게 남아 있을 뿐이다.

"문화재에 대한 관심과 개발은 유신체제에 활용하기 위한 수단이었다"

박정희 대통령의 문화재 보호에 대한 조치는 국가재건최고회의에서부터 시작되었다. 1961년 12월 26일에 개최된 제93차 상임위원회에서 문화재보호법안이 의결되어 이듬해 1월 문화재보호법이 제정되었다. 이 법은 문화재 보호에 관한 우리나라 최초의 종합적인 법이다. 1968년 문교부로부터 분리된 문화공보부는 문화재개발 5개년계획을 수립, 시행하였다. 이 계획의 일환으로 현충사, 진주성, 광화문, 범어사 대웅전, 금산사 대적광전, 행주산성, 도산서원, 무녕왕릉, 칠백의총, 불국사 등의 정비공사가 진행되었다. 앞의 역측대로라면 박정희 대통령은 5·16군사정변을 일으키자마자 유신체제 만들 것을 염두에 두었다는 얘기가 된다. 그건 너무도 심한 억측에 불과하다.

"박정희 대통령은 일제강점기 독립운동 유적은 소홀히 취급하였다. 북한이 주체적 민족사관의 역사 현장으로서 항일혁명 전적을 크게 강조한 것과 대조를 이룬다. 박정희 정권은 삼국통일이나 임진왜란 등 과거를 역사적 표본으로 삼아 민족주체사관이라는 유사한 이념을 표방하였다. 이는 박정희가 일본의 만주군관학교 출신이라는 정권의 태생적 한계 때문에 이루어진 불가피한 선택이었다"

위 주장과 달리, 박정희 대통령은 임진왜란부터 일제강점기까지의 모든 항일 유적에 관심을 가졌다. 그가 항일 유적에 특별히 관심을 둔 이유는, 일제식민지의 치욕적 역사를 극복하고자 하는 국민정신의 함양이 필요하다고 생각했기 때문이다. 박정희 대통령은 이런 말도 했다.

"우리가 경제적인 부흥을 하려면 일본하고 경제적인 여러 가지 유대를 가져야 되는데, 그러기 위해서는 우리가 제일 중요한 것은 정신적인 의식을 가지고 일본을 대해야 한다는 것이다. 이를 위해서는 우리 역사상 일본과 우리, 일본이 우리를 침략한 역사의 교훈을 절대로 잊어서는 안 된다."

박정희 대통령이 일제강점기 유적을 소홀히 했다는 것은 사실이 아니다. 오히려 한·일수교 후에는 일본과 여러 가지 협력을 하려면 일본에게 침략당한 역사를 잊어서는 안 된다고 역설했다.

박 대통령이 항일 독립운동을 중요하게 생각했다는 확실한 증거는 김구 선생을 민족의 지도자로 추앙하게 만든 것에서 찾을 수 있다. 이승만 정부와 장면 정부를 거치면서 김구 선생은 오늘날과 같이 높은 평가를 받지 못했다. 5·10선거를 반대하고 대한민국 건국에 참여하지 않았기 때문이다. 그런데 박정희 정부 때 김구 선생에 대한 대대적인 추앙 작업이 이뤄졌다. 1962년 박정희 정부는 김구 선생을 비롯하여 광복군과 독립군들에게 건국공로훈·포장을 수여하였다. 이때 상하이 임시정부 요인들과 광복군 대부분이 건국공로훈장을 받았다. 이로써 광복회가 출범할 수 있는 토대가 마련되었다. 지금 설치되어 있는 항일 기념비와 탑, 동상들은 대부분 박정희 대통령의 지시에 의해 만들어진 것이다.

또한 '동학란'을 '동학혁명'으로 처음 인정해 준 것도 박정희 대통령이었다. 박정희 대통령의 부친은 20대에 접주로서 동학혁명에 가담하였다. 그 때문에 체포되어 처형 직전까지 갔지만 천운으로 사면되었다. 그런 연유도 관계가 있었겠지만 박정희 대통령은 "5·16혁명도 이념 면에서 동학혁명과 일맥상통하는 것이다"(1963년 10월 15일, 갑오동학혁명 기념탑 제막식)라고 밝히기도 했다.

박정희 대통령이 항일 유적을 소홀히 했다며 '태생의 한계'를 논하는 것은 더욱 근거 없는 억측이다. 더구나 이 점에서는 북한과 비교할 가치도 없다. '태생의 한계'를 지닌 것은 다름 아닌 김일성 정권이다. 1945년 소련은 김성주(북한의 김일성)를 보천보습격사건의 공로자인 '김일성 장군'으로 둔갑시켜야 했다. 독립운동에는 아무런 공로도 없는 김성주를 북한의 지도자로 내세우기 위한 어쩔 수 없는 선택이었다. 김일성의 업적을 추켜세우기 위해서는 항일투쟁을 강조할 수밖에 없었다. 북한이 '항일혁명 전적'을 강조하는 것은 김일성 우상화의 가장 중요한 부분이다.

"박정희 대통령이 군인이었기 때문에 군사정권의 정당성을 강조하기 위해 이순신 장군을 위인으로 만드는 데 주력하였다"

박정희 대통령은 역사적 인물 가운데 국난 극복에 기여한 인물을 중요하게 여겼다. 박정희 대통령의 집권 시기는 우리 국민이 6·25라는 엄청난 전쟁을 겪은 지 얼마 되지 않아 전쟁의 트라우마가 채 가시지 않은 때였다. 그래서 그 시기에는 나라를 외적의 침략으로부터 지켜 낸 국난 극복이 그 어떤 가치보다 상위에 있었다. 박정희 대통령은 우리 국민이 국난 극복의 정신을 이어받아 '민족중흥'의 길로 나아가기를 원했다. 국난 극복이 안 되면 민족중흥도 있을 수 없기 때문이다. 더구나 이순신 장군은 임진왜란 때 왜적을 물리치는 데 헌신한 인물이기 때문에 더욱 더 큰 의미가 있다. 앞서 밝힌 것처럼 한·일수교 후 항일 역사에 대한 철저한 인식이 더 절실히 필요해졌기 때문이다.

"복원을 한다며 불국사를 다 망쳐 놓았다"

불국사의 부분적 복원은 박정희 대통령 이전에도 몇 차례 이뤄졌다. 그때 이미 불국사의 원형은 왜곡되기 시작했다. 『조선과 건축』 1928년 8월호에 불국사 복원에 대한 글을 쓴 후지시마 가이지로(藤島亥治郎)는 "초기에 조직적, 학술적 조사가 충분하지 않았기 때문에 준공 시기에는 본래의 내용을 완전히 잃어버려 전혀 무가치한 것이 된 예가 적지 않다"고 주장했다. 정부수립 이후에 진행된 공사도 비전문적인 문화재정책과 수리기술자의 고대건축에 대한 몰이해로 난맥상이 드러났다. 1970년대 이전에 실시한 불국사의 조사는 체계적이지 못한 채 간헐적으로 진행되었으며 보수는 단편적인 수리공사에 불과했다.[12]

박정희 대통령 때 실시된 불국사 복원공사는 해방 후 우리 손으로 처음 진행된 대규모 문화재 복원공사였다. 불국사 공사가 그나마 체계적인 조사와 연구, 지원에 따라 이뤄진 것은 박 대통령 때가 처음이었다는 얘기다. 불국사 복원공사는 없는 지식과 기술에, 없는 돈에, 문화재 보호에 대한 인식도 제대로 없을 때, 이미 훼손된 원형을 복원하기 위해 배워 가며 가르쳐 가며 진행되었음을 감안하지 않으면 안 된다. 박정희 대통령은 1969년 10월, 6개월 동안의 기초조사를 마치고 기공식을 마친 도산서원 공사현장을 직접 방문했다. 그 자리에서 "원형을 크게 손상하는 일이 없도록 공사에 신중을 기하고…"라는 당부를 하였다. 박 대통령도 문화재를 마구잡이로 건드리면 안 된다는 정도의 양식은 확실히 가지고 있었던 것이다.

다행히 불국사 복원공사를 진행하면서 문화재 정비와 정책의 기틀이 마련되었고, 이것이 훗날 실시된 문화재 정비의 길잡이가 되고 있으니 그 자체로만도 큰 성과이며 업적이라 할 수 있다.

"광화문은 군대식으로 강압적으로 공사기간을 단축하기 위해 '무식하게' 콘크리트를 '부어서' 만들었다"

1966년 박정희 대통령은 경복궁 광화문을 복원하도록 특별지시를 했다. 그 작업은 표면적으로는 궁궐의 문 하나 짓는 것에 지나지 않아 보였다. 하지만 그때까지는 조선총독부로 쓰이던 건물이 철거되지 않은 채 경복궁 앞에 버티고 서 있었기 때문에, 그 앞에 광화문을 세운다는 것은 일제강점기 34년여 동안 우리 민족을 지배하고 있던 조선총독부 앞을 막아 버리는, 커다란 의미를 지닌 일이었다. 물론 그 조선총독부 건물에 맞추느라 광화문은 본래 서 있던 자리에서 북쪽으로 11.2m, 동쪽으로 13.5m 떨어지고 경복궁의 중심축에서도 반시계 방향으로 3.75도 틀어지게 되었다. 그러나 우리 궁궐 건축물이 조선총독부 건물을 시야에서 보이지 않도록 가려 준다는 것 자체로 의미가 있었다.

　　광화문은 철근콘크리트조로 지어졌다(그 철거 부재는 현재 서울역사박물관에 일부 전시되어 있다). 일부 사람들은 광화문이 콘크리트로 만들어지게 된 것을 몰지각한 행태로 여기기도 한다. 세워질 당시에도 "그저 광화문을 본뜬 하나의 콘크리트 기념물로 봐야 하며 광화문을 영원히 욕되게 하고 병신을 만들어 버린다는 직접적이고 부정적인 의견들이다"라는 신문기사(『경향신문』 1968년 3월 20일자)도 있었다. 하지만 그 당시는 목재를 구하기 매우 어려운 시절이었다. 지금과 달리 산들은 헐벗어 있었고 정부는 돈이 없어서, 목재를 구한다는 것은 대단히 어려운 일이었다. 어찌 보면 이때는 산림보호가 광화문보다 더 중요했을 수도 있다. 광화문은 없어졌던 것을 새삼 다시 만드는 것이고, 산림보호는 우선 먹고사는 일, 민생과 직접 관련이 있는 일이었기 때문이다. 그런 이유로 광화문을 콘크리트로 만드는 결정을 할 수밖에 없었다. 게다가 그 무렵 일본 교토의 시텐노지(사천왕사四天王寺)를 시작으로 문화재의 콘크리트 건축이 유행과도 같이 퍼지고 있었다. 국내에서는 철근콘크리트가 근대화의 상징으로 여겨졌고 내구성이 전통 목조보다 뛰어난 것으로 여겨졌다. 그때는 예전에 나무로 만들었던 전신주나 침목도 모두 콘크리트로 바꾸기 시작한 때였다.

광화문은 콘크리트 구조물이지만 전체를 일체형으로 '부어서' 만든 것도 아니다. 콘크리트로 각 부재별로 제작하여 목조건물을 만들 듯 조립하는 형식으로 지어졌다. 소재를 나무 대신 콘크리트로 했을 뿐, 건축 방식은 목조건축의 형식을 따랐다는 얘기다. 1969년에 시작된 불국사 복원공사에도 콘크리트가 일부 사용되었다. 그런데 일본 시텐노지에 다녀온 시찰단이 콘크리트 사용의 문제점을 보고하였다. 콘크리트가 깨져 있는 사진을 중점적으로 촬영하여 대통령에게 보여 준 것이다. 박정희 대통령은 이 보고를 받고 불국사는 전통적인 목조건축 방식으로 복원공사를 하도록 하였다. 하지만 당시의 광화문은 콘크리트 건축의 새로운 길은 연 작품이었다. 이후 지어진 국회의사당, 장충동 국립극장이 콘크리트 건물 양식을 발전시켰는데, 이에 대한 박정희 대통령의 관심도 컸다. 문화시설의 중심인 서울 세종문화회관을 지을 때는 기둥의 크기까지 각별한 의견을 제시했다.[13]

나가면서

박정희 시대에는 1, 2차에 걸친 문예중흥 5개년계획을 비롯하여 문화재보수 5개년계획, 문화재보수 3개년계획, 문화재개발 5개년계획, 경주관광종합개발계획 등이 시행되었다. 그 결과 현충사, 도산서원, 오죽헌과 수원 화성, 그리고 경주와 강화도 전체가 자랑스러운 유적으로 우리 곁에 자리하게 되었다.

박정희 대통령은 무엇보다 먼저 호국과 관련된 유적을 보수하고 정화하였다. 그 문화재에 깃든 호국 자주 정신을 계발하여 국민들의 정신적 지주로 삼기 위해서였다. 특히 경주 등 신라의 유적에 큰 관심을 두었다. 신라가 삼국을 통일한 그 정신이 남북통일의 밑거름이 될 수 있을 것이라고 생각해서이다. 이 시기에 조성된 호국 문화유적은 이순신 장군과 임진왜란 관련 유적들, 선사시대부터 근대사까지을 망라하는 강화도의 유적들, 일제강점기 독립운동가들의 기념관, 전국의 주요 성곽 등이다.

또 우리 민족의 뿌리인 단군신화 관련 유적에서 조선시대에 이르기까지 민족사상의 뿌리를 일깨우고 정립한 선현들의 유적들을 손질하는 일도 잊지 않았다. 거기서 민족문화를 재발견하고 자주성을 높이는 계기를 마련하였다. 세종대왕과 율곡 이이, 추사 김정희 등과 같은 선현 유적과 불국사, 부석사 등 전통문화 유적이 이 시기에 복원되었다. 뿐만 아니라 국립중앙박물관을 비롯하여 경주·공주·부여박물관, 세종문화회관과 국립극장 등 민족문화의 중추적 기능을 담당할 문화시설도 박정희 시대에 건립되었다.

이렇게 박정희 대통령은 대한민국 문화의 얼굴을 새로 만든 사람이었다. 이런 사실을 아는 국민이 얼마나 될까? 그래서 '공은 물로 새기고, 과는 청동으로 새긴다'는 말이 생겼는지도 모르겠다.

1 동국내학교 문화예술대학원 성재훈 교수의 승언 녹취록, 2000년 6월 8일.

2 박정희, 『나라가 위급할 때 어찌 목숨을 아끼리』(동서문화사, 2005), 227-28쪽.

3 위의 책, 230-31쪽.

4 『동아일보』 1972. 11. 2.

5 장지정, "제3·4공화국의 문화 정책과 불국사 복원 과정을 통해 본 문화재 보존의 의미와 역할에 관한 연구"(한양대학교 석사학위논문, 2014).

6 오명석, "1960~70년대의 문화 정책과 민족 문화 담론", 『비교문화연구』 제4호(서울대학교 비교문화연구소, 1998), 197쪽.

7 신주백, "국민교육헌장의 역사, 1968-1994", 『한국민족운동사연구』 제45집(한국민족운동사학회, 2005).

8 이영성, 〈뉴스앤뉴스〉 2010년 3월 23일자(박정희육영수연구원, 『박정희 리더십』, 315쪽 재인용).

9 신주백, 앞의 글.

10 서울대학교 사범대학 부설 교육연구소, 『국민교육헌장에 대한 종합연구』(1994. 5), 41쪽.

11 전대열, 『박정희의 기업가적 국가 경영과 위기 관리 리더십』(행복우물, 2014), 221-22쪽.

12 장지정, "제3·4공화국의 문화 정책과 불국사 복원 과정을 통해 본 문화재 보존의 의미와 역할에 관한 연구".

13 박대통령인터넷기념관(http://www.516.co.kr), 2005. 7. 1.

07
하늘은 스스로 돕는 자만 돕는다

자발성과 경쟁심리의 공학적 결합, 새마을운동

윤 주 진*

1. 서론

근면·자조·협동이라는 3대 가치를 중심으로 시작된 새마을운동은 1970년 박정희 대통령의 제안을 시작으로 오늘날까지 그 명맥이 꾸준히 이어져 내려오고 있다. 새마을운동은 국내에서뿐만 아니라 국제무대에서도 대표적인 '정책 한류' 상품으로서 집중적인 조명을 받고 있다. 행정자치부에 따르면 2016년 11월 현재 전 세계 99개국의 7,400여 명이 한국에서 새마을운동 관련 초청교육을 받았고, 26개국 396곳의 마을에서 새마을운동 시범마을이 조성됐다. 남미, 아

* 전 한국대학생포럼 회장

프리카, 동남아시아 등 개발도상국들의 주요 정치인들과 공무원들이 새마을운동 성공사례와 노하우를 배우기 위해 꾸준히 한국을 찾고 있기도 하다.

대한민국 국민들의 인식은 어떨까? 비교적 최근에 실시된 2015년 8월 여론조사를 살펴보면, 경제성장에 기여한 사건으로 38.6퍼센트가 '새마을운동'을 꼽은 것으로 나타났다.[1] 이는 '경제개발 5개년계획'을 꼽은 32.5퍼센트보다 높은 수치다. 전 국민적 참여야말로 경제개발에 가장 긍정적 영향을 미친 것이라는 국민들의 인식이 반영된 것으로 풀이된다. 비슷한 시기 영남대학교가 실시한 여론조사에서도 '광복 이후 국가발전에 영향을 미친 정책이 무엇이냐'라는 물음에 52.3퍼센트가 '새마을운동'이라고 대답했고, 72.9퍼센트가 새마을운동을 공유할 국제기구 설립이 필요한 것으로 생각하고 있다고 응답하기도 했다. 시간을 거슬러 올라가 보면, 1990년대에 실시된 여러 여론조사에서 새마을운동에 대한 국민들의 긍정적 인식은 더욱 두드러진다. 1994년 경향신문 대륙연구소에서 실시한 연구조사 결과, '해방 이후 가장 잘된 정책'으로 응답자의 78.7퍼센트가 새마을운동을 꼽았으며, 4년 뒤 조선일보와 한국갤럽이 공동주관한 조사와 동아일보와 리서치앤리서치가 공동으로 진행한 조사에서도 각각 45.6퍼센트, 50.5퍼센트가 새마을운동을 역대 정부의 가장 훌륭한 업적으로 평가한 것으로 드러났다.[2] 민주화 이후 문민정부가 들어서고 난 이후에 실시한 여론조사임에도 불구하고 박정희 정권의 유산에 대해 긍정적 평가를 내렸다는 점에서 이 조사결과들은 나름대로 중요한 함의점을 갖는다 할 수 있겠다.

이처럼 국민들의 인식이 대체적으로 긍정적인 가운데, 일부 학계와 전문가 사회, 정치권에서는 새마을운동에 대한 불편한 기색을 여과 없이 드러낸다. 물리적 강제력을 앞세워 정부에 의해 주어진 계획에 맞춰 획일적으로 마을을 통제·조직화한 '강제동원'으로 보는 시각에 기반한 것이다. 이들은 새마을운동의 부정적 측면을 극대화하여, 전체적인 평가보다는 미시적인 분석을 더 앞세우는 경향도 있다. 이와 관련하여, 새마을운동에 대한 종합적이고 입체적인 평가가 부족하고, '성공이냐 실패냐', '참여냐 동원이냐'라는 이분법에 의존하는 경향이 있다는 비판도 제기된다.[3]

　그렇다면 새마을운동에 대한 올바른 기억은 무엇일까? 새마을운동을 직접 경험하고 그것에 참여했던 이들의 기억과, 사후적으로 내려지는 여러 평가와 분석, 그리고 새마을운동을 바라보는 개발도상국을 비롯한 국제사회의 시각들이 상호 괴리를 겪고 있다는 점만큼은 분명해 보인다. 그 괴리에는 '과거사'에 대한 현재의 정치적 이해관계가 강력하게 작용하고 있음을 부정하기 어려우며, 새마을운동에 대한 의도적 편집과 부분적 기억의 결과라고 볼 수 있다. 박정희 전 대통령 탄생 100주년을 맞이하는 오늘날 우리는 그 괴리를 메우고, 인식의 간극을 좁혀 나가기 위한 객관적 평가의 작업을 해 나가야 한다. 그것은 맹목적 찬양과 미화, 또는 무조건적인 부정과 평가절하를 모두 지양해 나가는 방식이 되어야 할 것이며, 새마을운동의 역사적 의미를 온전하게 복원하고 서술하는 것만이 올바른 방법론이 될 것이다.

2. 새마을운동의 추진 배경 및 과정

시대적 요구와 감동이 만나다

사실 새마을운동과 같은 형태의 농촌개발운동의 필요성은 그 이전부터 각계에서 제기됐고 정부에서도 고심하고 있었다.

경제개발 5개년계획 수립과 함께 본격적으로 시작된 산업화는 1960년대 우리 사회의 급격한 구조 변화를 가져왔다. 1962년부터 1966년까지 추진된 제1차 경제개발 5개년계획에 따라 연평균 7.8퍼센트의 높은 성장률을 보였고, 제2차 기간에는 평균 9.7퍼센트의 성장률을 기록했다. 이 과정에서 단연 돋보이는 변화는 바로 '소득'이다. 1960년 81달러였던 1인당 국민소득이 1990년 약 78배인 6,303달러를 기록했다.

이 같은 경제성장은 우리 사회 곳곳을 출렁이게 만들었다. 무엇보다도 우리 국민들의 의식과 생활양식에 상당한 영향을 끼쳤다. 국민들은 새로운 기술 환경에 적응해 나가기 시작했고, 의식주 패턴을 기존의 농촌 중심에서 도시 중심으로 전환해 나갔다. 그러면서 자연스럽게 도시로 인구가 몰리고, 도농 격차가 커지는 결과를 낳게 됐다. 1965년 1차산업(농림·어업)의 비중이 37.6퍼센트였던 것에 비해, 불과 5년 만인 1970년 26.4퍼센트로 줄어든 점만 살펴봐도 그 변화를 짐작할 수 있다.[4] 그 결과 농촌이 도시에 비해 경제적으로나 생활면에서 상대적으로 낙후되기 시작했다. 취락 구조나 거주시설, 도로, 상하수도 시설 등 인간의 주거에 필요한 기본 요건 면에서 농촌의 불편함은 이촌향도를 가속화시킨 것이다.

상황이 이렇다 보니 농촌에서도 '자력개발'에 대한 의욕이 있었고, 실제 여러 농촌에서 개발운동을 시도하기도 했다. 아무리 농촌일지라도 이미 라디오, 스피커, 신문 등이 폭넓게 보급돼, 농촌은 더이상 고립된 지역이 아닌 외부세계와 끊임없이 소통하는 공간으로 탈바꿈된 상태였다.[5] 그러면서 이미 1960년대에도 시범농촌사업, 농촌진흥청의 지역개발사업, 면사무소 직원이나 마을 이장이 중심이 된 마을가꾸기 등 다양한 형태의 개발사업이 나타났다. 주로 마을길 넓히기, 지붕 개량, 간척이나 제방 사업, 각종 생활개선사업 등의 형태로 추진됐다.[6] 1968년에는 중앙부처인 내무부가 중심이 되어 전국 21개 마을을 선정하고 성과 사례를 수집해 국민들에게 알렸다는 점은, 이미 1970년대 이전부터 박정희 정부에게 농촌 마을개발운동에 대한 중앙집권적 추진 의사가 있었음을 보여 준다.

이 같은 시대적 배경 속에서 박정희 대통령에게 '새마을운동'의 영감을 불어 넣은 결정적 사건이 발생한다. 바로 1969년 8월 초에 있었던 일이다. 대통령 전용열차를 타고 경상남도의 수해 피해지역을 둘러보기 위해 부산을 향하던 박정희 대통령은 경북 청도군 신도 마을을 지나던 중 잠시 열차를 세웠다. 열차 창 너머 마을에서는 남녀노소 할 것 없이 제방을 복구하고 마을 안길을 보수하느라 분주한 모습이었다. 박정희 대통령은 열차에서 내려 직접 마을 주민에게 참여의 비결을 물었다. 한 주민은 "기왕 마을을 복구할 바에야 좀 더 잘 가꾸어 살기 좋은 마을을 만들어 보자고 마을총회에서 결의하고 주민들이 자발적으로 협동하여 이루었다"고 대답했고, 박정희 대통령은 이에 큰 감동을 받았다고 한다.

이듬해인 1970년 4월, 박정희 대통령은 한해(旱害)대책 지방장관 회의에서 자조·자립 정신을 바탕으로 한 마을가꾸기 사업을 제창하고, 이것을 '새마을가꾸기운동'이라고 명명했다. 우연히 찾은 신도 마을에서 받은 감동이, 전국 단위의 농촌개발운동의 씨앗이 된 셈이다. 박정희 대통령은 이 운동을 제안하며 "우리 스스로가 우리 마을은 우리 손으로 가꾸어 나간다는 자조 자립 정신을 불러 일으켜 땀 흘려 일한다면 모든 마을이 머지않아 잘살고 아담한 마을로 그 모습이 바꾸어지리라고 확신한다. 이 운동을 '새마을가꾸기운동'이라 해도 좋을 것"이라고 설명했다. 대한민국의 발전은 물론, 여러 개발도상국들의 마을 근대화의 원동력이 되어 준 새마을운동은 바로 그렇게 시작됐다.

새마을운동의 본격적인 선개

박정희 대통령이 야심차게 새마을가꾸기운동을 제안했지만 정작 그 당시에는 구체적인 계획이나 추진 일정이 수립된 것은 아니었다. 사업 명칭은 '새마을가꾸기사업'이었고, 아직 전국민적 차원의 운동 단계도 아니었다. 그러다 1970년 7월, 당시 과잉 재고로 자금난을 호소하던 시멘트업계를 구제하는 차원에서 정부가 30억 원 상당의 예산을 들여 시멘트를 구입하게 된 것이 새마을가꾸기사업 확산의 단초를 제공하게 된다. 박정희 대통령은 "남아도는 시멘트를 부진한 새마을가꾸기운동에 돌릴 수 있는 방안을 강구해 보라"는 지시를 내렸다.[7] 그리고 정부는 1970년 10월부터 1971년 3월까지 전국 3만 3,267개 마을에 시멘트를 336부대씩 무상으로 제공하고, 예시 사업목록을 정해 주면서 각 마을의 사정과 환경을 고려해 자율적으로 선택해서 사업을 추진할 것을 지시하였다. 또한 마을별로 남녀 지도자 1명씩을 선출해 사업의 계획과 추진을 주도하도록 했다. 이렇게 시작된 새마을가꾸기사업에 대한 농촌의 반응이 예상 외로 높았고, 나눠준 시멘트의 가격 규모가 41억 원 수준이었던 것에 비해 그 성과는 122억 원 상당에 달했다.[8] 이 같은 성과에 힘입어 1972년 정부는 새마을가꾸기사업 대신 '새마을운동'이라는 정식 명칭을 쓰고 본격적으로 운동을 추진한다.

앞서 1971년 9월, 박정희 대통령은 '근면, 자조, 협동'을 '새마을정신'으로 규정해 새마을운동을 비단 경제, 생활 면에서의 개선사업뿐만 아니라 국민들의 의식 및 태도의 개선까지 포함하는 운동으로 정의하였고, 정부는 새마을운동의 목표를 '잘살기'라고 선포했다. 1972년 4월 26일 광주에서 박정희 대통령이 친필로 작성한 새마을운동 관련 문서에는 다음과 같은 내용이 적혀 있다.

확실히 이 운동은 우리 농촌사회에서 일어나고 있는 새 바람이요, 서광이요 희망이라고 본다. 우리 역사상 과거에도 이런 일은 찾아볼 수 없던 일이다. 확실히 우리 민족도 잠재적으로 무한한 저력을 가진 민족이다. […] 쉽게 말하자면 '잘살기운동'이다. 어떻게 사는 것이 잘사는 거냐? 빈곤 탈피. 소득이 증대되어 농촌이 부유해지고 보다 더 여유 있고, 품위 있고, 문화적인 생활. 이웃끼리 서로 사랑하고 상부상조하고. 알뜰하고 아름답고

살기 좋은 내 마을.[9]

　'잘살기 위해' 시작된 새마을운동은 1970년대 초기 농촌개발에 역점을 두고 실시됐다. 마을길 확장 및 포장, 공동빨래터 설치, 지붕 개량, 담장 및 부엌 개량 등 농촌생활의 전반적 향상을 목표로 하였으며, 농로 확장, 농지개량, 종자개량 등 농가소득을 증대할 수 있는 방안을 마련하는 데 주력했다. 그리고 앞서 실시한 시멘트 무상 공급사업 결과, 정부는 열심히 단합하여 사업이 잘되는 1만 6,600개 마을을 별도로 선정하여 시멘트 500포와 철근 1톤씩을 추가 지원하기로 결정한다. 반면, 별다른 성과가 없는 마을에 대해서는 추가 지원을 하지 않았다.

　새마을운동의 기본 사업단위는 '마을'이었다. 1973년 정부는 전국의 모든 마을을 8개 사업과제의 달성 정도에 따라 '기초마을-자조마을-자립마을'의 단계로 구분하였다. 그 구분은 표 1과 같다.

표 1 마을 승급을 위한 사업 및 기준

사업별	기초마을	자조마을	자립마을
안길	간선안길	지선안길	—
농로	마을진입농로	경작농로	—
소하천	마을 안 세천	마을 간 세천 및 소천	마을 밖 소천 및 중천
농업용수	수리율 70% 달성	수리율 80% 달성	수리율 85% 달성
농업기계	—	동력방제기	동력경운기 및 탈곡기
협동영농	협동작업반	협동생산사업	협동생산사업
마을기금	마을당 30만 원	마을당 50만 원	마을당 100만 원
호당 소득	50만 원	80만 원	140만 원

내무부, 『새마을운동 10년사』, 215쪽

이처럼 정부는 새마을사업의 달성 정도에 따라 마을을 차등 구분하였고, '우수마을 우수지원' 원칙에 따라 마을 간 경쟁을 유도했다. 정부는 1981년까지 전국의 모든 마을이 자립마을이 될 수 있도록 한다는 목표 아래 마을 개발을 추진하였다.

여기서 우리가 잠시 살펴봐야 할 새마을운동의 가장 중요한 특성 중 하나는 바로 '차등지원', '선별적 지원'의 원칙이다. 새마을운동은 철저하게 인센티브 시스템에 입각해, 잘하는 마을을 더 지원해주고, 목표를 달성하지 못한 마을을 배제하는 방식으로 사업이 추진됐다. 이는 이후에도 살펴볼 새마을운동의 성공 요인이기도 하다.

사업의 확산과 심화: 농촌에서 도시, 공장 등으로

1970년 처음 제안돼 실시된 새마을운동은 1973년 11월에 개최된 전국새마을지도자대회와 각 지방에서 열린 대회에서 그 체계가 자리 잡힌 것으로 평가된다.

제1회 전국새마을지도자대회는 광주에서 열렸는데, 당시 박정희 대통령이 입장하고 대형 새마을기와 각종 단체의 깃발이 나부끼는 장관을 연출했다. 대회에서는 성공사례를 발표하고 우수마을에 대해 포상을 했으며, 새마을지도자와 우수공무원에게 훈장을 수여하기도 했다.

1973년까지의 새마을운동이 그 동력을 확보하고 국민적 참여를 촉구하는 점화 및 발아의 단계였다면, 1974년부터는 본격적인 사업의 확산과 소득증대, 그리고 새마을정신의 의식화에 중점을 두기 시작한다. 소득증대를 위해 논두렁 바로잡기나 소하천 정비, 복합영농의 실시, 공동작업장 운영 등 시설개선을 위한 사업이 진행됐고, 농외(農外) 소득원을 발굴해 도·농 간의 소득격차를 줄이기 위한 노력이 수반됐다. 생활 면에서는 1970년대 초반에 이어 주택개량, 상하수도 정비 등을 이어 나갔다.

1974년 들어서 농촌의 가구당 소득이 도시근로자 소득을 상회해 새마을운동의 성과가 가시화되기도 했다. 1970년 67.1퍼센트였던 도시 가구당 명목소득 대비 농가의 소득 비중은 1972년 들어서 83.0퍼센트로 상승하였으며 1974년에는 104.6퍼센트를 기록해 처음으로 도시를 능가했다. 그리고 1975년(101.6%)부터 1977년(102.0%)까지 그 추세가 이어졌다.[10] 1970년대 말에 들어서 도시가구 소득이 다시 높아졌으나, 1970년대에 농가소득이 가파르게 성장한 것은 그만큼 새마을운동이 실질적 영향을 끼친 것으로 분석된다.

이 시기 새마을운동은 교육과 의식화에도 공을 들인다. 1974년 경제, 언론, 종교, 학계 등 사회지도층을 대상으로 새마을교육을 실시하였고, 1975년에는 증산운동, 근검운동, 안보운동 등 3대 운동 기본방향을 제시하였다. 이 밖에도 매월 1일을 새마을의 날, 25일을 반상회의 날로 제정해 새마을운동 참여 분위기를 조성했고, 주민 간의 상호 연대의식을 강화하는 데 힘쓰기도 했다.[11]

1970년대 중반을 거치면서 새마을운동은 '농촌'이라는 특정 지역 범위를 넘어 사회 각 영역으로 파급되는 과정을 거친다. 1975년도 새마을운동이 제시한 4대 시책 중 하나로 포함된 도시새마을운동은 1976년에 접어들어 대대적으로 전개된다. 달라진 농촌 환경에 관심을 갖게 된 도시민들이 '고향 돕기 운동' 등을 통해 도·농 간 교류에 참여하는 모습을 보이기도 했다.

1970년대 말 새마을운동은 보다 규모가 커지고 각 운동의 특성이 더욱 부각되는 방향으로 전개됐다. 농촌에서는 특용작물 재배나 농외소득 창출을 통한 소득증대와 문화·복지시설 확충이 더욱 심화됐고, 도시에서는 물자절약, 노사관계 개선 등이 목표로 설정됐다. 도시민들은 골목길 포장, 내집앞 내가 쓸기, 질서의식 확립 등을 주제로 도시새마을운동을 이어 나갔다. 축적된 마을기금을 통해 대규모 사업의 추진이 가능해졌고, 개별 마을 단위를 넘어 여러 마을이 연계하는 광역단위의 사업이 실시되기도 했다. 이처럼 새마을운동이 왕성하게 진행됨에 따라 점차 기초마을과 자조마을의 숫자가 줄어들고 대부분의 마을이 자립마을로 승격된다. 1972년 당시 전국 마을의 53퍼센트였던 기초마을은 1976년도 들어 없어진다. 자조마을은 1979년도 전국 마을의 3퍼센트 수준까지 떨어져 사실상 전국의 모든 마을이 자립마을로 승격된다. 운동이 처음 제안된 지 9년 만에 이룬 쾌거다.

당초 새마을운동의 1차 중장기발전 목표 기한은 제4차 경제개발 5개년계획의 종료 시점인 1981년이었으나, 1979년에 농가소득과 전국 마을의 자립화 계획이 완성되어 사실상 그 목표를 조기에 달성했다. 즉, 결과적으로 새마을운동의 제안-점화-전개-심화의 과정을 1970년대 안에 모두 이룰 수 있게 됐다. 주요 새마을사업의 추진 성과 역시 실적이 목표치를 상회하는 결과를 가져왔다. 예를 들어 마을안길 확장사업의 경우 목표 2만 6,266킬로미터에 비해 실적

4만 3,506킬로미터로 165퍼센트 달성했으며, 농로의 경우도 4만 9,167킬로미터의 목표치의 124퍼센트인 6만 1,201킬로미터를 달성했다. 이 밖에도 소교량 가설(99%), 마을회관 건립사업(101%), 하수구 시설(170%) 등도 목표를 충족시키거나 상회하는 결과를 냈다. 반면 창고 건립이나 주택개량 등은 목표치를 채우지 못하는 등, 일부 사업은 성과가 부진하기도 했다.[12]

1980년대 이후의 새마을운동: 시련과 진화, 국제화

1970년 박정희 대통령의 제안과 주창으로 시작된 새마을운동은 1980년대 접어들어 적잖은 시련과 변화를 겪는다.

1980년대 초반 최규하 대통령은 경제기획원에서 경제동향보고를 받는 자리에서 "요즘 새마을운동의 열기가 식어 가는 것 같은 느낌이 든다"며 새마을운동의 재건에 매진해야 한다고 강조했다.[13] 최초의 제안자로서 애정을 갖고 사업을 챙겼던 박정희 대통령의 서거와 함께 새마을운동도 그 동력을 상당 부분 상실한 것이다.

제5공화국은 새마을운동의 불씨를 다시 살려서 그 성과가 이어지게 하려는 노력을 기울인다. 먼저 새마을운동의 주도권을 행정부에서 1980년 12월 1일 새롭게 창립한 사단법인 새마을운동중앙본부라는 별도의 기구로 이관한다. 이는 1980년대 이후 새마을운동이 관(官) 주도에서 민(民) 주도로 전환되는 변곡점으로 이해할 수 있으며, 그 중간과정으로서 반관반민(半官半民)의 형태를 당분간 유지한다.[14] 전두환 대통령은 여러 차례 새마을운동의 지속적인 추진을 강조한다. 취임사에서 "농가소득의 증대와 농촌근대화에 박차를 가하기 위해 새마을운동을 계속 발전시켜 나가는 한편, 도시와 공장에도 새마을운동을 지속적으로 확산, 정착시켜 나가겠다"고 공언했다.[15] 이후 전두환 대통령은 각 지역의 새마을운동 지도자와의 접견을 이어 나가고, 여러 국정연설과 메시지를 통해 새마을정신을 강조했다. 하지만 정권 출범 당시부터 정당성에 대한 의문이 강하게 제기됐던 제5공화국의 특성상, 관이 개입하는 새마을운동이 정치적으로 악용된다는 비판을 피하기 어려웠고, 1981년 새마을운동중앙본부 사무총장에 전두환 대통령의 친동생인 전경환이 임명되고 이어 1985년에는 회장 직에 오르는 등, 정권과의 과도한 유착관계를 비판하는 목소리가 커졌다. 전두환 대통령이 내세운 '사회정화운동'의 여론 조성 수단으로 전락했고, 정부 지원에 지나치게 의존하게 돼 자조·자립 정신이 퇴조했다는 지적도 잇따랐다.

새마을운동에 가장 큰 시련이 닥친 시기는 1988년이다. 제13대 총선을 앞둔 당시, 전경환 회장이 횡령 및 탈세 혐의로 구속되는 사건이 발생한 것이다. 전경환 회장이 오사카로 도피성 출국을 하는 등 사회적 물의가 커졌고, 당시 전직 대통령이 된 전두환 대통령이 노태우 대통령에게 직접 사과를 하기도 했다. 결국 전경환 회장을 비롯해 관련자 11명 모두가 유죄판결을 받음으로써 사건이 종결됐으나, 새마을운동에 대한 국민적 인식에 끼친 부정적 영향은 막대했다.

이와 같은 시련과 좌절 속에서도 새마을운동은 1980년대에도 나름대로 의미 있는 사회적 기여를 했다. 특히 1986년 아시안게임,

1988년 올림픽 개최에 있어 새마을운동은 국민의 참여를 독려하는 창구로 작용했으며, 복합영농 개발, 작목 개선, 새마을금고사업 등 각계에서 운동이 꾸준히 진행됐다. 무엇보다도 새마을운동이 확실한 민 주도형 운동으로 전환될 수 있는 계기가 1980년대에 마련됐다고 볼 수 있다.

문민정부 출범으로 맞이한 1990년대, 새마을운동중앙본부는 새마을운동중앙협의회로 이름을 바꾸고 순수한 민간단체 운동으로서 새마을운동을 전개해 나간다. 하지만 1980년대 말 비리로 인한 여파를 극복하지 못한 채 1990년대 중반까지 침체기를 겪을 수밖에 없었다.

그러다 새마을운동의 가치와 성과가 재조명되는 결정적 계기가 발생한다. 바로 IMF 외환위기다. 당시 우리 국민들은 물론 전 세계를 감동시킨 '금모으기운동'을 바로 새마을부녀회중앙연합회가 촉발한 셋이다. 1997년 11월 20일, 새마을부녀회중앙연합회는 '애국가락지모으기운동'을 선포했다. 각자 집에서 보관하고 있는 금을 모아 경제 살리기에 보태자는 취지였다. 그리고 12월 10일 열린 헌납식에서 금 2,445돈, 은 133돈, 외화 28달러, 한화 701만 2천 원이 모여 총 1억 3,095만 원어치 상당의 돈이 모였다. 이를 계기로 금모으기운동이 전국 차원으로 확산됐다. 이 밖에도 새마을운동은 경제살리기 국민저축운동, 경제살리기 1천만명 서명운동, 경제살리기 새마을운동 등을 추진하며 외환위기 극복에 주도적인 역할을 했다.

1990년대 후반 외환위기 극복 과정에서 그 가치와 위상을 재조명 받은 새마을운동은 점차 그 무대를 국제사회로 넓혀 가기 시작한다. 1997년 러시아 연해주의 호롤군과 마을협력사업을 시작으로, 1999년 베트남 하따이 성의 3개 시범마을 육성 등, 1990년대 말부터 본격적인 새마을운동 수출사업을 진행한다.[16] 이어 2000년 유엔의 NGO(비정부기구)로 정식 등록된 새마을운동중앙회는 2003년 필리핀, 2005년 콩고·스리랑카·몽골 등 개발도상국가들을 대상으로 새마을운동을 보급하였다.

이와 같은 흐름은 2000년대 이후 꾸준히 심화되어, 새마을운동은 한국의 농촌개발운동과 근대화운동의 성격을 넘어 대표적인 ODA(공적개발원조) 사업으로 그 성격이 변화해 나가기 시작한다. 특히 세계 최빈국에서 OECD(경제협력개발기구) 가입국으로 성장한 한국의 발전 모델은 전 세계 수많은 저개발국가들의 벤치마킹 선례로 인정받고 있으며, 자연스럽게 새마을운동을 현지화하려는 노력이 병행됐다. 현재 새마을운동중앙회는 물론 행정자치부, 외교통상부, 기획재정부, 교육부 등 주요 부처와 경상북도 등 지방자치단체까지 새마을운동 ODA사업에 적극적으로 참여하고 있다. 주로 외국인 초청 연수, 저개발국가 새마을 시범마을 운영, 새마을봉사단 파견, 새마을 교재 개발, 농업기술 개발 지원 등의 형태로 사업이 진행 중에 있다.

3. 무엇이 새마을운동을 성공시켰나

새마을운동과 같이 관 주도로 추진된 농촌개발운동 또는 근대화운동은 이미 그전에도 여러 저개발국가 또는 신생국에 의해 시도됐다. 1930년대 일본의 농가경제갱생운동이나 같은 시기 식민지 조선에서 추진한 농촌진흥운동, 중국의 대약진운동과 문화대혁명, 탄자니아의 우자마(UJAMAA) 운동 등이 대표적인 사례들이다.[17] 우리와 체제경쟁을 벌이던 북한 역시 1958년 제1차 천리마운동을 시작으로, 오늘날 제3차 천리마운동에 이르기까지 계속해서 주민이 동원되는 형식의 경제개발사업을 추진 중에 있다. 하지만 다른 운동들에 비해 새마을운동이 보여 준 성과, 그리고 소득 및 의식개선에 끼친 영향은 매우 가시적이면서도 실질적이다. 이는 앞서 설명한 바와 같이 새마을운동을 오늘날 지구촌 곳곳에서 호평을 받으며 벤치마킹 하려는 이유이며, 비교적 많은 숫자의 국민들이 새마을운동에 대해 긍정적인 기억을 공유하고 있는 이유이기도 하다.

그렇다면 새마을운동을 다른 근대화운동 또는 지역개발운동과 구분짓는 요소는 무엇일까? 쉽게 말해서, 새마을운동만의 성공 비결은 무엇일까?

새마을운동에 대해 부정적인 인식을 전제로 한 일부 연구들은 강력한 동원력과 강압적 행정수단으로부터 그 효과가 가능했다고 분석한다. 물론 새마을운동의 전개에 있어 가장 핵심적 역할을 한 정부와 공무원의 역량도 결정적 영향을 끼친 것은 사실이며, 그 이면에는 강력한 통제력도 한몫했던 것 또한 부정하기 어렵다. 하지만, 앞서 소개한 여타 다른 근대화운동들은 우리나라 1970~80년대 권위주의 정부보다도 훨씬 더 가혹하고 강압적인 체제 하에서 진행됐다. 예를 들어 북한의 천리마운동은 박정희 정부의 새마을운동보다 그 강제성이 더하면 더했지, 결코 덜하다고 볼 수 없다. 하지만 천리마운동을 비롯한 저개발국의 관 주도 개발사업은 국가의 근대화 및 국민의 소득증대로 이어지지 못했다는 점에서, 왜 새마을운동이 유독 더 높은 성과를 도출할 수 있었는지를 관 주도의 강제성만으로는 설명하기 어렵다는 결론이 도출된다.

새마을운동을 다른 나라들의 근대화운동과 구분짓게 만들어 주는, 즉 새마을운동이 성공할 수 있었던 가장 큰 요인은, 바로 국민들에 의한 자발적이고 열정적인 참여였다. 여기서 말하는 참여는 단순히 노동력이나 경제력을 보태는 수준을 넘어, 새마을운동의 가치에 공감하고 그것을 내면화하는 과정까지 포함하는 것으로 볼 수 있다. 새마을운동의 성공 요인을 살펴보는 것은 지난 역사로서의 새마을운동에 대한 올바른 평가는 물론, 국제적으로 새마을운동을 보급해 대한민국의 위상을 높이는 데 있어 중요한 작업일 것이다. 또한 새마을운동을 오늘날 대한민국에 어떻게 적용할 것인지에 있어서도 유효한 과정이다.

시장과 경쟁의 원리

새마을운동을 최초 제안하는 과정에서 박정희 대통령에게 결정적 영향을 끼친 사건은 신도마을에서의 주민들의 자발적인 농촌개발운동 참여 광경이었음을 앞에서 지적했다. 이후 마을 구분 명칭과 새마을운동 3대원칙에서 드러나듯, 자조와 자립의 가치에 대한 발견으로 인해 축발된 운동이었던 것이다. 하지만 자조와 자립의 가치가 근대화와 경제개발에 있어 중요치 않다고 생각하는 이는 없을 것

이다. 특히 정부의 재원과 기술, 제도적 기반이 턱없이 부족한 저개
발국가에서 국민들의 자발적 참여는 그 자체로 가장 중요한 사회적
자본이다. 그렇다면 우리의 논의는 여기서 한 단계 더 들어가야 한
다. 바로 '무엇이 자조와 자립을 가능케 하였는가?'라는 질문이다.

바로 여기서, 박정희 대통령의 새마을운동이 시장질서와 경쟁의
논리를 채택했다는 점에 주목할 필요가 있다. 성과를 낸 마을 및 개
인에게 이익을 부여하는 방식으로 경쟁을 유도하고, 시장 논리에 따
른 보상체계를 운용한 것이다. 이는 거래적 리더십(transactional leadership)
에서 말하는 '인센티브 시스템'에 기초한 정책으로 평가할 수 있
다.[18]

차등지원 원칙은 새마을운동 초기부터 적용됐다. 앞서 소개한 바
와 같이 박정희 정부는 마을을 기초-자조-자립마을의 3단계로 구분
하여, 성과가 있는 마을에 한해 차별적 지원을 하는 차등정책을 펼
쳤다. 당시 박정희 대통령의 육성 지시 내용을 살펴보면, 선별적 지
원의 필요성에 대한 강력한 의지가 담겨져 있다.

> [차등지원에 대해] 왜 그렇게 해야 되느냐 하는 이유는 간단합니다. 농어
> 촌을 일률적으로 지원해 본 결과 기대한 만큼 성적을 거두지 못한 것이 사
> 실입니다. 부지런하고 잘하는 부락을 우선적으로 도와주면, 이웃하여 있
> 는 부락이라도 한 부락은 상당한 수준으로 증대되고 부락환경이 개선되어
> 살기 좋은 마을이 되는가 하면, 다른 부락은 아주 뒤떨어진 마을이 될 수도
> 있는 것입니다. 일은 하지 않고 노름이나 하고 술이나 마시고 게으른 그러
> 한 퇴폐적인 농어촌을, 부지런히 일해서 잘살아 보겠다고 발버둥치는 그

런 농어촌과 꼭 같이 지원해 준다는 것은 오히려 공평한 처사라 할 수 없습니다. 계속 성장한 부락은 조금만 더 지원해 주면 그다음에는 정부에서 손을 떼어도 될 것입니다. 물론 뒤떨어진 부락들은 불평을 할 것입니다. 잘한 부락 사람들의 소리는 들리지 않고 게을러서 뒤떨어진 부락의 불평 소리는 크게 들릴지 모릅니다. 그 불평에 귀를 귀울일 필요는 없습니다.[19]

오늘날 한국의 정치상황에 비춰 봤을 때 상당히 차갑고 비인간적으로 느껴질 만큼 박정희 대통령의 메시지는 매우 냉정하다. 그만큼 박정희 대통령의 '스스로 돕는 마을만 지원한다'는 원칙이 확고했음을 알 수 있다.

그런데 이 같은 차등지원 원칙은 박정희 대통령의 강력한 소신에 의해서 확립됐다고 한다. 영남대학교 좌승희 석좌교수가 김정렴 당시 청와대 비서실장을 통해 접한 일화에 따르면, 최초 국무회의 결정은 3만 4천여 개 마을에 300포대씩 시멘트를 지급한 다음 연도인 제2차년도에도 마찬가지로 모든 마을에 동일하게 지원하기로 했다. 하지만 박 대통령은 성과가 있는 마을에만 추가지원을 하겠다며 차등지원을 고집했고, 이를 꺾기 위해 공화당 사무총장인 길전식 의원과 내무부장관이었던 김현욱 장관이 대통령을 설득하려다 실패했다는 것이다. 심지어 공화당의 핵심인물들이 찾아가 "차기 총선이 위험하다"는 우려를 근거로 무차별지원이 옳다며 설득하였고, 박 대통령은 정권을 내주는 한이 있어도 차별지원을 해야 한다며 고집을 꺾지 않았다고 한다.[20]

사실 이 같은 박정희 대통령의 신념은 당시 경제개발정책에서도 두드러지게 나타난 공통적 특성이기도 하다. 예컨대 수출 1억 달러 달성 날짜(1964년 11월 30일)를 '수출의 날'로 지정하고, 매년 수출 성과가 좋은 기업인들을 선정해 포상을 했다. 언론을 동원해 수출 성과를 홍보하여 국민들의 찬사를 받도록 하여 사회적 존경심을 유도했으며, 수출 우수기업에 대해서는 관세 감면, 세무사찰 완화, 각종 정책적 우대 등의 인센티브를 제공했다. 당시 정부의 지원 방침은 '잘하는 사람에게 더 많은 지원이 돌아가도록' 하는 것을 원칙으로 했다.[21]

새마을운동에서 채택된 인센티브 시스템은 비단 물적 차원에만 적용되지 않았다. 당시 청와대는 우수 새마을지도자를 매 분기 30명씩 선발해 청와대에 초청하거나 전국새마을지도자대회에서 대통령으로부터 직접 훈장을 받게 하는 등 명예적 차원의 보상도 함께 제공했다. 또한 새마을운동 지도자들을 부각시키기 위해 신문, 잡지, 텔레비전, 라디오 등 대중매체를 적극적으로 활용하기도 했다.

교육을 통한 의식의 변화

해방 이후 우리 사회의 주요 산업은 여전히 농업이었고, 주요 생활터전 역시 농촌이었다. 그러다 경제개발 5개년계획 수립과 본격적인 산업화 과정을 겪으면서 농촌의 사회적 비중은 점차 줄어들었고, 젊고 참신한 인력들이 농촌을 빠져나가 도시로 향하는 '이촌향도'가 심화되면서 농촌은 물질적으로뿐만 아니라 정신적으로도 피폐화되는 과정을 걷게 된다. 하지만 날로 변화해 가는 도시와 달리, 농촌은 현실에 안주하려는 관성을 쉽게 벗어나지 못한다. 1970년대 초 농촌의 상황은 그 전과 크게 다를 바 없는 '전근대적' 모습을 유지한 것이다. 예컨대 동력경운기가 지나다닐 수 없을 만큼 꼬불꼬불하고 비좁은 길이 많았으며, 부락과 논 사이에 제대로 된 다리가 없어 농산물 등을 직접 수레로 옮겨야 할 만큼 그 환경이 척박했다. 산업화에 따라 점차 생산과정이 기계화되어 가는 시점임에도 불구하고 농촌은 그 혜택을 누릴 수 없었던 것이다.

더욱 문제였던 것은 바로 농촌 거주자들의 의식과 생활양식이었다. 즉, 물질적 차원의 낙후보다 정신적 차원의 낙후가 더 심각한 문제였던 것이다. 실제 1970년대 당시 새마을지도자들을 대상으로 '마을이 못살았던 원인'을 설문한 결과(표 2)를 보면, 그 당시 농촌에 대한 인식을 엿볼 수 있다.

표 2 새마을지도자들이 본 마을이 못살았던 최대 원인들

원인	인원(명)	비율(%)
술, 노름 등이 심해서	33	23.2
게을러서	31	21.8
주민들 간의 시기, 불화가 심해서	22	15.5
소득원이 빈약해서	16	11.3
경지면적의 영세	9	6.3
자연적인 재해 상습지여서	7	5.0
교통이 불편해서	5	3.5
기타(불분명)	19	13.4
계	142	100.0

최상호, "새마을 지도자의 사회적 배경과 역할 동기에 관한 연구", 『농업교육과 인적자원개발』 제9권 1호 (1977), 노화준, 『한국의 새마을운동』에서 재인용

표를 보면 술, 노름, 게으름, 주민들 간의 불화는 모두 물적 토대와는 관련이 없는 생활태도나 그 마을의 문화에 해당되는 것으로, 이 답변들을 모두 합치면 절반이 넘는 60.5퍼센트를 차지한다. 반면 소득원 빈약이나 경지면적 영세 등 경제활동과 직접적 연관성을 갖고 있는 원인을 지목하는 경우는 상대적으로 적었다. 즉, 당시 농촌을 바라보는 이들은 반드시 해결해야 할 적폐로서 주민들의 안이한 의식을 꼽았던 것이다.

이 같은 문제의식은 박정희 대통령의 여러 메시지에서도 극명하게 드러난다. 본인의 저서에서 "한 민족의 성쇠는 전적으로 그 시대를 창조하는 국민들의 정신과 노력 여하에 달려 있다"[22]고 천명한 박정희 대통령은 1971년 지방장관회의 유시문에서 "나는 이 사업(새마을가꾸기사업)의 목표를 경제적 측면보다도 주민들의 정신계발의 측면에 둔다"고 밝혔으며[23] 이어 1972년 한 기자회견에서 "재정적, 물질적 또는 기술적 지원과 아울러, 오히려 그것보다 앞서서 우리 농민들이 정신계발이 앞서야만 농촌의 근대화가 이루어질 수 있다"[24]고 말했다. 즉, 새마을운동은 물질적·경제적 근대화는 물론 의식적·정신적 근대화까지 함께 추구한 일종의 '계몽운동'의 성격을 갖는다고 할 수 있다. 새마을운동의 3대 원칙인 근면, 자조, 협동의 개념도 계몽운동으로서의 성격을 잘 드러내고 있다고 평가할 수 있다.

이 같은 의식의 근대화는 크게 두 가지 방식이 병행됐다고 볼 수 있다. 먼저 개인의 합리성에 대한 자각이다. 새마을운동에 참여했던 주민들은 '열심히 일하면 더 나은 삶을 살 수 있다'는 태도를 습득하게 되고, 정부 또는 타인에 의존하는 것으로부터 스스로 자신의 삶을 개척해 나가는 자율의 가치를 인지하게 된다. 그러면서 자연스럽게 성취의식과 자존감이 높아지는 결과를 낳았다. 또한 과학과 기술에 대한 친근성을 갖게 되는데, 예를 들어 마을의 길을 넓혀 농기계를 사용할 수 있게 되고, 그것이 소득증대와 노동부담 절감에 도움이 되는 것을 직접 경험하면서 마을의 환경을 개선시키는 것이 곧 나에게도 도움이 된다는 합리적 판단을 할 수 있게 된 것이다.

또 다른 한편으로는 협동의 가치에 대한 발견이다. 새마을운동은 개인 단위가 아닌 마을 단위의 사업을 장려함으로써, 당시 농촌에 팽배해 있던 이기주의와 시기, 질투를 극복하고 마을의 문제를 함께 풀어 나가는 문화를 착발시켰다. 공동 마을사업을 통해 얻어 낸 성과물을 함께 누리면서 얻은 신뢰는 마을에 큰 자산이 됐으며, 새마을운동에 소극적이거나 회의적인 마을구성원이 상대적으로 도태되는 것을 목격하면서, 주민들의 협동의식이 더욱 강화됐다. 이와 같은 측면에서 새마을운동은 우리 사회가 갖지 못했던 이른바 '사회적 자본'을 형성하는 데 결정적인 기여를 했으며, 일제 식민지를 겪으면서 우리가 해소하지 못했던 불신감과 패배주의, 그리고 도박과 같은 사회문제를 해결하는 '정화운동'의 발판이 됐다고 평가할 수 있다.

지도자 양성과 리더십 함양

궁금증은 더 깊어진다. 정부가 각종 유인책 제공에 따른 경쟁원리를 도입하고, 주민들의 의식수준 개선을 위한 여러 교육정책을 펼쳤다고 해도, 그것이 어떻게 마을 구석구석에 투영돼 새마을운동으로의 적극적 참여와 생활태도의 변화로 실제 이어질 수 있었느냐는 것이다. 새마을운동을 주도하는 관과 그것을 따라가는 민을 유기적으로 연결하는 매개에 대한 호기심이다.

이러한 차원에서 우리가 주목할 또 하나의 성공 요소가 바로 '새마을지도자'이다. 새마을지도자들은 새마을운동이라는 '발전국가'의 엔진 역할을 했으며, 농촌 새마을운동에 있어 일종의 CEO 역할을 했다고 해도 과언이 아니다.[25]

새마을지도자 육성 역시 박정희 대통령의 제안에서 비롯됐다. 박정희 대통령은 1971년 가을께 농림부장관에게 새마을지도자 양성 계획 수립을 지시했고, 농림부는 이에 따라 각 마을별로 3만 5천 명의 지도자를 양성하겠다고 보고하였다. 그러자 박정희 대통령은 "1년에 3만 5천 명이나 지도자를 양성해 낸다는 훈련계획은 너무 지나친 계획이며, […] 한 번에 20~30명 정도라도 좋으니 농촌개발을 위해 평생을 바치겠다는 정신교육을 시키는 훈련계획을 세워 보라"고 지시했다고 한다.[26]

이처럼 박정희 대통령은 새마을지도자의 성공사례가 그만큼 운동 확산에 있어 중요하다는 인식을 갖고 있던 것으로 보인다. 당시 정부는 이 같은 지도자를 '인간 상록수'라고 표현했다. 내무부는 "민주사회의 영웅이란 자기 고향의 발전을 위하여 말없이 묵묵히 피땀 흘려 일하는 상록수들이라는 사실입니다. 지금 우리 사회는 바로 이러한 인간 상록수들을 가장 많이 필요로 하고 있습니다"[27] 라며 농촌근대화를 이끌 구심점으로서 새마을지도자를 적극적으로 활용하고자 하였다.[28]

새마을지도자교육은 1972년 2월 독농가(篤農家)연수원(뒤의 새마을지도 자연수원)에서 실시한 2주간의 짧은 연수를 통해 처음 시도됐고, 같은 해 7월 제1기 새마을지도자교육과 함께 본격적으로 시작됐다. 당시 교육 내용을 살펴보면, 영농지식이나 식량 증대 방법, 농기구 조작 과 같은 기술적 측면의 내용은 물론, 농민지도기법, 회의진행법, 영 화 상영, 지도자의 자세 및 정신 등 정신적 차원의 교육 내용도 다 수 포함돼 있었다. 특히 성공사례 발표나 분임토의를 교육과정에서 중시하였는데, 이는 단순히 지식을 일방적으로 전달하는 것에서 벗 어나 지도자들이 적극적으로 새마을정신을 습득하도록 만들기 위 해서였다.

새마을지도자의 인적 풀(pool)은 그 범위가 넓었다. 기존의 마을 이 장, 동장, 자치조직회장, 부녀회장 등이 새마을지도자를 겸임하는 경우도 있었고, 30~40대의 젊은이가 새마을지도자를 맡으면서 그 마을의 새로운 리더로 성장하는 경우도 있었다. 특히 여성이 새마을 지도자로 등장하면서 농촌 사회에서 여성이 갖는 지위가 향상되는 효과가 나타나기도 했다. 마을 단위로 구성된 '새마을부녀회'를 중 심으로 부녀자들이 남성들의 도박 장소를 찾아가 화투를 불태우거 나, 마을의 술집을 추방하는 등의 캠페인을 벌이기도 했다.[29] 때로는 새마을지도자가 되기 위해 주민들 간의 인적 갈등까지 빚어질 만큼, 새마을지도자를 둘러싼 경쟁이 치열하기도 했다.

그 가운데 정부는 어디까지나 성과주의에 기초해 '일 잘하는 지 도자'를 선택해 활용하려고 노력했다. 그러기 위해 정부는 새마을 지도자에게 우선적 대부, 의료 수혜, 새마을지도자증 발급, 월간경제동향보고회의에 모범 새마을지도자 참석, 새마을훈장 등의 물적, 심리적 보상을 제공했다.[30] 특히 1973년 '새마을훈장'을 신설해 새마을지도자의 명예감과 자부심을 고취시키는 데 결정적인 기여를 했다. 일부 새마을지도자는 이 훈장을 받지 못한 것을 평생의 아쉬움으로 표현할 정도로, 훈장은 지도자들 사이에서 매우 매력적인 인센티브로 작용한 것이다. 일부 연구에서는 이와 같은 새마을지도자들을 '긍정적 일탈자(positive devient, PD)'로 표현하기도 한다.[31] 기존 질서와 체계로부터 벗어남을 의미하는 부정적 의미의 일탈이 아닌, 구질서와 폐습의 극복과 대안의 제시를 통한 변혁이라는 점에서 '긍정적'이라는 수식어가 붙는다.

새마을지도자들은 당시 한국 사회의 농촌마을의 전형성을 극복하는 데 앞장섰고, 이들의 긍정적 일탈이 새마을운동의 성공을 가능케 했다는 분석이다.

4. 결어: 새마을운동, 그리고 오늘날 한국 사회

점차 어려워지는 청년 취업, 빈곤 노년층의 급격한 증가, 꺼져 가는 경제성장 동력과 주요 경쟁산업의 낙후화는 오늘날 대한민국을 살아가는 모든 사람들이 마주하고 있는, 부정할 수 없는 현실이다. 다만, 이를 둘러싼 우리의 인식과 태도는 다소 엇갈리고 있다. 그것을 '헬조선'이라고 표현하며 그 심각성을 강조하는 쪽이 있는가 하면, 과연 오늘날 한국 사회가 지옥을 일컫는 '헬'이라고 할 만큼 절망적인지 의구심이 든다는 의견도 있다. 과연 1970년 당시 농촌보다 오늘날 대한민국이 더 '헬조선스럽다'고 말할 수 있을까? 현재 대한민국이 절망스럽다면, 1970년 당시 대한민국은 어떤 수식어로 표현해야 형평성이 맞을까?

당시 국민들의 삶의 터전이자 경제사회적 활동의 중추적 기반이던 농촌은 불신과 갈등, 미신과 구습, 그리고 불편과 가난이 지배하고 있었다. 그것을 어떻게든 이겨내 보겠다며 시작한 것이 새마을운동이었다면, 우리가 '헬조선'을 극복하는 방법을 찾는 과정에서 새마을운동의 업적과 가치를 조명해 보는 것은 분명히 의미 있는 일일 것이다.

무엇보다도 우리는 이 질문을 스스로에게 던지고 대답을 내놔야 한다. 과연 이 모든 것이 정부의 책임, 정치의 책임, 혹은 대기업들의 책임이라고 말할 수 있을까? 대한민국의 절대다수인 5천만 국민들은 이 난관을 극복하기 위해 어떤 역할을 해야 할 것인가? 단순히 좋은 지도자를 가려내서 뽑는 것만으로 충분할까? 정부가 하는 일을 규제하고 감시하는 것만으로 좋은 정책을 유도할 수 있을까?

새마을운동을 최초로 촉발시킨 계기는 바로 '자율성'이었다. 그 누구도 시키지 않았음에도 불구하고 주민들이 자발적으로 나서서 마을을 정비하고 수해복구를 하는 모습이 한 지도자의 마음을 울린 것이다. '나의 문제는 내가 스스로 해결하겠다'는 의지가 새마을운동의 정신적 기초다. 그리고 박정희 대통령은 그것을 분명하게 '요구'했다. 그 요구에 부응하지 못하면 정부로서 아무것도 해 줄 수 없다고 천명하기까지 했다.

오늘날 대한민국은 어떤가? 정치권, 언론, 지식인 사회가 온통 '정부 탓', '국가 탓'만을 강조한다. 자녀의 점심식사마저 정부가 책임져야 한다고 말한다. 땀 흘려 일하면 얼마든지 소득을 창출할 수 있는 청년들에게도 매월 용돈을 지급해 줘야 한다고 말한다. 반면, 국민들의 책임성에 대해서는 그 누구도 묻지 않는다. 어느 정치인도 국민들에게 "당신들도 바뀌어야 한다"고 말하지 못한다. 오직 당선 또는 권력의 유지만을 위해 표를 구걸하는 정치인들은 이제 국민에게 비전을 제시하고, 때로는 올바른 길로 그들을 인도할 능력을 상실해 버린 것이다.

물론 오늘날을 살아가는 국민들 앞에 새삼스레 새마을운동을 꺼내는 것은 조심스러울 수밖에 없다. 국민들이 거리에 나와서 골목을 치우고 쓰레기라도 줍자는 것이냐는 조소가 나올 법하기 때문이다. 국민들은 더 이상 정부와 정치권의 리더십을 기대하지도, 또 그 리더십에 따르지도 않는 시대로 접어들었다. 정부와 국회에 대한 불신이 지금보다 더 높았던 때가 있었을까. 이제 더 이상 정부의 '동원'과 국민들의 '참여'로 진행되는 전국적 운동은 이 시대와 맞지 않는다는 점을 인정하지 않을 수 없다.

하지만 정부의 강력한 리더십과 효율적인 운용, 이를 뒷받침하는 민간단위의 자율적 리더십, 그리고 국민들의 자발적인 참여는 충분히 오늘날에도 적용할 수 있는 훌륭한 사회적 유산이다. 특히 정치권의 각성이 요구된다. 매년 말 반복되는 '예산 나눠먹기'는 이미 우리 국회의 오랜 관행처럼 굳어져 버렸다. 효율성과 필요성이 아닌, 정치권력의 크기 여부에 따라 막대한 예산이 마치 전리품처럼 나눠진다. 또한 지방자치단체는 '자율'이라는 이름으로 무분별하게 지역 행사를 주최하고 사업을 벌이는 등 무책임한 행정을 하고 있다. 불평불만에 흔들리지 않고, 오직 성과와 참여도에 따라 정부 예산을 차등지원하고, 더 열심히 하는 마을과 주민들에게 혜택을 주려 했던 박정희 대통령과 비교했을 때 부끄러운 모습이 아닐 수 없다. 정부가 약속하는 혜택에 표심이 움직이는 우리 국민들 역시 깊은 성찰이 필요하다.

1970년대 초 '새마을운동 전도사'로 유명했던 하사용 지도자의 증언을 소개하며 글을 마무리하고자 한다.[32] 그는 머슴살이로 시작해 돈을 마련해 손바닥만 한 밭을 사들여 농사를 시작했고, 결국 16개동에 이르는 비닐하우스를 소유한 채소 전업농가로 성공한 인물이다. 하 지도자는 박정희 대통령이 참석한 가운데 성공사례를 발표했다. 그러자 갑작스럽게 박정희 대통령이 다가와 "땅 한 평 없는 사람이 피눈물 나는 노력으로 무에서 유를 창조한 산 증인이다"라며 눈시울을 적셨다고 한다. 그리고 목이 멘 소리로 "고맙다"는 말씀을 몇 번이나 했다고 한다. 하 지도자도 함께 눈물을 흘렸다. 이후 대통령은 그에게 소원을 물었고, 하 지도자는 가난을 이기고 싶다고 답했다. 박정희 대통령은 그해 연말 1천만 원의 포상금을 지급했다. 하 지도자의 소원을 들어 주고 싶었던 것이다. 하지만 하 지도자는 그 포상금을 거부했다. 스스로 가난을 이겨 내기 위해 시작한 농사인데 그 누구의 도움도 받고 싶지 않았던 것이다.

이것이 새마을운동의 역사다. 이것이 새마을운동이 오늘날 우리에게 던지는 메시지인 것이다.

1 전국경제인연합회가 여론조사기관 리서치앤리서치에 의뢰한 '광복 70주년 기념 한국 경제사 관련 인식조사' 결과. http://www.fki.or.kr/FkiAct/ Promotion/Report/View.aspx?content_id=8961d50a-b08e-4d66-848a-2a3c188561b6.

2 김준석 외, 『새마을운동의 재조명: 성공원리의 분석과 활성화를 위한 제언』(경기연구원, 2006).

3 엄석진, "1970년대 농촌 새마을 운동의 재조명: '좋은 거버넌스(Good Governance)' 특성을 중심으로"(서울행정학회 학술대회 발표논문, 2011), 457-58쪽.

4 노화준, 『한국의 새마을운동』(법문사, 2013), 51쪽.

5 고원, "박정희 정권시기 농촌 새마을운동과 근대적 국민만들기", 『경제와 사회』 69호(비판사회학회, 2006).

6 이환병, "1960년대 마을 개발과 농촌 새마을운동의 초기 전개과정", 『역사연구』 제23호(2012)

7 김정렴, 『한국 경제정책 30년사: 김정렴 회고록』(중앙일보사), 223쪽.

8 엄석진, "1970년대 농촌 새마을 운동의 재조명", 468쪽.

9 국가기록원, http://theme.archives.go.kr/next/semaul/time01.do

10 엄석진, "1970년대 농촌 새마을 운동의 재조명", 471쪽.

11 정갑진, 『1970년대 한국 새마을운동의 정책경험과 활용』(2009), 43쪽

12 홍재환·노화준, 『한국의 새마을운동: 결과지향적 자원관리와 자체조직화 활동 간의 조화』(한국행정연구원, 2012), 172쪽.

13 『경향신문』 1980. 7. 12.

14 국가기록원, http://theme.archives.go.kr/next/semaul/time02.do

15 대통령기록포털, http://15cwd.pa.go.kr/korean/data/expresident/jdh/speech.html

16 정우열, "새마을 운동의 국제화 추진방안"(한국정부학회 학술발표논문집, 2008).

17 한도현, 『2011 경제발전경험모듈화사업: 새마을운동 모범사례』(행정안전부·새마을운동중앙회, 2012), 48쪽.

18 노화준, 『한국의 새마을운동』, 57쪽.

19 김정렴, 『한국경제정책 30년사』, 좌승희, 『박정희, 살아있는 경제학』(백년동안, 2015)에서 재인용.

20 좌승희, 위의 책, 176쪽.

21 기획재정부·KDI, 『2014 경제발전경험모듈화사업: 한국 경제의 고도성장기 정책집행과 거버넌스: 월간경제동향보고회의와 수출진흥확대회의를 중심으로』(2014), 120쪽.

22 박정희, 『민족의 저력』(1971), 171-72쪽.

23 정용교·최외출, 『교육계몽 운동으로서의 새마을운동의 특성과 의의』(영남대학교 민족문화연구소, 2011), 547쪽.

24 고원, "박정희 정권시기 농촌 새마을운동과 근대적 국민만들기", 189쪽.

25 행정안전부·새마을운동중앙회, 『2011 경제발전경험모듈화사업: 새마을운동 모범사례』(2012), 13쪽.

26 박진환, "새마을교육의 회고와 방향: 새마을교육의 결정요인", 『새마을교육연구논문집』(새마을지도자연수원, 1982), 13-14쪽, 노화준, 『한국의 새마을운동』에서 재인용.

27 내무부, 『새마을운동의 길잡이』(1975), 1110쪽.

28 하재훈, "새마을지도자들의 구술을 통해서 본 1970년대 농촌새마을운동", 『새마을운동과 지역사회개발연구』 제8권(2012), 260-61쪽.

29 육성으로 듣는 경제기적 편찬위원회, 『숨은 기적들: 농촌 근대화 프로젝트, 새마을운동』(나남, 2013), 132쪽.

30 하재훈, "박정희 체제의 대중통치: 새마을운동의 구조·행위자 상호작용을 중심으로"(경북대학교 박사학위논문, 2007), 166쪽.

31 홍재환·노화준, 『한국의 새마을운동: 결과지향적 자원관리와 자체조직화 활동 간의 조화』(한국 행정연구원, 2012), 34쪽.

32 육성으로 듣는 경제기적 편찬위원회, 『숨은 기적들: 농촌 근대화 프로젝트, 새마을운동』, 140쪽.

박정희 새로 보기

오늘에 되살릴 7가지 성공모델

1판 1쇄 발행일 2017년 10월 16일

지은이 이영훈 | 김광동 | 남정욱 | 김용삼 | 전상인 | 이승수 | 황인희 | 윤주진
펴낸이 안병훈
펴낸곳 도서출판 기파랑
디자인 커뮤니케이션 울력
등록 2004년 12월 27일 제300-2004-204호
주소 서울특별시 종로구 대학로8길 56(동숭동 1-49) 동숭빌딩 301호
전화 02-763-8996(편집부) 02-3288-0077(영업마케팅부)
팩스 02-763-8936
이메일 info@guiparang.com

ISBN 978-89-6523-676-4 03300